第一章
罗马帝国的历史命运

在罗马帝国的发展过程中，地中海世界在政治上的"罗马化"与罗马自身在文化上的"异化"形成了一种辩证关系。其中，罗马与希腊、罗马与犹太以及罗马与日耳曼的关系成为影响罗马帝国历史命运的三对主要矛盾，它们分别表现为东西争锋、凡圣博弈和南北抗衡。罗马与希腊的东西争锋造成了"两个帝国"——从古代的东、西罗马帝国一直到现代的俄罗斯与西方——之间的历史张力，罗马与犹太的凡圣博弈导致了"两个罗马"——罗马帝国和罗马教会——之间的理想冲突，罗马与日耳曼的南北抗衡演绎了"两种神圣"——神圣罗马教会与神圣罗马帝国以及神圣信仰——之间的盛衰转化。把握住这三对主要矛盾，就可以明晰地梳理出罗马帝国与中世纪乃至近现代西方社会之间的关系脉络。

（一）影响罗马帝国历史命运的三对主要矛盾

从公元前 264 年第一次布匿战争开始，已经统一了意大利的罗马就不可阻挡地走出了三面濒海、一面依山（阿尔卑斯山）的亚平宁半岛，迅速崛起为地中海世界的超级帝国。经过三百多年的强势扩张，到了图拉真当政时期（98—117 年），罗马帝国的版图达到了极盛状态，东起美索不达米亚，西至大西洋，北界莱茵河和多瑙河，南迄埃及和北非。其时罗马帝国的统辖范围达 600 万平方公里，治下人口逾 5000 万。西班牙、高卢、不列颠、莱茵河和多瑙河沿岸的上下日耳曼尼亚、潘诺尼亚、希腊、小亚细亚、叙利亚、埃及和阿非利加均沦为罗马帝国的行省和辖区，广阔的地中海成为罗马帝国的内湖，贯通全国的罗马大道（总长度达 53000 英里）把欧洲、西亚和北非紧密地联系在一起，说是"条条大路通罗马"恐怕也不为过！

希腊城邦文明曾经为后世西方文明奠定了重要的精神根基，开创了优美的文学、艺术和深邃的哲学、科学，但是希腊城邦文明并未为西方社会提供统一的政治统治模式。城邦文明在政治上的基本特点就是分离主义，即各城邦保持小国寡民式的独立自由状态。希波战争和伯罗奔尼撒战争之后，随着城邦的衰落和亚历山大帝国的崛起，分离主义日益被帝国主义所取代。但是亚历山大帝国却昙花一现，其瓦解所致的马其顿、塞琉西和托勒密三个王国各行其道，希腊化世界仍然处于分裂离散的政治状况中。直到罗马人征服了整个地中海世界之后，一个真正意义上的政治统一体才得以产生。古罗马诗人奥维德曾经说过："罗马城的范围就是世界的范围（Romanae spatium est urbis et orbis idem）。"[1] 西方社会作为一个政治统一体，或者说整个地中海世界范围内的"全球化"过程，是由罗马人开创的。如果说希腊城邦通过荷马、苏格拉底、柏拉图等游吟诗人和思辨哲人为西方文化播下了自由的精神种子，那么罗马帝国则通过饰有"S.P.Q.R."字样的鹰旗第一次使西方社会产生了统一的政治认同感[2]。

---

① 参见皮埃尔·拉迈松主编，方友忠译：《西方文明史：欧洲谱系——从史前到 20 世纪末》，中国人民大学出版社 2012 年版，第 42 页。

② "S.P.Q.R."是罗马军团鹰旗和罗马公共建筑上随处可见的缩写字母，其拉丁文全文为"Senatus Populusque Romanus"，（英文为"The Senate and the Roman People"），意即"元老院与罗马人民"。该缩写字母成为罗马共和国和罗马帝国的典型标志或正式名称，凡有"S.P.Q.R."鹰旗飘扬的地方，就是罗马人所征服的疆域。

然而，罗马帝国对地中海世界的军事征服虽然实现了政治上的统一，却始终未能完成文化上的统一。相反，罗马对异域世界的每一次政治征服都面临着被异质文化所渗透的危险。事实上，地中海世界在政治上的"罗马化"与罗马自身在文化上的"异化"是一个同步发生的辩证过程。当气势恢宏的罗马凯旋门、斗兽场、引水渠以及棋盘格式的罗马街区像雨后春笋一般在地中海周边地区建立起来时，这些地区根深蒂固的本土文化也正在悄无声息地渗透和改造着罗马。随着罗马人对马其顿、塞琉西、托勒密这三个希腊王国的吞并，"被征服的希腊反而降伏了粗鲁无文的征服者"（罗马诗人贺拉斯名言）。同样的，罗马对犹太的政治统治恰恰为基督教在罗马帝国的文化传播开辟了通道，杀死基督的罗马帝国最终竟被基督教信仰吮尽精血而亡[①]。另一方面，罗马帝国与莱茵河、多瑙河彼岸的日耳曼人的关系也颇具吊诡特点：日耳曼蛮族摧毁了罗马帝国的庞大身躯，却在以后的漫长时期里匍匐在罗马帝国的附体阴魂——罗马教会的神圣感召之下。

　　以一种辩证的眼光来看，罗马与希腊、罗马与犹太以及罗马与日耳曼的关系构成了影响罗马帝国历史命运的三对主要矛盾，这三对矛盾可以从六合的角度分别表述为东西争锋、凡圣博弈和南北抗衡。罗马与希腊之间的东西争锋不仅表现为罗马在政治上征服了希腊和希腊在文化上渗透了罗马，而且更重要的是，当罗马帝国在政治上分裂之后，希腊与罗马的文化矛盾进一步演化为"两个帝国"——从古代的东、西罗马帝国一直到现代的俄罗斯与西方——之间错综复杂的政治对峙，其历史影响在当今的国际政治舞台上仍然清晰可见。罗马与犹太之间的凡圣博弈可

---

① 爱德华·吉本认为，基督教信仰的广泛传播是致使罗马帝国断命的重要原因之一，由于基督教信仰摧毁和取代了罗马公民道德和国家安定赖以维系的多神教信仰，蚀空了罗马帝国的精神根基，最终使不可一世的罗马帝国在蛮族入侵的冲击之下轰然坍塌。参见爱德华·吉本著，黄宜思、黄雨石译：《罗马帝国衰亡史》（D.M. 洛节编本）第三十八章"西罗马帝国的衰亡。一般评述"。商务印书馆1997年版。

以更加确切地表述为恺撒王国与基督王国之间的理想冲突，即"尘世之城"与"上帝之城"的冲突——罗马帝国的"恺撒"们杀死了基督，基督的宗教却从根本上改造了罗马，使"皇城罗马变成了圣城罗马"[①]；而且在漫长的中世纪和近代，恺撒王国与基督王国的理想冲突导致了"两个罗马"——各种形态的罗马帝国与罗马天主教会——之间旷日持久的明争暗斗，形成了对西方历史影响深远的教俗之争。罗马与日耳曼之间的南北抗衡也不仅限于日耳曼蛮族对罗马帝国的武力摧毁及其对罗马天主教会的信仰皈依，而是更加复杂地表现为中世纪和近代的"两种神圣"——拉丁人控制的神圣罗马教会与日耳曼人建立的神圣罗马帝国以及路德等宗教改革家为了捍卫基督教的神圣性而建立的各种新教教会和民族国家——之间波诡云谲的历史较量，其结果最终导致了罗马世界的彻底衰落和日耳曼世界的强劲崛起，从而使历史的巨轮从地中海时代运转到大西洋时代。

（二）东西争锋——希腊文化与罗马文化的历史张力

早在公元前 3 世纪末叶，罗马在与北非劲敌迦太基进行第二次布匿战争期间，就同时拉开了征服东方希腊化世界的序幕。通过一系列扩张战争，到了屋大维统一罗马全境时（前 30 年），罗马人已经先后吞并了内讧不已的希腊各城邦以及希腊人所统治的马其顿王国、塞琉西王国和托勒密王国，将希腊本土以及广大的希腊化世界（包括小亚细亚、西亚和埃及）尽收囊中，按照波斯帝国的行政体制将其设立为若干个行省。但是从文化的角度来看，罗马对希腊化地区的征服完全不同于它对高卢、不列颠等西方地区的征服——对于已经踏上文明历程的罗马人来说，凯尔特人

---

① 约翰·博德曼等编，郭小凌等译：《牛津古罗马史》，北京师范大学出版社 2015 年版，第 9 页。

和日耳曼人所生息的西部地区仍然属于鸿蒙初开的蛮荒之域，然而希腊世界却无疑具有令人仰止的文化优势。因此，随着罗马人对希腊世界的政治征服，希腊对罗马的文化渗透也紧锣密鼓地展开了。尽管以恪守传统美德而著称的老伽图等保守派人士曾多次告诫罗马青年，千万不要让希腊的柔靡之风腐蚀了罗马古朴的道德风尚，但是到了共和国末期，罗马在文学、艺术、哲学等领域中已经完全沦为希腊的"文化殖民地"。希腊人崇拜的那些充满了浪漫美感的神祇被搬到罗马，与一些功能相近的本土神祇相合并，换了一个拉丁名字继续受到罗马人的崇拜①。受荷马史诗《伊利亚特》和《奥德修纪》的启发，维吉尔创作了最著名的拉丁文学杰作《埃涅阿斯纪》；希腊的柏拉图哲学在罗马被西塞罗等人加以传播，最终结出了新柏拉图主义的果实（**希腊的其他哲学学派如斯多葛主义、伊壁鸠鲁主义等亦是如此**）；希腊的雕塑和建筑在罗马得以传承，只是少了一些唯美的色彩，多了一些实用的特征。甚至连拉丁语本身，在字母、语法和词汇等方面也深受希腊语的影响。在罗马帝国的东部地区，希腊语一直与西部地区流行的拉丁语并存，二者共同构成了罗马帝国的官方语言。

尽管罗马人在文化上极力效仿希腊，但是这两个民族却有着迥然不同的文化禀性。一般而言，希腊人是富有浪漫精神的人文主义者，罗马人是唯利是图的功利主义者。希腊人张扬个性自由，罗马人（**至少是共和国时期和帝国早期的罗马人**）服从整体秩序。希腊人仰望幽邃的星空，用美感和智慧创造了优雅精深的文化；罗马人则俯抱广阔的大地，用金

---

① 例如，希腊的众神之王宙斯(Zeus)在罗马被叫作朱庇特(Jupiter)，神后赫拉(Hera)被叫作朱诺(Juno)，智慧女神雅典娜(Athena)被叫作密涅瓦(Minerva)，美神阿佛洛狄忒(Aphrodite)被叫作维纳斯(Venus)，战神阿瑞斯(Ares)被叫作玛尔斯(Mars)，商业之神赫尔墨斯(Hermes)被叫作墨丘利(Mercurius)，狩猎女神阿尔忒弥斯(Artemis)被叫作狄安娜(Diana)等。然而，罗马人只是沿袭了希腊诸神的形体，却尽失其精神，充满美感的希腊神话一旦到了罗马人手里，就被变成了"一种冷漠的'理智'以及模仿的产物"（黑格尔语）。诸神也全然失却了自由浪漫的性灵，成为充满暴戾和功利色彩的征服者。

戈铁马征服了整个地中海世界。这两个民族的性情差异从他们留下来的历史遗迹中就可以明显看出，希腊人留给后世的恢宏建筑有三类：神庙、竞技场和剧场；罗马人遗存千年的壮观建筑也有三类：凯旋门、斗兽场和浴场。二者之间大相径庭的文化旨趣无须赘言。希腊人以"人是万物的尺度"（希腊哲人普罗泰哥拉名言）作为现实人生和一切价值判断的基本准则，因此他们所创造的奥林匹斯多神教以及在此基础上产生的各种文化形态——史诗、竞技、戏剧、艺术、哲学、科学等——无不焕发着美轮美奂的人性光辉。汤因比认为，希腊精神的特点就在于："希腊人把人视为'创造之主'（the Lord of Creation），并且将人作为处于神之地位的偶像来崇拜。"[1] 由于注重个人的精神自由，城邦时代的希腊人从来没有创建过大帝国，公元前 477 年以提洛同盟为名义的雅典帝国只不过是昙花一现，雅典对于后世的影响不在于他的军事征服而在于他的思想风采，"好像只有思想是他的本行"（修昔底德语）[2]。相比之下，罗马人则沉迷于各种拜物教——国家拜物教、权力拜物教、金钱拜物教等——的晕轮之中，在功利主义的驱使下，通过不断的喋血奋战创建了一个地跨欧亚非三大洲的超级帝国，而后又在无休止的穷奢极欲中致使这个大帝国土崩瓦解。

这种巨大的文化差异使得希腊人虽然在政治上接受了罗马人的统治，但是在精神上却始终保持着一种居高临下的姿态。在有教养的希腊人眼里，罗马人只不过是一群颇为凶悍的乡巴佬而已，他们是永远不谙文雅的。这种文化上的蔑视不仅表现在文学、艺术和哲学等古典学术方面，而且也为后来的基督教教义之争和教会分裂埋下了伏笔。当希腊世界和拉丁世界都开始接受基督教信仰之后，古典时代的文化抵牾就进一步演

---

[1]　阿诺德·汤因比著，乔戈译：《希腊精神——一部文明史》，商务印书馆 2015 年版，第 10 页。

[2]　参见丹纳著，傅雷译：《艺术哲学》，安徽文艺出版社 1991 年版，第 320 页。

变为宗教神学（以及教仪教规和教会组织）方面的分歧。汉密尔顿指出：“早期的基督教会面临两种选择：希腊的道路与罗马的道路。两者具有本质上的差异；彼此几乎没有契合点。”①所谓"希腊的道路"无疑是指思想文化的道路，而"罗马的道路"则是指政治权力的道路。在使徒时代以及早期教父时代的《圣经》译撰和教义建构的过程中，"希腊的道路"明显占了上风——《希伯来圣经》的七十子译本以及《新约全书》都使用了希腊文，初期教会的主教们大多是希腊人或受过希腊文化教养的人，早期的神学教义更是打上了深深的希腊形而上学烙印。但是到了313年《米兰敕令》颁布之后，获得了合法地位的基督教会就越来越关注组织和权力的重要性，这样就使得"罗马的道路"后来居上。在以后的发展过程中，"希腊的道路"与"罗马的道路"非常复杂地纠结在一起，导致了基督教会内部不断重演的教义之争和教派分裂（*在表面上的教义神学之争背后掩饰着实质性的教派权力之争*）。在西罗马帝国灭亡之前，从尼西亚公会议一直到卡尔西顿公会议所贬抑的所有"异端"思想（*阿利乌主义、阿波利拿里主义、聂斯脱利主义、一性论派等*）全都是出于希腊文化盛行的东派教会（*亚历山大教会、老底嘉教会、君士坦丁堡教会等*）。这种现象恰恰说明，随着基督教会与罗马政权的日益妥协（从合法化到国教化），"希腊的道路"也逐渐被"罗马的道路"所取代。但是对于许多具有较深学养根基的希腊教父来说，所谓"异端"恰恰意味着更多的哲学智慧，诚如拉丁教父所指责的那样，"哲学导致异端"。这种极其复杂的文化分歧再加上权力博弈，最终造成了基督教两大教派——希腊正教会与罗马公教会——的彻底分裂。

希腊与罗马之间根深蒂固的文化分歧，更由于罗马帝国在政治上的分裂而进一步加剧。事实上，随着拉丁世界在文化上不断被希腊精神所渗

---

① 依迪丝·汉密尔顿著，曹博译：《希腊的回声》，华夏出版社2014年版，第177页。

透，希腊世界在政治上也日益被罗马体制所同化。早在罗马人的征服之前，来自北方马其顿的亚历山大大帝就已经终结了希腊城邦分离主义的田园牧歌，奏响了帝国主义的凯旋号角。幅员辽阔的亚历山大帝国曾一度使希腊人陶醉在帝国主义的光荣眩晕中，热衷于自由遐想的希腊人竟然成为东方世界的现实统治者。而后，在经历了希腊化时代的一段政治混乱之后，整个希腊世界又沦为罗马帝国的若干行省，在政治上成为罗马的附庸。但是在罗马人迅猛扩张的过程中，亚历山大帝国一直是一个令人向往的宏伟理想。尤其是当罗马人的扩张在西边止步于浩瀚无边的大西洋时，他们更是对亚历山大大帝征服东方的丰功伟绩仰慕不已——毕竟东方是远比西方更加富庶、繁荣和开化的文明之域。这种极具诱惑力的"亚历山大理想"或者"东方梦"鞭策着一代又一代罗马人前赴后继地向东扩张，共和国时期的马其顿战争（前212—前146年）、叙利亚战争（前191—前188年）、米特拉达梯战争（前88—前65年）以及庞培对塞琉西王国的兼并（前64年）、屋大维对托勒密王国的征服（前31年），已经将罗马的东部疆域拓展到了小亚细亚、西亚和埃及。而得陇望蜀之志又不断地激励着罗马英雄们，从恺撒、克拉苏、安东尼一直到图拉真、奥勒留等罗马皇帝，他们心中始终萦绕着一个挥之不去的东方情结，那就是像当年亚历山大征服波斯一样去征服东方强敌帕提亚①。当罗马陷入内战时，一些拥兵自重的政治野心家也是在亚历山大理想的感召下试图在东方另起炉灶。从苏拉与马略之争、安东尼与屋大维之战，一直到戴克里先的分区治理制度，以及李锡尼与君士坦丁的对峙，都可以看作是希腊与罗马的文化抵牾在政治层面上的再现。戴克里先就已经认识到希腊

---

① 恺撒被刺之前准备实施的政治抱负，就是东征帕提亚。图拉真把罗马帝国的疆域向东推进到亚美尼亚和美索不达米亚，一度攻占了帕提亚的重镇泰西封。年迈的图拉真达波斯湾时曾望洋兴叹，感慨自己已经不可能实现亚历山大大帝的伟业了。而克拉苏、安东尼、奥勒留、瓦勒良等人都先后在进军帕提亚时战败，甚至身死或被俘。

世界的经济、文化优势，因此把首都迁到拜占廷附近的伊兹米特，而把帝国西部交给副手马克西米安治理。等到君士坦丁消灭李锡尼、统一罗马帝国之后，又做出了一个重大的政治举措：将帝国首都迁至拜占廷（**即君士坦丁堡**），从而使罗马帝国的政治重心转移到希腊世界。君士坦丁死后，罗马帝国再次经历了分裂和整合，到 395 年正式分裂为两个帝国，即以君士坦丁堡为都城的东罗马帝国和以罗马为都城的西罗马帝国。

至此，希腊世界在拉丁世界面前不仅继续保持着文化优势和经济优势，而且也具有了新的政治优势。到了西罗马帝国被日耳曼蛮族摧毁之后，希腊世界的政治优势就变得更加不可动摇。6 世纪东罗马帝国的查士丁尼皇帝曾一度从蛮族手中光复了意大利和北非，展现了以希腊世界为中心重振罗马帝国河山的政治宏愿。从 476 年西罗马帝国灭亡，一直到 800 年查理称帝的三百多年时间里，拜占廷帝国（**即东罗马帝国**）不仅在希腊人眼中、而且在山河破碎的罗马人眼中，甚至在入侵西罗马帝国的日耳曼蛮族眼中，都具有毋庸置疑的正统性和权威性[①]。拜占廷帝国的官方语言虽然是希腊语，人民信仰的宗教虽然是希腊正教，但是君士坦丁堡的统治者们却始终以"罗马人的皇帝"身份自居，因为他们的帝国是从君士坦丁大帝那里一脉相承地延续下来的[②]。"希腊的罗马公民"这个看似矛盾的称呼，已经为拜占廷帝国的臣民们所习惯。但是希腊与罗马的实际关系却变得更加疏远和淡漠，当西罗马帝国在蛮族大入侵的冲击下土崩瓦解时，"拜占廷朝廷则以漠不关心，或甚至喜悦的心情，观看着罗

---

① 　在蛮族入侵的"黑暗时代"，对于西方土地上生活的人民来说，罗马帝国并没有灭亡，它仍然在君士坦丁堡威严地挺立着。当时流行的一句格言是："皇帝在哪里，罗马就在哪里。"罗马公教会（即天主教会）的教皇们也承认自己是拜占廷皇帝的臣民，他们在西方的宗教领导地位需要得到东方皇帝的恩宠。至于那些在西罗马帝国废墟上建立蛮族王国的日耳曼首领们，同样也蛰伏在拜占廷皇帝的政治权威之下，并从后者那里获得"罗马贵族"（Patricius Romanorum）的称号。
② 　拜占廷帝国科穆宁王朝的皇帝伊萨克一世（1057–1059 年在位）后来还把罗马军旗上的鹰徽改造为双头鹰国徽，用以表示一个头护卫着君士坦丁堡，另一个头紧盯着罗马。

马的屈辱、意大利的不幸和西部的丧失……而希腊和拉丁的分裂，则又因为永远存在的语言、习俗、利益，甚至宗教方面的差异，而更为加深"。[1]

800 年，在罗马天主教皇利奥三世的主持下，法兰克国王查理以"罗马人的皇帝"之名在罗马城加冕。西方世界在经历了三百多年的帝位空缺期之后，终于又有了自己的皇帝。英国著名历史学家詹姆斯·布赖斯认为，查理加冕称帝的历史意义不仅意味着"罗马人又自由了，又成为世界的主人和中心了"，而且还"宣告了准备良久，后果巨大的罗马人和条顿人的联合、南方的记忆和文明与北方新生力量的联合"[2]。

当西罗马的土地上开始实现南方的罗马文明与北方的条顿（即日耳曼）力量的联合时，在东罗马的范围内也正在发生同样的事情——南方的希腊文明对北方的斯拉夫民族的教化。到了 10 世纪末叶，当罗马天主教卓有成效地感召了斯堪的纳维亚半岛上的诺曼人时，希腊东正教也同样成功地传播到基辅罗斯，实现了拜占廷文化与斯拉夫文化的融合。这样一来，希腊与罗马的传统矛盾就变得更加复杂了，它已经把新生的日耳曼因素和斯拉夫因素也混杂于其中。

在欧洲中世纪，希腊与罗马之间的历史张力主要表现为拜占廷帝国与法兰克帝国（以及后来的神圣罗马帝国）之间的政治对峙。拜占廷帝国的皇帝们宣称拥有罗马帝国的血脉和正统，法兰克帝国和神圣罗马帝国的统治者们则自恃据有罗马城和使徒（圣彼得）法座[3]。两个帝国的政治对立又与两个教会（希腊正教会与罗马公教会）的宗教分歧以及两大类型（希腊—斯拉夫类型和拉丁—日耳曼类型）的文化差异极其复杂地混

---

①　爱德华·吉本著，黄宜思、黄雨石译：《罗马帝国衰亡史》（D.M. 洛节编本）下册，商务印书馆 1997 年版，第 139 页。

②　詹姆斯·布赖斯著，孙秉莹等译：《神圣罗马帝国》，商务印书馆 1998 年版，第 44 页。

③　从查理大帝的加冕开始，一直到 1452 年神圣罗马帝国的腓特烈三世称帝，法兰克帝国和神圣罗马帝国的大多数皇帝都是在罗马城由罗马天主教皇来主持加冕，他们在成为帝国皇帝之前往往先要获得意大利国王的称号，并且被称为"罗马人的皇帝"。

杂在一起，从而造成了令人眼花缭乱的历史迷局。

1453年，君士坦丁堡被土耳其穆斯林攻占，延续千年之久的东罗马帝国终归灭亡，君士坦丁堡教会的东正教中心地位也随之瓦解。莫斯科公国的统治者伊凡三世抓住了这个千载难逢的时机，他在罗马天主教皇的撮合下，迎娶了逃亡到罗马的拜占廷王室末代公主索菲亚（罗马教皇之所以要撮合这段婚姻是为了联合东正教势力共同对抗伊斯兰教的土耳其）。伊凡还将东罗马帝国的双头鹰徽变为俄罗斯的国徽，并在索菲亚公主的帮助之下，效法拜占廷帝国的政治模式进行了一系列制度变革，并终于摆脱了蒙古金帐汗国统治。从此以后，迅猛崛起的俄罗斯以"第三罗马帝国"自居，其统治者改"大公"称号为"沙皇"（俄语 Tsar，即"恺撒"），莫斯科也取代君士坦丁堡而成为东正教的新中心。15世纪末，一位东正教修士菲洛修斯在给伊凡的信中这样写道：

整个东正教世界都归您统治，您是世界唯一的君主，基督教徒唯一的沙皇……看呀！听呀！哦，虔诚的沙皇，前两个罗马虽已灭亡，第三个却依然耸立，而且决不会再有第四个。[1]

与俄罗斯僭取罗马帝国称号的做法相对应，自阿尔伯特二世（1438年称帝）以来长期垄断帝位的奥地利哈布斯堡家族也将双头鹰标志确立为神圣罗马帝国的国徽。于是，两个双头鹰徽的帝国——俄罗斯帝国与神圣罗马帝国——又开始了欧洲近代的政治博弈。随着神圣罗马帝国的衰落和西方民族国家的崛起，俄罗斯帝国先后与法兰西（拿破仑战争）、德意志（第一次世界大战）等西方大国争强夺霸；到了苏联时期，又与德国和英美进行了酷烈的热战和漫长的冷战。直至今日，俄罗斯与西方世界仍然处于针锋相对、彼此掣肘的微妙关系中。

---

[1] 参见斯塔夫里阿诺斯著，吴象婴、梁赤道译：《全球通史——1500年以前的世界》，上海社会科学院出版社1988年版，第424页。

从古代世界东罗马帝国与西罗马帝国的分立，到中世纪拜占廷帝国与法兰克帝国以及神圣罗马帝国的对峙，再到近代俄罗斯帝国与西方列强的争锋，乃至当今世界俄罗斯与美国及北约的抗衡，所有这些"两个帝国"之间的利益角逐，都可以追溯到希腊文化与罗马文化、亚历山大帝国与恺撒帝国的历史张力中。

（三）凡圣博弈——罗马帝国与罗马教会的理想冲突

如果说希腊与罗马的历史矛盾表现为一种旗帜鲜明的分庭抗礼，那么犹太与罗马的历史矛盾就表现为一种纠缠不清的相生相克。前者以亚历山大帝国与恺撒帝国的对立为象征，反映了东方与西方之间的利益角逐；后者则以基督王国与恺撒王国的对立为象征，反映了天国与尘世之间的理想冲突。由于基督王国——在现实世界中表现为基督教会——是在罗马帝国的躯体中生长起来的，所以它与罗马的关系就不像希腊与罗马的关系那样泾渭分明，而是盘根错节地纠结在一起。特别是当基督教成为罗马帝国的国教之后，"基督教和文明变得和罗马帝国同疆共域了。一个罗马人即是一个基督徒"[①]。在这种情况下，基督王国与恺撒王国的关系在后来的西方历史中就表现为"两个罗马"——罗马天主教会与形形色色的罗马帝国——之间的教俗之争。

犹太民族是一个苦难深重的民族，自从犹太人的祖先希伯来人在公元前14世纪来到巴勒斯坦（古称伽南）定居之后，在一千多年的时间里，他们先后遭受了埃及人、非利士人、亚述人、新巴比伦人、波斯人、亚历山大帝国、托勒密王国、密琉西王国和罗马人的统治。长期受奴役的苦

① 詹姆斯·布赖斯著，孙秉莹等译：《神圣罗马帝国》，商务印书馆1998年版，第12页。

难遭遇使得犹太民族强烈地期待社会解放，盼望古代大卫王国的辉煌能够在不久的将来再现①。在塞琉西王朝统治期间，犹太人中盛传关于弥赛亚将至的预言。按照这种预言，上帝将指派一位复国救主弥赛亚（Māshiah）降临人间②，他将带领犹太人脱离苦难，享受一千年的幸福生活。到了罗马统治时期，基督教从犹太教中脱颖而出并且与犹太教分道扬镳，但是在坚持大卫后裔弥赛亚或基督的王国一定会实现的理想上③，基督教与犹太教是一脉相承的。基督徒们坚信，"神将通过一位弥赛亚进行干预，推翻罗马政权，建立神的国；在这个国度中在大卫的子孙弥赛亚王的公义统治下……一个黄金时代由此开始"④。

由于罗马帝国是一个"条条大路通罗马"的普世大帝国，因此基督徒只能在这个现实的国度之内来实现基督的理想国度，这样从一开始就注定了基督王国与恺撒王国之间的紧张关系。面对着以暴戾武力来征服世界的罗马帝国，刚刚诞生的基督教会只能通过和平的方式来传播上帝的福音，在罗马统治者的暴戾压迫之下采取一种逆来顺受的应战姿态。耶稣本人痛苦而屈辱地死在"恺撒"代理人竖起的十字架上，彼得、保罗等使徒以及一批批虔诚的基督徒纷纷以身殉道。犹太民族也在 70 年圣殿被毁以后，被罗马人赶出了家园，寄人篱下，受尽欺凌。自从 64 年尼禄皇帝对基督徒首开杀戒以来，在长达 250 年的时间里，罗马帝国对基督徒进行了多次惨无人道的大迫害。但是，正如拉丁教父德尔图良所言，"殉

---

① 犹太人曾经在公元前 11–10 世纪之间建立以色列国，经历了扫罗、大卫、所罗门三王的统治。大卫是犹太人历史上最英明的国王，他的统治被犹太人奉为理想国。按照福音书的谱系记载，耶稣是大卫王的嫡传后裔（《圣经·马太福音》，第 1 章第 1–17 节）。因此，基督王国可以看作是大卫王国的再现。

② 希伯来文 Māshiah 直译为"受膏者"，古代犹太人拥立国王时，要在受封者头上涂抹羊油，因此"受膏者"即是国王。

③ "救主"一词在希伯来语中发音为"弥赛亚"（Māshiah），在希腊语中则为"基督"（Khristós，拉丁语为 Christus），因此基督就是弥赛亚。关于基督教对犹太教的继承与超越，可参阅拙著：《基督教与西方文化》"第二讲：基督教与希伯来文化"，商务印书馆 2013 年版。

④ 威利斯顿·沃尔克著，孙善玲等译：《基督教会史》，中国社会科学出版社 1991 年版，第 16 页。

道者的鲜血成为教会的种子"。失落了家园的犹太人在一千多年的苦难中坚忍不拔地守护着他们的信仰，而新兴的基督教更是在罗马帝国体内忍辱负重地传播着上帝的福音。随着罗马帝国在穷奢极欲中逐渐走向衰竭，基督教却以其纯真的信仰和高洁的道德而感召了越来越多的罗马民众，动摇了罗马帝国赖以维系的多神教信仰。最终，那位被罗马人杀死的犹太人（耶稣）的信仰竟然成为罗马帝国的断命毒鸩。海涅非常俏皮地写道：

那个被谋害的犹太，把他的唯灵主义奉送给罗马人的时候，是不是想向他那得胜的敌人报复，就像从前陈陶尔[①]那样，临死时狡猾地把一件浸渍过自己鲜血的有毒致命的长袍交给周比特的儿子？真是这样，罗马帝国、各国人民中的赫库勒斯，被犹太的毒药慢慢害死，结果头盔铠甲都从他那衰朽的躯体上脱落，他那声振四方的激战呼号日益低微，变成了僧侣的喃喃祈祷和阉人的颤声嘟囔。[②]

313年，君士坦丁皇帝颁布《米兰敕令》承认基督教为合法宗教；380年，狄奥多西皇帝又宣布基督教为罗马帝国的国教，要求全体罗马人民"遵守神圣使徒彼得带给罗马人的信仰"。至此，恺撒的国度和基督的国度似乎合为一体了，但是二者之间的深刻仇隙却始终未能冰释，而且随着罗马帝国和罗马教会的力量对比发生逆转，"两个罗马"之间的矛盾变得更加错综复杂了。君士坦丁皇帝之所以要大力扶持基督教，只是因为一个充满感召力的新宗教是与一个重新完成统一的大帝国相适应的。他本想利用基督教信仰来重振罗马帝国，却未曾意识到基督王国与恺撒王国之间存在着无法调和的理想冲突。但是后来的奥古斯丁对于这两个国度之间的吊诡关系却有着清晰的认识，在《上帝之城》中，这位罗马

---

① 希腊神话中半人半马的怪物，为周比特（即宙斯）之子赫库勒斯（即赫拉克勒斯）所杀。陈陶尔临死时，劝赫库勒斯之妻黛阿耐拉，用他的鲜血提炼一种可使丈夫永远爱她的油膏，这油膏其实是毒药。黛阿耐拉把它涂在白袍上献给丈夫，赫库勒斯于是中毒而死。——译者注。

② 亨利希·海涅著，张玉书译：《论浪漫派》，人民文学出版社1979年版，第7-8页。

教会的思想巨擘明确地指出，虽然"上帝之城"（基督王国）与"世俗之城"（恺撒王国）共存于同一个现实世界中，但是它们却代表了两种截然对立的理想态度："一座城在它自身中得荣耀，另一座城在主里面得荣耀。"[①]前者贪恋尘世的物欲，后者向往天国的荣耀。因此，这两种理想之间的深刻矛盾是根本无法弥合的。但是，尽管这两种理想在内涵方面存在着巨大的差异，它们在形式上却有着某种同一性，即它们都具有普世性的特点。罗马帝国的理想是让鹰旗插满世界，基督教的理想则是让信仰传遍万邦[②]。从这种普世性的意义上看，"罗马帝国平定并统一了世界，适时地为在各地传播福音准备了条件"。[③]

5世纪日耳曼蛮族的大入侵和西罗马帝国的毁灭，使得基督王国与恺撒王国之间旷日持久的理想冲突终于有了结果，基督教会"终于在朱庇特神庙的废墟上竖起了胜利的十字架的旗帜"[④]。然而，一个"罗马"（罗马帝国）在蛮族的暴力冲击下轰然倒塌，另一个"罗马"（罗马教会）却在一片蛮荒的土地上疯狂生长。至7世纪末，所有入侵西罗马帝国的蛮族部落都皈依了正统的罗马天主教会（或者被查士丁尼的光复运动所消灭）；到了10世纪末，前罗马帝国北部疆域以外的整个日耳曼人地区，一直远至斯堪的纳维亚半岛，全都匍匐在基督的十字架之下。于是在西欧的范围内，罗马大公教会（Roman Catholic Church）取代了罗马世界帝国[⑤]，成为新的权力中枢。"政权与治术由此行将倾覆的帝国转至强而有力的教皇手中；断剑之威为慰藉之笔所代替；教会的传教士取代了帝国的

---

① 奥古斯丁著，王晓朝译：《上帝之城》中册，（香港）道风书社2004年版，第267页。

② 耶稣在复活时教导门徒说："你们往普天下去，传福音给万民听。"《圣经·马可福音》，第16章第15节。

③ 约翰·博德曼等编，郭小凌等译：《牛津古罗马史》，北京师范大学出版社2015年版，第9页。

④ 爱德华·吉本著，黄宜思、黄雨石译：《罗马帝国衰亡史》（D.M.洛节编本）上册，商务印书馆1997年版，第233页。

⑤ "Catholic"一词本身就具有"普世的"意义，大公教会（Catholic Church）即是普世教会，中国人称之为天主教会。

军队，沿罗马各公路涌至西方；叛乱的各行省，因接受了基督教，重又承认罗马的君权……"①然而，此君权已非"恺撒"的权力，而是基督的权力，"皇城罗马变成了圣城罗马"。

正如热衷于思想的希腊人在罗马政治的影响下开始眷恋权力一样，当罗马教会逐渐变得羽翼丰满之后，它也不可避免地一头扎进了争权夺利的泥沼。事实上，罗马帝国的基督教化和基督教的罗马化是同一个相反相成的辩证过程——当罗马帝国把基督教确立为国教时，基督教会也仿照罗马帝国的政府形式和法律体制把自己变成了一个庞大的权力机构。对于扬眉吐气的基督教会来说，"罗马的道路"显然要比"希腊的道路"更加具有现实的诱惑力。基督王国虽然是一个天国的理想，但是罗马教会的主教们却是具有七情六欲的凡胎俗骨，他们在现实的环境里很难抗拒权力和物欲的侵蚀。因此，在获得合法地位伊始，教会内部就出现了愈演愈烈的权力之争，其结果导致了一次次的"异端"谴责和教派分裂。到了西罗马帝国灭亡之后，罗马教会又开始与君士坦丁堡的皇帝们暗中较量，试图摆脱鞭长莫及的拜占廷帝国的政治控制。5世纪末，罗马教皇吉莱西厄斯（492—496年在位）在写给拜占廷皇帝阿纳泰西厄斯的信中宣称："统治这个世界的主要有两大权威：教皇神圣的权威和君主的权威。其中，祭司的权威远较王权伟大，因为在末日审判时，即令人间贵为君王者，他们的行为也得由祭司向上帝交待。"②这种教权至上的思想为中世纪的各种君权神授理论奠定了基础。及至西方的帝国（查理帝国）重建之后，罗马教会再度陷入了与各种形态的罗马帝国——查理帝国、神圣罗马帝国等——的相互借重和明争暗斗之中，教俗之争构成了一条贯穿中世纪政治史的主线，对西方社会生活产生了重要的影响。

① 威尔·杜兰著，幼狮文化公司译：《世界文明史·恺撒与基督》下册，东方出版社1999年版，第883页。
② 艾耶尔：《古代教会史资料汇编》，第20页。转引自威利斯顿·沃尔克著，孙善玲等译：《基督教会史》，中国社会科学出版社1991年版，第156页。

751年，法兰克王国宫相矮子丕平篡夺了墨洛温家族的王位，他的篡权行为得到了罗马教皇斯蒂芬二世的认可，后者亲自为丕平进行了加冕。作为回报，丕平把从伦巴第人手中夺回的拉文纳总督区以"赠献"的名义交给了罗马教皇。从此以后，"丕平赠土"就成为"教皇国"（教皇的世俗领土）的奠基地。这是中世纪世俗王权与罗马教会之间的第一笔政治交易，它为以后教俗权力的相互勾结和博弈开了先河。丕平死后，其子查理继承王位，此时的法兰克王国已经控制了意大利、高卢和日耳曼等地区，其疆域范围堪与前西罗马帝国相媲美。800年，查理称帝，重新承续起罗马帝国的正统。当时的教皇利奥三世在罗马为查理举行了加冕礼，此举就成为罗马皇帝世俗权力合法性的神圣根据。从此以后，由罗马教皇为帝国皇帝进行加冕就成为一种惯例，由此也衍生出后来的"君士坦丁赠礼""两把刀"理论、"太阳与月亮"理论等各种君权神授理论[①]。一位研究者评论道：

教皇给这位皇帝的加冕，便被解释为天上的权力高于世俗权力的象征：教皇运用他的神权把帝国从希腊人手中收回，授予法兰克国王……按照《旧约》中的范例，给国王行敷圣油礼，这是从宗教上给这种继承，或者篡位，披上一种神圣的外衣。教皇为皇帝行加冕礼，日益被认为是表示承认诸侯们的选举为合法。[②]

---

① "君士坦丁赠礼"：9世纪罗马教会伪造的《艾西多尔文献》谎称收集了一封君士坦丁皇帝致当时的罗马主教西尔维斯特的信件，在信中君士坦丁宣称：为了感谢基督教会对他的拯救，他决定把罗马之外的4个宗主教区——安提阿、亚历山大里亚、君士坦丁堡和耶路撒冷——的一切信仰事务的宗教管辖权，以及"罗马城和所有意大利的或整个西部地区的行省、地区和各城市"的世俗统治权均授予西尔维斯特及其继承者。"君士坦丁赠礼"成为中世纪罗马教皇凌驾于西欧世俗王权之上的重要法律依据。"两把刀"理论：《圣经·路加福音》第22章第38节写道："他们说'主啊，请看！这里有两把刀。'耶稣说：'够了。'"罗马教会据此解释说，上帝把神权和王权这"两把刀"都交给了彼得的教会，教皇在为君主加冕时把王权这把刀授予后者，但是他却保留着随时收回这把刀的权利。"太阳与月亮"理论：11世纪强势的罗马教皇格利高里七世根据《圣经·诗篇》第72章第5节"太阳还存，月亮还在，人要敬畏你，直到万代"的诗句，把教会和帝国分别比作太阳和月亮，月亮的光是来自于太阳，因此皇帝要诚服于教皇的至上权力。
② G. F. 穆尔著，郭舜平等译：《基督教简史》，商务印书馆1981年版，第165页。

在法兰克帝国和神圣罗马帝国初期（9—11世纪），由于战乱频仍和封建状态严重，许多地方主教和神职人员都依附于当地的封建领主，罗马天主教廷和教皇的统一权威尚未树立起来。因此，罗马教皇在帝国皇帝面前往往只能采取一种相互借重甚至委曲求全的妥协姿态。但是与控制着帝国权力的日耳曼蛮族相比，主宰罗马教会的拉丁人具有毋庸置疑的文化优势，更何况他们手中还掌握着决定灵魂归属的神圣钥匙。这种文化上和宗教上的优势地位使得善于经营的罗马教会在蒙昧闭塞的蛮族世界里游刃有余，很快就控制了西欧社会的经济命脉，并且在政治方面也有了越来越大的腾挪空间。随着罗马教会的羽翼逐渐丰满，它与神圣罗马帝国之间的教俗之争也日趋激烈。11世纪下半叶发生在罗马教皇格利高里七世与帝国皇帝亨利四世之间的主教册封权之争中，教会已经开始略占上风。在随后的一百年间，神圣罗马帝国的实力每况愈下，罗马天主教会的权势则与日俱增。到了13、14世纪，罗马教会已经登上了西欧政治权力的巅峰，英诺森三世等强势教皇翻手为云、覆手为雨，将神圣罗马帝国的皇帝和西欧大大小小的国王、诸侯玩弄于股掌之间。11—13世纪基督教世界发起的远征，虽然最终以失败而收场，但是它却充分显示了罗马教皇在西欧政坛上的权威性——是教皇而不是皇帝，成为基督教世界与伊斯兰教世界大对决的领导者。通过策划和领导这场暴戾的宗教战争，罗马教皇不仅证明自己已经成为西欧教俗各界的公认渠魁，而且也表现出充当整个基督教世界——罗马公教会和希腊正教会——的统一领袖的野心和实力。一位教会史专家对基督教军事力量东侵的历史后果评价道："或许最有意义的结果是十字军给教宗制增加了光彩……圣战就是使联合东西方教会的教宗制获得普世治权。"[①]

盛极而衰，盈满则亏。从14世纪开始，随着法兰西、英格兰等民族

---

① 布鲁斯·雪莱著，刘平译：《基督教会史》（第二版），北京大学出版社2004年版，第212—213页。

国家逐渐取代日益衰朽的神圣罗马帝国而崛起，罗马天主教会也开始从权力的巅峰跌落下来。经过"阿维尼翁之囚"和西方教会大分裂等一系列政治挫折，罗马教会元气大伤。不久以后，蓬蓬勃勃的宗教改革大潮又汹涌而至，致使铁板一块的罗马天主教世界破碎瓦解。大势已去的罗马教会左支右绌，总算保住了半壁江山（意大利、西班牙、法国等）。从此以后，退守南方的罗马天主教会只能与北方形成的新教阵营划定楚河汉界而治（1648年《威斯特伐利亚和约》）。随着西欧近代民族国家在宗教改革运动中逐渐壮大，罗马教会与罗马帝国这一对藤树相缠的冤家对头双双在历史舞台上谢幕，让位于日耳曼世界中鸣锣登场的新主角。

1806年，在法兰西皇帝拿破仑的逼迫之下，苟延残喘的神圣罗马帝国终于瓦解，但是罗马帝国的阴魂并未在欧洲乃至国际政治舞台上彻底消散。从法国的拿破仑帝国、大不列颠的"日不落帝国"一直到俾斯麦的德意志第二帝国和希特勒的德意志"第三帝国"，以及西欧范围之外的俄罗斯帝国和被世人称为"当代罗马帝国"的美国，以各种不同形式——政治的、经济的、文化的或意识形态的——来统一世界、重温罗马帝国旧梦的勃勃野心不断再现。即使是今天的欧盟，也同样试图以一种和平的方式来重振罗马帝国的政治、经济一体化理想。另一方面，罗马教会自近代以来也发生了根本性的变化，宗教改革运动不仅导致了大公（或普世）教会的大分裂，产生了分崩离析的各支新教教派；而且还在16世纪的再洗礼派运动中酝酿了一种源于犹太教的大卫—弥赛亚王国模式的乌托邦社会理想，为近代共产主义运动开创了先河。从某种意义上说，西方资本主义与共产主义之间的理想冲突，正是恺撒王国与基督王国这一对历史矛盾在现代社会中的再现。

公元之初是罗马帝国奠立和罗马教会产生的时代，从一开始，"两个罗马"就如影随形地纠缠在一起，共同走过了一千多年的吊诡历程，其间充满了血泪与权欲、苦涩与荣耀。时至今日，二者相互撕咬的时代已经过去（或者变换为一种新形式的理想冲突）。恺撒的王国崩溃了，大卫（或弥赛亚、基督）的王国也分裂了。当古代世界的辉煌逐渐隐匿时，一个全新的时代开始在日耳曼的大地上喷薄而出。

（四）南北抗衡——罗马世界与日耳曼世界的盛衰转化

日耳曼世界与罗马世界的关系，与"两个罗马"的关系非常复杂地纠结在一起。与希腊人、犹太人和罗马人相比，日耳曼人无疑是一个大器晚成的民族，他们是在古代社会濒于衰亡时才开始走上西方文明舞台的。当日耳曼人最初以蛮族入侵者的身份进入罗马世界时，"两个罗马"都面临着覆灭的威胁。但是历史结果却具有吊诡性：一个"罗马"（**罗马帝国**）土崩瓦解，另一个"罗马"（**罗马教会**）却因祸得福。在后来的"黑暗时代"里，各个日耳曼蛮族王国相继皈依了罗马天主教会，征服者反过来被它征服的文明所同化。到了中世纪，日耳曼人打起了神圣罗马帝国的旗号与拉丁人控制的神圣罗马教会相抗衡，从而使教俗之争又包含了民族矛盾的新内涵，变得更加诡谲复杂。从宗教改革的时代起，蒙昧千年的日耳曼人才真正产生了自我意识，他们终于意识到自己与"罗马"——无论是罗马教会还是罗马帝国——之间的巨大文化差异。于是，一股反罗马的汹涌浪潮就在日耳曼世界中激荡开来，结果导致了罗马教会的分裂和罗马帝国的终结，一个属于日耳曼世界的新时代开始来临。

5世纪，生活在多瑙河以北、莱茵河以东的日耳曼各部族在匈奴人的压力之下，纷纷侵入已经在奢靡腐败中变得衰弱不堪的罗马帝国。西哥特人首先在410年攻掠了千年不败的罗马城，"文化破坏者"汪达尔人又455年洗劫了罗马，将这个伟大的古都夷为一片废墟。接着，一支支日耳曼部族纷至沓来，西哥特人、苏维汇人、巴斯克人占据了西班牙，法兰克人、勃艮第人、阿勒曼尼人占据了高卢，东哥特人（以及后来的伦巴第人）占据了意大利，汪达尔人占据了北非，盎格鲁人、萨克森人占据了不列颠。整个西罗马帝国被瓜分为一个个各自为政的蛮族王国，辉煌的古典文明灰飞烟灭，西欧社会进入了满目疮痍的"黑暗时代"。

日耳曼蛮族摧毁了西罗马帝国的一切文明成果，但是唯独对基督教崇敬有加。究其原因，并非如黑格尔所说的那样是由于日耳曼民族的"天命"使然[①]，而是后天教化和环境影响的结果。早在4世纪，一部分毗邻罗马帝国边境的日耳曼部族，如西哥特人、东哥特人、汪达尔人、苏维汇人等，就已经受基督教传教士的影响，皈依了当时被罗马正统教会斥为"异端"的阿利乌派信仰。正是由于这个原因，当日耳曼人摧毁罗马帝国之后，他们对待同属基督教信仰的罗马教会就比较友善（至于罗马正统教会与阿利乌派之间的晦涩玄奥的神学教义之争，对于那些不谙文明的野蛮人来说是毫无意义的）。沃尔克指出："如果西罗马帝国早一个世纪陷落（这是可能的），那么基督教的遭遇就会完全不同。"[②]擅于捕捉时机的罗马天主教会很快就从毁灭的恐惧中振作起来，开始对那些蒙昧而虔诚的阿利乌派信徒以及一些尚未接受基督教信仰的蛮族部族（如法兰克人、盎格鲁人、萨克森人等）进行教化。最先接受正统罗马天主教信仰的是法兰克人，496年圣诞节，法兰克人首领克洛维为了赢得信仰罗马天主教的高卢人民的支持，率领3000士兵在兰斯大教堂接受洗礼，正式皈依罗马教会。法兰克王国在"黑暗时代"逐渐发展成为各个蛮族王国中最强大的国家，在它的影响和威逼之下，各个蛮族王国相继皈依了罗马教会的正统信仰（仍然坚持阿利乌派信仰的汪达尔王国和东哥特王国后来被查士

---

① 黑格尔在《历史哲学》中写道："日耳曼各民族的使命不是别的，乃是要做基督教原则的使者。""日耳曼人注定要做基督教原则的负荷者，注定要实现那个'观念'作为绝对地'合理的'目标。"黑格尔著，王造时译：《历史哲学》，三联书店1956年版，第387、399页。

② 威利斯顿·沃尔克著，孙善玲等译：《基督教会史》，中国社会科学出版社1991年版，第150页。

丁尼的反攻所消灭）。这样，罗马教会就因祸得福，借助日耳曼蛮族这条"上帝的鞭子"，趁着罗马帝国的崩溃和蛮族的皈依，顺理成章地接过了西欧社会的领导权。

如果说基督教会在罗马帝国早期曾经被有教养的希腊人和拉丁人视为一种低级的迷信团体，那么到了"黑暗时代"，它在日耳曼蛮族面前就扮演了一个文明教师的角色。摧毁罗马帝国的日耳曼民族正是在基督教信仰的感召之下告别蛮荒、开启教化的。基督教会不仅在"黑暗时代"保留和传承了古典文明的火种，而且还在中世纪推动了一系列文化复兴运动（9世纪的加洛林王朝文艺复兴、12世纪的欧洲文艺复兴等），使得西欧社会从普遍的蒙昧状态中逐渐恢复了元气。更重要的是，罗马教会在属灵事务上拥有绝对的权威，它掌握着灵魂升天国的钥匙。因此，罗马教会在日耳曼蛮族——尤论是国王诸侯还是平民百姓——眼里，具有毋庸置疑的神圣性，即"神圣罗马教会"。

在"黑暗时代"（5—8世纪），相对于分散闭塞的蛮族王国而言，已经灭亡的罗马帝国和蒸蒸日上的罗马教会这一对冤家对头至少有两点是一致的：第一，它们都代表着一种普世性的统一力量；第二，它们都掌握在文明的拉丁人手中。罗马帝国的皇帝和罗马教会的教皇是同一个世界主义的两个相互对立的首领，一个是尘世的统一首领，另一个则是天国的统一首领。日耳曼蛮族瓜分了统一的罗马帝国，导致了地方主义性质的封建社会；但是罗马教会却以信仰的力量（而非武力）整合了日耳曼蛮族，形成了另一种形式的世界主义。整个西欧中世纪的历史，就是神圣罗马教会的世界主义与日耳曼王国的封建主义相抗衡的历史。无论是"黑暗时代"的蛮族王国，还是中世纪徒有虚名的神圣罗马帝国，其实质都是封建主义的。在这个分崩离析的封建社会里，只有罗马教会始终坚定不移地推行着世界主义的主张，并且矢志要把天国的统一理想落实到人间来。

查理帝国是日耳曼人建立的第一个名副其实的大帝国，然而这个帝国很快就陷入分裂之中①。962 年，东法兰克（即德意志）国王奥托一世在罗马加冕称帝，又建立了一个持续 800 多年之久的帝国。这个由日耳曼人建立的帝国，不仅自诩为"罗马帝国"，而且还冠之以"神圣"之名②。但是在其存在的大部分时间里，神圣罗马帝国只是一个空架子。且不论在它之外还独立存在着法兰西、英格兰、匈牙利诸王国和意大利各邦国，其内部也是一团乱麻。自从 1356 年查理四世颁布"黄金诏书"之后，神圣罗马帝国的帝位就操控在七大选帝侯之手，往往是最弱者（如奥地利哈布斯堡家族）被推选为帝。帝国皇帝只是一个空头衔，根本无力驾驭各自为政的诸侯们。到 1618 年"三十年战争"爆发时，神圣罗马帝国境内出现了 390 个大大小小的诸侯国、主教领地、自由城市和骑士领地。一直到 1871 年普鲁士统一德国时，这种混乱的政治状况才最终结束。

布赖斯指出："'神圣罗马帝国'的名称对于'神圣天主教会'的名称来说，是必须的和合理的对应物。"③ 但是，神圣罗马帝国从一产生就是中世纪西欧政治的一个怪胎，它充分说明了蒙昧的日耳曼世界在文明的罗马世界面前的屈辱状态。中世纪的日耳曼人缺乏独立的民族意识，他们在宗教上诚服于一个"神圣罗马教会"，在政治上经营着一个"神圣罗马帝国"，但是他们既不是罗马人，也没有领悟到"神圣"的真实含义。对

---

① 843 年，查理的三个孙子通过《凡尔登条约》把帝国瓜分为秃头查理的西法兰克王国、日耳曼人路易的东法兰克王国和罗退尔的中法兰克王国。前两者分别成为法兰西和德意志的雏形，中法兰克王国后来则被法、德所瓜分，南部并入意大利，西欧的一些现代国家如荷兰、比利时、卢森堡、瑞士等原来也在其范围内。

② 奥托二世（973–983 年在位）始称"罗马皇帝"，康德拉二世（1024–1039 年在位）定国号为"罗马帝国"。到了"红胡子"腓特烈一世统治时期（1152–1190 年在位），为了表明帝国与教会同样具有神圣性，遂改国名为"神圣罗马帝国"（Holy Roman Empire）。

③ 詹姆斯·布赖斯著，孙秉莹等译：《神圣罗马帝国》，商务印书馆 1998 年版，第 175 页。布赖斯在注释中指出，在德国一些古老教会的红衣主教陵墓上，往往会镌刻着 "S.R.E. Card Presb"（"神圣罗马教会红衣主教神甫"）的铭文，在一些选侯的陵墓上同样也刻有 "S.R.I. Princ Elect"（"神圣罗马帝国王公选侯"）的铭文。可见神圣罗马帝国是与神圣罗马教会相对应的。

于他们来说，"帝国"必须与"罗马"联系在一起[①]，正如"教会"必定是"罗马"的一样。他们既不能建立一个没有"罗马"的德意志帝国[②]，也无力建立一个独立于"罗马"的民族教会[③]。为了与那个像幽灵一般萦绕在头上的神圣罗马教会相抗衡，日耳曼人试图让自己的国家也具有神圣的光环。但是在建立起独立的民族教会和现代宪政体制之前，"神圣"对于国家来说只是一个空泛的口号而已。

中世纪的教俗之争不仅表现为"两个罗马"，而且也表现为"两种神圣"——神圣罗马教会与神圣罗马帝国——之间的较量，这场较量同时也是罗马世界与日耳曼世界之间的一场对决：

> 教会与国家之间的冲突不仅是一场教士与俗人的冲突，同时也是一场地中海世界与北方蛮族之间的冲突的重演。教会的统一就是罗马帝国统一的反响；它的祷文是拉丁文，它的首脑人物主要是意大利人、西班牙人和南部法国人……反之，世俗权力则掌握在条顿血统的王侯们的手中，他们企图尽力保持他们从日耳曼森林里所带出来的种种制度。[④]

由于神圣罗马教会占据着文化制高点（尤其是掌握着灵魂升天国或下地狱的权力），并且通过寺院经营控制了西欧的经济命脉，因此在这场教俗之争和民族对抗中明显占了上风。在中世纪，日耳曼世界对罗马世界的反抗始终带有一种情态暧昧的特点，他们只能打着"罗马"的旗号来反对罗马，因为"日耳曼"是不能登大雅之堂的。当他们摧毁罗马帝国

---

① 法兰克帝国皇帝路易二世在致拜占廷皇帝巴塞尔的信中写道："如果我们不是罗马人的皇帝，那么也绝对不可能是法兰克皇帝，因为我们是从罗马人那里取得荣誉的。"参见詹姆斯·布赖斯著，孙秉莹等译：《神圣罗马帝国》，商务印书馆1998年版，第91页注释②。

② 15世纪下半叶，面对着帝国疆域仅限于德意志一隅的现实情况，腓特烈三世再度将国号改为"德意志民族神圣罗马帝国"，但是"神圣"和"罗马"却依然保留着。一直到1871年"德意志帝国"建立时，"神圣"和"罗马"才从国号中消失。

③ 后来路德宗教改革的一个重要历史后果，就是日耳曼世界的各个民族教会纷纷摆脱罗马教会的控制而建立。

④ 罗素著，何兆武、李约瑟译：《西方哲学史》上卷，商务印书馆1963年版，第16页。

之后，很快就皈依了罗马教会；当他们反抗罗马教会时，又树起了罗马帝国的旧招牌。在自惭形秽的日耳曼人眼里，"罗马"始终具有神圣性，所以他们把模仿罗马而建立的帝国称之为"神圣罗马帝国"，既是"罗马"的，又是"神圣"的，这样才足以名正言顺地与神圣罗马教会相抗衡。然而，"神圣""罗马""帝国"这三个概念没有一个符合中世纪日耳曼国家的现实状况，无怪乎伏尔泰要辛辣地讽嘲它"既不神圣，亦非罗马，更称不上是一个帝国"！当这个徒有虚名的神圣罗马帝国与名副其实的神圣罗马教会相对抗时，结果自然就可想而知了。

但是，尽管打着"罗马"的神圣大旗，日耳曼人对罗马的历史仇恨却是刻骨铭心的。在适当的时候，这种仇恨也会偶尔喷发而出。968—969 年间，伦巴第主教柳特普兰德代表神圣罗马帝国皇帝奥托二世出使东罗马帝国，双方发生了一场关于谁才是真正的罗马人的争论。在争论中，柳特普兰德主教被尼基弗罗斯皇帝以罗马帝系嫡裔自居的傲慢态度激怒了，于是他对所谓的"罗马人"进行了一番狗血淋头的痛斥：

这是一件在历史上臭名远扬的事实，这就是指罗马人所奉为始祖的罗摩勒斯是一个杀死兄弟的人，是一个娼妓的儿子——我是指非婚生子，他建立了一个罪犯逃遁薮来收容债务者、逃奴、杀人犯以及其他罪大恶极的犯人。他包庇了这些罪犯，搜罗了一大群犯人，称他们为罗马人。这就是你们的皇帝或者如你们称为"世界的王"的奉为祖先的优秀的贵族。但是我们——我用"我们"一词来指伦巴第人、撒克逊人、法兰西人、洛林人、巴伐利亚人、斯瓦比亚人、布尔艮迪人——我们鄙视罗马人到这种程度，以至于我们对敌人发怒时，我们只要叫他们一声"罗马人"就够了，因为照我们的说法，这一个坏称呼包括一切卑贱、懦怯、贪婪、颓废、虚伪以及其他各种恶行的全部而无遗。①

五百多年后，这种历史仇恨的总爆发，就是促成宗教改革运动的重要因素。1517年10月31日，当虔诚的德国修道士马丁·路德在维腾堡教堂门前贴出针对神圣罗马教会兜售赎罪券的腐败行径的《九十五条论纲》时，他心中不仅怀着一种"因信称义"的神圣感，而且也对罗马世界长期以来欺凌善良淳朴的日耳曼人的做法充满愤慨。路德改革的最主要原因当然是神学和道德方面的，他指责罗马教会在神圣的旗帜下从事邪恶的勾当，极大地亵渎了基督教的圣洁信仰。黑格尔从哲学的高度强调，路德"因信称义"理论的实质就在于自我意识的真正觉醒，即主观性、自我确信或自由"被带进了人的真正意识中"②。马克思对路德宗教改革的重大意义有一段精辟的评价："他破除了对权威的信仰，是因为他恢复了信仰的权威，他把僧侣变成了世俗人，是因为他把世俗人变成了僧侣。他把人从外在的宗教笃诚解放出来，是因为他把宗教笃诚变成了人的内在世界。"③在这里，所谓"权威""僧侣"和"外在的宗教笃诚"无疑都是针对罗马教会而言的，而"信仰""世俗人"和"内在世界"则对应于德国民众。当路德把信仰提高为得救的唯一根据时，他实际上也唤醒了整个德意志民族的自我意识，告诉他们神圣的权威不属于罗马教会而属于内心信仰。在这里，路德表现了强烈的民族情绪。罗素在总结宗教改革运动的原因时指出："大体上，它是北方民族对于罗马东山再起的统治的一种反抗……民族的动机、经济的动机和道德的动机都结合在一起，就格外加强了对罗马的反叛。"④路德不仅在赎罪券问题上猛烈抨击罗马教会，而且还把

---

① 《柳特普兰德的君士坦丁堡出使记》第12章，转引自汤因比著，曹未风译：《历史研究》下册，上海人民出版社1964年版，第238页。

② 参见黑格尔著，贺麟、王太庆译：《哲学史讲演录》第三卷，商务印书馆1959年版，第378-379页。

③ 《马克思恩格斯选集》第一卷，人民出版社1995年版，第10页。

④ 罗素著，何兆武、李约瑟译：《西方哲学史》上卷，商务印书馆1963年版，第19页。

《圣经》翻译为德文，使粗通文墨的德国民众可以通过阅读《圣经》来直接与上帝交往，这样就使罗马教会在属灵的事务上不再具有权威性。在路德看来，罗马教会并非神圣之所，而是罪恶之渊，"一切属灵属世无赖行为的邪恶样式都是先从罗马——这个罪恶的汪洋大海里泛滥到全世界的"。路德向德意志的诸侯们大声呼吁道：

> 假若德意志王公贵族不迅速大胆加以干涉，德意志真的就要变成废墟，被迫毁灭了。这是罗马人高兴看到的事，他们只把我们视作畜生，在罗马有一句俗话论到我们说："人们可以用各种可能的方式诱诈德国蠢汉的黄金。"对这种侮慢的无赖行径，教宗并不加以阻止，他们都视而不见，事实上他们对这大逆不道的恶棍，比对上帝的神圣福音还更尊崇……

> 上国的帝（这是基督所称的基督教会）不在罗马，不属于罗马，不在这里，也不在那里，乃是在信仰者心里，无论他们在罗马，或在任何别的地方。因此，硬说基督教会是在罗马，或者属于罗马，甚或说按照神命它的头和权柄也在罗马，这是一种令人作呕的谎言，而且有背于基督，把他置于撒谎的境地。①

当神圣罗马帝国与神圣罗马教会相抗衡时，双方的"神圣"都是虚假的——神圣罗马教会在权力和物欲的诱惑下早已背离了基督教的神圣理想，而神圣罗马帝国更是徒具"神圣"之名。但是当路德向罗马教会发起攻击时，他却是站在真正的神圣信仰的立场上，向一切违背基督教圣洁理想的东西猛烈开火。从这种意义上说，路德以及新教教会与罗马教会的对立，不仅是对"两种神圣"相互抗衡的历史继续，更是对它的精神升华。

正是由于神圣性和民族性的双重影响，再加上经济和政治方面的诸

---

① 路德：《论罗马教宗制度》，载路德文集中文版编辑委员会编：《路德文集》第1卷，上海三联书店2005年版，第454、455、461页。

多因素，使得路德改革在北部欧洲的范围内引起了轩然大波。几乎整个日耳曼世界——包括德意志神圣罗马帝国的大部分邦国和苏黎世、日内瓦、英格兰、苏格兰、尼德兰、斯堪的纳维亚诸国等——全都自觉地站在罗马世界的对立面上，通过宗教改革这场文化更新运动，实现了政治、经济的全面变革。在政治领域，不仅由于民族教会的建立极大地促进了现代民族国家的崛起，导致了社会领域的巨大变革（**如尼德兰革命、英国清教徒革命、法国胡格诺战争等**）；而且从加尔文教的"两个国度"理论中衍生出现代宪政民主制度，形成了政教分离的基本格局[①]。在经济领域，新教伦理成为推动资本主义发展的巨大精神杠杆[②]，几乎所有成功进行了宗教改革的国家和地区，在 17 世纪以后都相继崛起为新兴的资本主义强国[③]。

在宗教改革之前，西欧社会力量的基本格局是：南方拉丁世界在经济上繁荣（**意大利**）、政治上强大（**西班牙**）、文化上更是引导潮流（**罗马天主教会**）；北方日耳曼世界则是经济上落后、政治上羸弱、文化上凋敝不堪。但是宗教改革运动唤醒了日耳曼人的民族意识和自由精神，一百多年以后，日耳曼世界像希腊神话中的安泰一样在新教信仰的大地上挺立起来，取代日益衰落的罗马世界成为历史巨轮的领航者。随着西欧社会力量对比的惊天逆转，地中海时代的夕照逐渐黯淡，大西洋时代的朝阳喷薄而出。

……

---

① 参阅拙文：《加尔文教的"两个国度"思想对西方宪政民主的深远影响》，载《求是学刊》2012 年第 1 期。

② 参阅马克斯·韦伯的经典著作《新教伦理与资本主义精神》。

③ 在这方面唯一的例外是地处南北之间、兼具拉丁文化因子和日耳曼文化因子的法国。16 世纪末波旁家族亨利四世的政治权衡和胡格诺战争的失利导致法国仍然坚持天主教信仰，但是诚如布林顿等人所言，失败的新教徒已经"将新教的信仰烙印在法国人的良知上"［布林顿、克里斯多夫、吴尔夫著，刘景辉译：《西洋文化史》第四卷，（台湾）学生书局 1984 年版，第 153-154 页］。而且 18 世纪法国启蒙运动也是对失败了的宗教改革运动的一种加倍补偿。

西方人发明的扑克牌中有四个老 K，分别是指大卫王（黑桃 K）、查理大帝（红桃 K）、亚历山大大帝（梅花 K）和恺撒大帝（方片 K）。这四个老 K 非常恰当地表现了罗马与希腊、犹太以及日耳曼的关系——恺撒与亚历山大的关系表现了东西"两个帝国"之间的历史张力，恺撒与大卫（以及弥赛亚或基督）的关系表现了凡圣"两个罗马"之间的理想冲突，恺撒与查理的关系表现了南北"两种神圣"之间的盛衰转化。在六合视域中呈现出来的这三对矛盾，决定了罗马帝国的历史命运，其影响绵亘至今，班班可考。

第二章
基督教信仰与希腊哲学的思想张力

亚历山大东征及其随后出现的希腊化时代开创了东西方文化交流的新高潮，在公元前4世纪至公元之交的数百年间，一方面是占主流地位的希腊文化向东方世界（小亚细亚、西亚、埃及等地）的强势扩展，另一方面则是源远流长的东方文化对希腊罗马世界的浸润渗透，这种文化互渗的结果导致了一些文化新品种的出现，其中最重要的无疑就是基督教。当基督教脱离犹太教母体、开始在希腊拉丁世界中传播时，如何处理新兴的基督教信仰与具有深厚思想传统的希腊哲学之间的关系，这是摆在基督教护教士们面前的一个理论难题。在初期教会中，诺斯替主义表现了一种"急性希腊化"的做法，即试图将基督教信仰改造成一种玄奥的二元论哲学。与这种异端做法不同，正统教会在对待上述关系时表现了两种态度：或者用基督教信仰来统摄希腊哲学，或者用基督教信仰来拒斥希腊哲学。然而，无论是哪一种态度，都在有意或无意之中把希腊哲学，尤其是具有神秘色彩的柏拉图主义融入基督教信仰中，从而形成了最初的神学理论。从这种意义上说，在希腊拉丁世界的基督教化这个表象背后，隐藏着一个更加深刻的思想转化过程，这就是基督教信仰（以及教会体制）的希腊化与拉丁化。

（一）基督教的"急性希腊化"与"慢性希腊化"

1世纪上半叶，当基督教从西亚传入希腊罗马世界时，它必须面对比希伯来文化具有更高发展水平的希腊文化。为了能够在文明的希腊拉丁世界中传播基督教的福音，保罗等使徒采用了在地中海东部地区通用的希腊语，并且参照斐洛等人的做法，借鉴影响广泛的希腊哲学来解释基督的福音①。但是保罗等人的目的毕竟是要传播新兴的基督教福音，而不是发扬光大希腊哲学，因此在如何处理基督教信仰与希腊哲学的关系上，保罗以及稍后的教父们都面临着一种文化挑战。虽然基督教神学的建构在很大程度上借鉴了希腊哲学思想，但是在基督教信仰与希腊哲学之间始终存在着无形的思想张力。这种张力使得基督教一方面潜移默化地接受了希腊哲学的许多思想（尤其是柏拉图主义和斯多葛主义的思想），另一方面却为了信仰的缘故而极力排斥具有较强理性色彩的希腊哲学。当保罗在希腊拉丁世界中传教时，他常常借用柏拉图和斯多葛主义的哲学语言，他也承认在希腊哲学中包含着深刻的真理，但是这一切都无法取代耶稣在死而复活的福音中所昭示的至高真理。"在保罗看来，理性的思考是重要的。没有它，非信徒和信徒都会面临灾难。哲学可以被使用，但不能代替信仰和门徒训练。哲学对保罗和其他新约作者而言，就像对后世其他许多伟大的基督徒一样，是一个好的仆人。"②

64年，尼禄皇帝开始对基督徒进行公开迫害之后，彼得、保罗等使

---

① 早在1世纪初，一位深受希腊哲学影响的犹太教徒斐洛（Philo，约公元前25-50年）就开始在当时的希腊文化中心——埃及的亚历山大城进行融合"两希文化"（希伯来文化与希腊文化）的工作。他试图用柏拉图主义来改造犹太教信仰，用"逻各斯"等希腊哲学概念来重新诠释犹太教经典《创世纪》中的上帝创世和拯救计划，将《圣经》《旧约》从一部直观的纪实历史典籍隐喻为一部理性堕落与复归的精神启示录。虽然斐洛本人还不是一个基督教徒，但是他力图用希腊哲学来改造犹太教信仰的做法，对于早期基督教会的使徒和教父们产生了深刻的思想影响。

② 科林·布朗著，查常平译：《基督教与西方思想》（卷一），北京大学出版社2005年版，第54页。

徒纷纷殉道，基督教传播的使徒时代随之结束，教父时代则接踵而至。与出身于犹太人的使徒不同，教父们通常都是地道的外邦人，即希腊人、罗马人等。这种身份使得他们在调和"两希"文化方面比使徒更加得心应手。那些既具有深厚的希腊文化教养，又具有坚定的基督教信仰的教父们，在继承使徒遗愿继续传播基督教福音的同时，也开始有意识地借用希腊哲学来为基督教神学进行理论奠基。在313年《米兰敕令》颁布、基督教在罗马帝国获得合法性之前，教父们的主要职责就是为受压抑的基督教信仰进行理论辩护。他们一方面将深刻的希腊哲学思想引入基督教的基本信条和教义中，使基督教从一种朴素的信仰上升为一套深奥的神学；另一方面则力图说明基督教信仰与希腊哲学之间的差异甚至对立，从而凸显出基督教信仰的超越性和至上性。教父们在自觉或不自觉地从柏拉图主义、斯多葛主义等异教哲学中吸取精神养料的同时，也对希腊哲学进行了神秘化改造，使其得以成为基督教信仰的"好仆人"。换言之，他们正是在对希腊哲学进行"基督教化"改造的过程中，完成了基督教自身的"希腊—拉丁化"转型。

基督教"希腊化"的一种极端形式就是诺斯替主义（Gnosticism）。诺斯替主义是1—2世纪流行于地中海世界的一个神秘主义教派，许多诺斯替主义者都是有学问的希腊知识分子，他们试图用一种柏拉图式的灵肉二元论来重新阐释基督教的基本教义。诺斯替主义主张斩断基督教的犹太历史传统和《旧约》根基，用精神与物质、善与恶的二元论哲学来说明世界的沉沦与拯救。基督教的诺斯替教派宣扬有两位神：一位是创造物质世界的巨匠，他是这个充满罪恶的世界的统治者；另一位则是"隐蔽的""无法理解的"和"异乡的"神，他是仁慈和善的化身，是光明的精神世界（"普累若麻"，pleroma）的主。诺斯替教派否认大公教会关于道成肉身、基督受难、肉身复活等正统教义，认为基督显现为人形只是一个幻影（"幻影说"，docetism），基督只是借用耶稣的形象和事迹来完成他的拯救工作。"基督把我们从这个世界以及它的神那里拯救出来，以便让我们作新的异乡神的孩子"。① 从黑暗邪恶的物质世界回归到光明圣洁的精神世界的道路是由一位完全灵化的基督指引的，而基督的救恩需要通过一种神秘的真知（gnōsis）来实现。真知是一种与参与教会和禁欲冥想相联系的宗教实践，而不是在书斋中所进行的冷静思辨。诺斯替教派混合了地中海世界乃至波斯、印度的许多神秘主义因素，但是它的哲学基础主要还是柏拉图主义关于理念世界与感觉世界相对立的二元论思想，并且与基督教的罪恶与救赎的教义密切相关②。亨利·查德韦克认为诺斯替主义是一个融汇了东西方各种宗教和哲学的大杂烩：

在其思想体系中，秘教、东方神秘主义不但与占星术、巫术、犹太教传统哲学相糅合，还吸收了带有悲观情调的、关于人的真正家园并非寓于有形世界之中的柏拉图学说，尤其掺进了基督教中关于基督救赎的认识和理解。另外，精神与物质、心灵与肉体的二元论，以及有着强烈影响的决定论或前定论，也在该思想体系中融为一体。③

诺斯替教派最主要的思想是精神与物质、善良与罪恶相对立的二元论，以及关于基督拯救沉沦的灵魂超脱有形世界、回归精神世界的理论，这些思想无疑是柏拉图主义（以及波斯摩尼教的二元论世界观）与基督教信仰直接结合的结果④。从精神实质上看，诺斯替主义明显地表现了一种

---

① 约纳斯著，张新樟译：《诺斯替宗教——异乡神的信息与基督教的开端》，（香港）道风书社2003年版，第172页。

② 许多研究者都认为，斐洛就属于诺斯替教派，或者是该教派的思想先驱。诺斯替教派像斐洛一样借助柏拉图主义来诠释《圣经》，只不过他们的着眼点不是《旧约》，而是《新约》，不是亚当而是基督。而且相比起斐洛来，诺斯替教派的思想显然更加玄奥神秘，也带有更明显的文化杂糅特点。

③ 约翰·麦克曼勒斯主编，张景龙、沙辰等译：《牛津基督教史》，贵州人民出版社1995年版，第41页。

④ 美国著名教会史家沃尔克认为，诺斯替派关于现象世界与精神世界相对立的基本思想"是柏拉图学说与波斯二元论的结合"，"它又在基督教中发现很多可以利用的东西，尤其是基督这个人物被改造后，成为它关于更高级的使人得救的知识之理论的明确而具体的核心。"参见威利斯顿·沃尔克著，孙善玲等译：《基督教会史》，中国社会科学出版社1991年版，第64—65页。

试图斩断基督教的历史根源、将上帝和基督过分灵性化的特点（**诺斯替主义也因此被称为"灵智派"**），这恰恰体现了基督教力图与希腊化世界的文化背景，尤其是希腊哲学相融合的倾向。虽然诺斯替主义的思想根源可以追溯到印度、波斯等东方地区，但是当它在公元之初流行于地中海世界时，它已经被深深地打上了希腊化时代的宇宙城邦主义的文化烙印。与犹太教、基督教等外来宗教一样，诺斯替主义最初在希腊世界中也是一种新事物。但是，当诺斯替主义与基督教信仰相融汇之后，诺斯替教派与正统教会却在面对希腊文化挑战时采取了不同的应战姿态。现代教义史家哈纳克把诺斯替主义者称为"最早的基督教神学家"，认为他们用希腊哲学术语来曲解基督教思想，表现了基督教的一种"急性希腊化"倾向[①]。与此相对，正统神学以《圣经》传统和使徒教诲为根据的教义奠基工作则表现了基督教的"慢性希腊化"过程。如果说基督教大公教会的基本回应是力图将希腊哲学基督教化（**其极端一翼甚至试图用基督教信仰彻底否定希腊哲学**），那么诺斯替主义的做法则是要把基督教信仰改造为一种二元论哲学。二者都试图融合希腊哲学与基督教信仰，但是双方的努力方向却正好相反。正因为如此，尽管诺斯替主义为后来的基督教神学建设提供了重要的思想资源，但是它仍然被大公教会斥为异端（**而且是"最早与最危险的异端"**）。事实上，所谓"正统"最初正是针对诺斯替"异端"而言的。"2世纪的基督教领袖和思想家，花了很大的精力来研究与驳斥这个异端，并且在这过程中开始建立了正统的基督教教义，来对抗诺斯替主义的教导。换句话说，我们所谓的'正统'诞生于使徒指定的继承人与诺斯替主义者之间的冲突。"[②]

　　与诺斯替主义的异端思想相比，基督教正统神学在对待希腊哲学的态

---

①　Adolf von Harnack, History of Dogma, New York: Dover Publications, 1961, pp.228,229.

②　奥尔森著，吴瑞诚、徐成德译：《基督教神学思想史》，北京大学出版社2003年版，第26页。

度上显然要审慎得多，它在对待基督教的《旧约》根源和历史传统方面也更为保守。但是，由于希腊哲学在当时被确立为希腊化世界的最高层次的文化形态，而基督教信仰却在罗马帝国被大多数人看作是一种东方的低级迷信，因此，如何处理基督教信仰与希腊哲学的关系，就成为基督教能否在希腊拉丁世界中安身立命乃至发扬光大的重大理论问题。在这个问题上，既然已经排除了诺斯替主义的"急性希腊化"做法，那么大公教会的"慢性希腊化"策略就只能是用基督教信仰来潜移默化地统摄和消融希腊哲学了，其结果就导致了基督教正统神学的确立以及影响深远的教义分歧。

（二）希腊教父对希腊哲学的包容

在基督教合法化之前，教父们的主要使命是护教。护教包括两个方面的工作，一是反驳希腊拉丁世界的异教思想家们对基督教的诽谤和攻击，二是谴责基督教内部的种种异端思想，捍卫"正确的信仰"。在进行上述两个方面的工作时，教父们一边吸取深刻的希腊形而上学思想来加强基督教信仰的理论底蕴，另一面却对当时流行的各种希腊哲学流派——伊壁鸠鲁主义、斯多葛主义、怀疑主义甚至新柏拉图主义——进行批判，力图说明基督教是高于一切希腊哲学的真正哲学。早期大公教会的教父们对待希腊哲学的态度，可以划为泾渭分明的两派：一派主张用"基督教哲学"来包摄、容涵希腊哲学，在二者之间寻求同一性。持这种观点的大多是一些具有深厚哲学修养的希腊教父，如查士丁、克莱门特、奥利金等人。另一派则主张用基督教信仰来彻底否定和对抗希腊哲学，该派人士多为信仰狂热的拉丁教父，如德尔图良、拉克唐修等。然而，无论是哪一派，实际上都自觉或不自觉地吸取了大量的希腊哲学成分，从而为基督教神学奠定了坚实的理论基础。

著名的希腊护教士殉道者查士丁（Justin，约 100—162 年）第一次提出了"基督教哲学"的概念，他认为希腊的一切哲学都是指向基督教哲学这一最终目标的。他在《护教篇》中对希腊哲学的"逻各斯"（或"道"）概念进行了基督教化的阐发，认为基督就是"逻各斯"或"道"。在基督化为人形即"道成肉身"之前，"逻各斯"就体现为宇宙的理性规律，它已经被一些智慧的希腊哲人所意识到。查士丁写道："基督是上帝的头生子这一点已被教授给我们，并且我们在上文中已宣告他是每个种族的人都分有的道。那些遵循道而生活的人就是基督徒，哪怕他们已被视作是无神论者，例如，在希腊人中，苏格拉底和赫拉克利特以及与他们相像的人。"[①] 他认为，鼓舞苏格拉底赴死的那个"灵异"后来就化身为基督，因此苏格拉底、柏拉图与基督徒所崇拜的是同一个上帝。差别仅仅在于，苏格拉底等希腊哲学家只是"部分地"认识了"道"，他们只看到了"道"所启示的真理，并未见到"道"本身；只有当"道成肉身"，化作基督之后，基督徒们才能完全地认识"道"。因此相对于希腊哲学而言，基督教才是真正的哲学，只有它才能认识到绝对的真理。查士丁这种极力用希腊哲学的"逻各斯"概念来说明基督身份的做法，使他成为"逻各斯—肉身基督论"（Logos—flesh Christology）的重要代表，并深深地影响了后来的亚历山大学派的神学家们。

公元前 2 世纪以后，埃及的亚历山大城就成为希腊化世界的文化中心。到了罗马帝国时期，亚历山大城不仅是学园派哲学和诺替斯主义盛行的重镇，斐洛和普罗提诺等人都先后在这里生活和工作，而且也是基督教神学生长的沃土。"欧洲神学是 2 世纪护教学家们调和基督教与希腊

---

① Ante—Nicene Fathers, Volume 1, The Apostolic Fathers, Justin Martyr, Irenaeus; edited by Alexander Roberts & James Donaldson, Hendrickson Publishers, 1994, P. 178.

诺斯替派哲学，在亚历山大城的海道学校中孕育出来的，这是欧洲思想史的奇特的序曲"。[1] 亚历山大学派的神学家们继承了查士丁等希腊教父的思想传统，并且融汇了柏拉图主义、斯多葛主义、新柏拉图主义和诺斯替主义等各种思想资源，致力于把深邃的希腊哲学与狂热的基督教信仰结合起来，其代表人物就是2—3世纪的两位著名教父克莱门和奥利金。

长期担任亚历山大基督教海道学校（Catechetical School）校长的克莱门（Clement，? —约215年）被时人称为精通希腊思想的"博学多才者"和"独一无二的基督教思想家"。他在《劝勉希腊人》中一方面对希腊多神教进行了猛烈的批判，认为那是一种落伍的低级迷信，充满了淫乱和愚昧的色彩；另一方面却从柏拉图哲学和希伯来先知书中发掘出关于上帝救赎的伟大计划，号召希腊人远离邪灵而追随基督。他以精致的修饰和雄辩的文风对希腊的神秘宗教（**多神教**）、偶像崇拜、传统习俗等进行了系统的批判，同时也对希腊哲学和希腊诗歌中所隐含的真理成分予以澄明。克莱门对希腊自然哲学把水、火、土、气、原子等物质性元素推崇为神或本原的"愚蠢观点"进行了嘲讽，但是他却认为在希腊哲学家中间并非没有具备真知灼见者，这就是柏拉图。柏拉图不仅在《蒂迈欧篇》中明确表述了上帝是一位无法言说的宇宙之父和创造者[2]，而且更重要的是，柏拉图关于上帝的真知灼见"还是受益于希伯来人本身"[3]。此外，毕达哥拉斯、苏格拉底、安提斯提尼以及斯多葛主义的某些哲学家也都或多或少朦胧地认识到了唯一神圣的上帝。

在另一篇著作《杂记》中，克莱门详细论述了基督教信仰与希腊哲学的关系。他认为，在耶稣降临之前，上帝正是通过哲学让希腊人领悟到

---

① 弗里德里希·希尔著，赵复三译：《欧洲思想史》，广西师范大学出版社2007年版，第4页。

② 参见柏拉图：《蒂迈欧篇》，28C，载柏拉图著，王晓朝译：《柏拉图全集》第三卷，人民出版社2003年版，第280页。

③ 克莱门著，王来法译：《劝勉希腊人》，（香港）汉语基督教文化研究所1995年版，第104页。

他的救赎计划。"也许哲学最初直接被赐给希腊人,直到主呼召希腊人为止。因为哲学是教师,将希腊人带'到基督面前',正如律法将希伯来人带'到基督面前'一样,所以,哲学是一种预备,为那些将在基督中被完善的人铺平道路。"[①]与他的神学对手德尔图良强调"哲学导致异端"的观点针锋相对,克莱门坚持认为哲学可以帮助基督教来对抗异端,而对逻辑和辩证法弃之不用才是致使心智混乱的重要原因。克莱门与查士丁一样强调"逻各斯"或"道"的重要性,他甚至认为一个理想的基督徒应该是一个"真正的诺斯替主义者",完全听从"道"的指导而效法神。

克莱门的思想通过他的学生奥利金(Origen,185—254)而得以系统化,并且发展出一套具有"异端"嫌疑的神学理论。在致力于调和基督教信仰与希腊哲学这方面,奥利金堪称早期教父中最重要的思想家。奥利金曾对罗马异教哲学家塞尔修斯指责基督教是无知与迷信的宗教的观点进行了系统的驳斥,他认为基督教提供了希腊哲学无法提供的拯救知识,因此基督教超越了一切哲学而成为一种"神圣的哲学"。但是在奥利金对基督教教义——如三位一体、基督位格等——的奠基和解释中,却充满了希腊唯心主义甚至诺斯替主义的灵化观点,明显表现出斐洛的寓意释经法和新柏拉图主义哲学的深刻影响。奥利金的"灵魂先存论"不仅深受柏拉图理念论的影响[②],而且与斐洛和诺斯替主义也有着内在的精神默契;而他关于圣父、圣子、圣灵的神学"次位论"[③],则与他的同门、新

---

① Ante—Nicene Fathers, Volume 2, Fathers of the second century: Hermas, Tatian, Athenagoras, Theophilus, and Clement of Alexander(Entire); edited by Alexander Roberts & James Donaldson, Hendrickson Publishers, 1994, P. 305.

② 灵魂先存论(pre—existentialism),即认为上帝在太初创造的都是有理性的灵魂,但是灵魂后来却由于自由意志而偏离了理性,沉沦于肉体之中。为了拯救沉沦的灵魂,基督作为神性的逻各斯而道成肉身,引导悔改的灵魂脱离罪恶的形体,复归善良纯粹的灵性世界。

③ 次位论(Subordinationism),即认为惟有圣父是自因的和非被生的,圣子虽然与圣父同质,但却是从圣父本质中所生,因此其荣耀次于圣父;而圣灵则是被圣子永恒地创造出来的,其荣耀又次于圣子。

柏拉图主义代表人物普罗提诺关于太一、努斯、灵魂的哲学辩证法具有明显的理论同构性[①]。

奥利金是一个坚定而虔诚的基督徒，他不仅曾经鼓励自己的父亲为信仰而殉道，而且他本人最后也是死于罗马统治者的迫害。尽管如此，他对希腊哲学却颇为热衷并且具有极高造诣。虽然奥利金曾经明确地表示，哲学与几何学、音乐、文法等一样，都不过是"神学的婢女"，但是后世仍然有不少人认为他是一个把理性置于信仰之上的基督教理性主义者。当代自由主义神学家蒂利希援引新柏拉图主义者波菲利的观点，认为奥利金用希腊思想来解释《圣经》，使之"希腊化了"[②]。沃尔克对奥利金的思想成就评论道：

长期以来用希腊化思想解释基督教真理的工作到奥利金手中终于最后完成。他使基督教体系具有他那个时代的最充分的科学地位，那时的科学几乎全部包含在哲学和伦理学之中。他的哲学观点基本上是柏拉图主义和斯多葛主义的，但明显地倾向于当时正在兴起的新柏拉图主义……他刻意探索这种种哲学原理与《圣经》的协调一致……在此基础上奥利金建立起他的庞大的神学体系——信仰之上再加上知识，用这种方法去解释基督教。[③]

奥利金由于坚持用希腊语写作，并且继承和发扬了查士丁、克莱门等人的注重哲学和理性的思想传统，因此他的思想在西方教会中一直不受主流神学的欢迎。他关于基督教教义的一些观点，如"灵魂先存论""次

① 据普罗提诺的学生波菲利记载，奥利金与普罗提诺同为新柏拉图主义创造人安莫纽·萨卡斯（Ammonius Sakkas）的学生。奥利金有一次还突然出现在普罗提诺的课堂上，弄得后者"面有愧色"。参见安东尼·肯尼著，韩东晖译：《牛津西方哲学史》，中国人民大学出版社 2006 年版，第 49—50 页。

② 保罗·蒂利希著，尹大贻译：《基督教思想史——从其犹太和希腊发端到存在主义》，东方出版社 2008 年版，第 58 页。

③ 威利斯顿·沃尔克著，孙善玲等译：《基督教会史》，中国社会科学出版社 1991 年版，第 93—95 页。

位论""赎价论"等 [1]，后来都被大公教会斥为异端。尽管如此，他的思想仍然潜移默化地影响了基督教世界的许多重要人物。奥尔森指出："几乎所有正统大公教会定罪的异端，最终都怪罪到他的头上"，另一方面，"许多最伟大的正统英雄，也深受奥利金及其教导的影响"[2]。

（三）拉丁教父对希腊哲学的拒斥

与希腊教父们极力使基督教信仰与希腊哲学相协调的做法形成鲜明对比，一些拉丁教父表现出一种用基督教信仰来彻底否定希腊哲学的倾向，力图使基督教与一切哲学划清界线。这方面的代表人物，就是著名的拉丁教父德尔图良（Tertullian，145—220）。德尔图良不仅是最早使用拉丁文写作的基督教思想家（当时全罗马帝国境内的教父们都是用希腊文写作的），而且也是率先使用"三位一体""圣礼""补赎""善功"等神学术语的人。他关于"三位一体""基督神人二性"的神学思想，后来被尼西亚会议等基督教大公会议确立为正统教义；他关于罪与恩典的观点，也深深地影响了教会思想巨擘奥古斯丁。德尔图良是一个精通希腊哲学、罗马法律同时又具有狂热信仰的清教主义者，在他身上，斯多葛主义和孟他努主义的影响是相互交织的 [3]。他不仅热忱地鼓励基督徒为信仰而殉道，宣扬"基督徒的鲜血成为教会的种子"；而且号召基督徒们拒绝从军、

---

① 赎价论（ransom theory），即认为耶稣被钉十字架是上帝偿还给魔鬼的赎价，耶稣之死只是一个障眼法，欺骗了魔鬼。

② 奥尔森著，吴瑞诚、徐成德译：《基督教神学思想史》，北京大学出版社2003年版，第92—93页。

③ 孟他努主义（Montanism）是2世纪与诺斯替主义并存的早期基督教两大异端之一，因其创造人和先知孟他努（Montanus）而得名。该派反对大公教会的权威和世俗化倾向，宣扬圣灵格外降临的预言，提倡禁欲苦修和脱俗出世。德尔图良晚年因受孟他努主义的影响而与大公教会断绝关系，并对教会进行了猛烈的批评。

任教和担任公职，抵制异教的各种文化活动（如崇拜偶像、看戏、参加公共庆典和竞技活动等）。尽管德尔图良在思想上和德行上都深受斯多葛主义的影响，但是他却对希腊哲学进行了全盘否定。与克莱门关于理想的基督徒应该是一个"真正的诺斯替主义者"的断言针锋相对，德尔图良认为一个成熟的基督徒应该心无旁骛地恪守《圣经》、使徒教诲和教会规则，对异教的哲学和其他文化形态嗤之以鼻。他明确地表示，基督教是上帝的福音，而哲学则是"魔鬼的学说"，它以一种歪曲的方式来解释上帝的旨意。各种与基督教正统信仰相对立的异端思想，都是由哲学教唆出来的，因此应该彻底抛弃一切哲学，以纯洁基督教信仰。针对查士丁等希腊教父把基督教看作是一种更高的哲学的观点，德尔图良告诫人们"不能将基督教视为一种哲学"，他以法学家的雄辩风格说道："在基督徒与哲学家之间有何相似之处？在希腊的门徒与上天的门徒之间……在真理的蟊贼与其护卫者之间，又有何相似之处呢？"①在《论禁止异端》中，这位狂热的教父更是激忿地写下了这段著名的文字：

> 雅典与耶路撒冷究竟有何关系？学园与教会有何相干？异教徒与基督徒之间有什么一致之处？我们的教导来自于"所罗门之廊"。所罗门自己曾教导说："应该以纯粹之心寻求主。"让那些试图将斯多葛主义、柏拉图主义、辩证法与基督教信仰相混杂的做法滚开吧！在拥有了基督耶稣之后我们不需要好奇的争辩，在享受了福音之后我们不需要质疑！有了信仰，我们不再渴求任何信念。因为这是我们得以配享最高荣耀的信仰，除它之外，没有任何东西是我们应该相信的。②

正是这位偏激的拉丁护教士，在论述基督被钉十字架和死而复活的问题时，表达了一个西方哲学史上的著名观点："正因为其荒谬，所以我才

---

① 德尔图良著，涂世华译：《护教篇》，（香港）汉语基督教文化研究所1999年版，第93、96页。

② Ante—Nicene Fathers, Volume 3, Latin Christianity: its founder, Tertullian. Three Parts: I. Apologetic; II. Anti—Marcion; III. Ethical; edited by Alexander Roberts & James Donaldson, Hendrickson Publishers, 1994, P. 246.

相信。"①德尔图良这句话的意思是说，由于人类理性的狭隘性和局限性，所以根本不可能洞见上帝的奥秘。要想认识无限的本质或上帝，人类唯一可以依靠的手段只有信仰。理性是人类制定的准则，信仰却是基督制定的准则，如果基督教的教义（死而复活、三位一体等）在理性看来是荒谬的和不可能的，这恰恰说明了理性自身的局限性。在这里，应该受到指责的不是奥秘的教义，而是理性本身。因为理性太狭窄，无法容纳博大精深的基督教真理，正如同一个狭小的器皿无法装下汪洋大海一样。

无独有偶，另一位著名的拉丁教父拉克唐修（Lactantius，约260—330）也表现了同样的思想倾向。在其代表作《神圣原理》的第三卷"论哲学家的伪智慧"中，拉克唐修对希腊哲学进行了全面而系统的批判。他列举了大量材料来说明，希腊哲学表面上鼓吹善和美德，实际上却滋生出种种罪恶的行径——伊壁鸠鲁主义"倡导最可耻的快乐"，助长了人们及时行乐的堕落之风；毕达哥拉斯主义和斯多葛主义关于不朽的灵魂在不同肉体中轮回转世的观点，鼓励了自杀的倾向；柏拉图的理想国貌似平等，实际上他的废弃婚姻和财产的建议却取消了贞洁和正义的美德，导致了通奸、纵欲和纷争（"没有比许多男人共有一个女人更会引起激烈冲突的原因了"）。至于一直被奉为希腊哲学和道德典范的苏格拉底，虽然比一般人都要聪明得多，但是他的许多行为仍然是愚蠢的，例如他临死前还念念不忘要向医神埃斯库拉庇乌斯（Aesculapius）献上一只公鸡，这种低级的迷信"不是极端无聊的标志吗"？拉克唐修把罗马社会中盛行的各种奢靡放荡现象都归咎于希腊哲学，并且通过揭露罗马人的腐化堕落行径，反衬出基督徒的崇高道德境界。拉克唐修和德尔图良一样认

---

① 德尔图良在《论基督的肉身》中说道："上帝的儿子死了；这务必应该相信，正因为它是荒谬的。并且他被埋葬，又复活了；这个事实是确凿无疑的，正因为它是不可能的。"参见 Ante—Nicene Fathers, Volume 3, Latin Christianity: its founder, Tertullian. Three Parts: I. Apologetic; II. Anti—Marcion; III. Ethical; edited by Alexander Roberts & James Donaldson, Hendrickson Publishers, 1994, P. 525.

为，"哲学家的教导远远地偏离了真理""整个哲学都是虚假的和空洞的，既不能使我们明了公义的职责，又不能增强人生的义务和明确人生的道路"①。虽然"哲学"一词的字面意思是"爱智慧"，但是希腊哲学却远离了它的本意，而真正的智慧只存在于对上帝的宗教信仰中。拉克唐修明确地表达了哲学与宗教之间的对立：

> 所有哲学家终生都在探索，然而却不能考察、把握、获得它（指真正的智慧——引者注），因为他们或是维护一种腐败的宗教，或是完全取消宗教。因此，让他们都走吧，他们不指导人的生活，而是使之陷入混乱。他们不能教导自己，又能拿什么来教别人呢？他们又能教育谁呢？病人能治病吗？盲人能指路吗？因此，让我们这些尊敬智慧的人自己来探讨这个主题……

> 瞧！天上有一个声音在教导真理，向我们展示一道比太阳还要明亮的光芒……我们在推翻一切伪宗教、驳斥所有习惯上或可能用来保护这些宗教的论证、证明了哲学体系是虚假的以后，现在必须走向真正的宗教和智慧。②

从思想背景而言，德尔图良、拉克唐修等拉丁教父与克莱门、奥利金等希腊教父一样，都具有深厚的希腊哲学素养。他们对希腊哲学和异教文化的激烈攻击并非由于学术上的无知，而是出于信仰上的狂热。他们在批判异教文化时所使用的逻辑推理、修辞方法、思想原理甚至基本术语，都来源于希腊哲学；他们在论证基督教信仰的真理性和至上性时，往往也会自觉或不自觉地从某些希腊哲学家，尤其是从柏拉图和斯多葛主义者那里寻找一些思想依据。著名教会史家冈察雷斯在谈到德尔图良的思想矛盾时指出："尽管德尔图良明白地、反复地表示反对哲学在信仰

---

① 拉克唐修著，王晓朝译：《神圣原理》，（香港）道风书社 2005 年版，第183页。
② 同上，第229-230页。

问题上的渗入，但实际上——也许他不自觉——他自己经常受着斯多葛主义的影响，甚至他对辛尼加（Seneca）的评价是很高的，而这一点，与他一贯反对异教哲学观点的态度是正相矛盾的。"① 然而，从护教的强烈愿望出发，再加上某种拉丁文化教养所特有的偏执态度（与希腊文化教养的宽容风格迥然而异），德尔图良等拉丁教父在基本立场上始终是自觉地、旗帜鲜明地反对异教哲学和一切文化形态，通过攻击希腊哲学的空洞荒谬来彰显基督教的崇高真理。事实上，德尔图良已经明确地意识到基督教与异教哲学之间的矛盾就是信仰与理性的矛盾，而这一矛盾后来成为贯穿整个基督教思想史的基本矛盾。

希腊教父与拉丁教父之间的这种思想分歧——它典型地表现在克莱门和德尔图良对待希腊哲学的对立态度上——后来在历届大公会议的正统与异端之争中变得更加错综复杂，由此埋下了东、西方教会大分裂的种子。奥利金等人的观点后来虽然被基督教大公会议斥为异端，但是在东派教会中却流传甚广，影响了阿利乌、阿塔那修斯等许多重要的神学家。然而在西派教会中，德尔图良等拉丁教父的观点却明显占了上风，并且被大公教会确立为正统神学教义。从尼西亚大公会议一直到查尔西顿大公会议所谴责的异端思想，如阿利乌派（Arianism）、阿波利拿里派（Apollinarianism）、聂斯脱利派（Nestorianism）和一性论派（Monophysism）等②，基本上都出自于东部教会，这些异端思想或深或浅都打上了希腊哲学的烙印。另一方面，随着罗马帝国在政治上的分裂以及日耳曼蛮族对

① 胡斯都·L.冈察雷斯著，陈泽民等译：《基督教思想史》，金陵协和神学院2002年版，第144-145页。
② 阿利乌派由亚历山大里亚神甫阿利乌创立，主张基督是上帝的受造者，并不具有完全的神性，只具有完全的人性。阿波利拿里派由叙利亚老底嘉主教阿波利拿里创立，主张基督是以神性的逻各斯为其心灵，只具有神性而无完全的人性。聂斯脱利派（又称"二性二位论"）由君士坦丁堡主教聂斯脱利创立，主张基督具有神和人这两种本性，但是二者并不联合成一个统一的位格，而是分别形成神、人两个不同的位格。一性论派为君士坦丁堡隐修院院长优迪克（Eutyches）等人所倡导，认为基督的人性已经完全溶入神性之中，故而只有一个本性，即神性。

西罗马帝国的入侵，西欧封建社会与东欧拜占庭帝国渐行渐远，西派教会与东派教会也日益分道扬镳。在这种情况下，希腊文化在拉丁—日耳曼社会中的影响逐渐式微，希腊哲学的一些重要概念，如"逻各斯""世界理性"等，也在罗马天主教会的神学思想体系中逐渐淡化[①]。思想的分歧再加上权力的角逐，就使得东派教会与西派教会之间的关系愈益紧张，最终酿成了1054年希腊正教会（Orthodox Church，即东正教会）与罗马公教会（Catholic Church，即天主教会）之间的公开决裂。

虽然从表面上看，羽毛丰满的大公教会越来越有意识地排斥希腊哲学，然而后者的思想内涵却已经在基督教生长的最初几个世纪里无形地融入基督教神学中，熔铸成为基督教神学的精髓魂魄。在13世纪之前，基督教神学中占主流地位的奥古斯丁主义被打上了深深的柏拉图主义烙印；到了13世纪以后，后来居上的托马斯主义更是具有浓郁的亚里士多德主义色彩[②]。基督教与希腊哲学的关系，就如同基督教与犹太教的关系一样，西方历史上甚嚣尘上的排犹主义主张并不能斩断基督教与犹太教之间密切的血脉关系，同样，鼓噪一时的反异教呼声也无法消除基督教与希腊哲学之间内在的精神联系。

---

① 西罗马帝国崩溃之后的六七百年间，希腊哲学在西欧社会中逐渐被淡忘。在蛮族入侵的"黑暗时代"和封建社会的早期阶段，由于古典文明的损毁和理性精神的衰弱，罗马天主教会在运用基督教信仰对日耳曼蛮族进行最初的文明教化时，营造出一种超理性甚至反理性的唯信主义精神氛围。一直到基督教军事力量东侵在客观上重新打开了东西方文化通道，以及西班牙摩尔人的中介作用，闭目塞听的天主教思想界才再次领略到希腊哲学的博大精深，结果就导致了希腊哲学、尤其是亚里士多德主义在天主教经院哲学和大学讲坛中的强劲复兴。

② 关于奥古斯丁主义与托马斯主义的哲学背景和思想分歧，请参阅拙文：《中世纪基督教哲学中的奥古斯丁主义与托马斯主义》，载《社会科学战线》（长春），2005年第1期。

第三章
基督教与罗马帝国的文化张力

走向理性

基督教最初是在罗马帝国的残酷迫害之下生长起来的，在"基督"与"恺撒"、基督教信仰与异教文化之间，始终存在着巨大的张力。在经历了长达 250 年的大迫害之后，基督教终于被罗马帝国所认可，但是二者之间的深刻矛盾并没有因为短暂的和解而消除，而是演化为中世纪错综复杂的教俗之争。在合法化之后，基督教面对顺境采取了两种不同的应战方式：大公会议表现了确立统一教会和争权夺利的积极姿态，修道运动则表现了与异教文化和世俗生活彻底决裂的消极姿态。

（一）基督教在罗马帝国生长的苦难历程

　　公元前 30 年，屋大维战胜了劲敌安东尼，统一了罗马的东西部，并将托勒密王朝治下的埃及并入罗马版图，由此实现了从共和国向帝国的转化。到了 1 世纪末和 2 世纪初的图拉真时代，罗马帝国的疆域达到了极盛状态，其领土东起美索不达米亚和亚美尼亚，西迄西班牙和不列颠，南自埃及和北非，北至莱茵河与达西亚（今罗马尼亚），成为一个地跨亚非欧三大洲的名副其实的大帝国。就在罗马人忙于在政治上实现建立世界帝国的伟大抱负时，基督教的使徒们也正在耶稣关于"传道给外邦人"的教导的感召下，走出以色列的狭隘范围，要把上帝的福音"传遍全地"。

从某种意义上来说，罗马帝国的征服者和基督教的传道者都在从事着同样的工作，那就是建立一个普世性的王国。二者的差别仅仅在于，这个王国的统治者究竟是"恺撒"还是"基督"，到底是依凭刀剑还是依靠信仰。2世纪下半叶，基督教一位护教士萨迪斯的麦利都（Melito of Sardes）这样对罗马皇帝奥勒留说道：

> 我们的哲学首先在野蛮人中发展起来，但是在你的先祖奥古斯都统治的伟大时期，它这朵花蕾在你的国家绽放，而且对于你的帝国来说，它是一个好兆头，因为从此刻起，罗马人的权力将伟大而璀璨。你现在成了他那愉快的继承者，而且你的孩子也将如此，前提是你保护这与帝国一同成长并以奥古斯都为始的哲学。[①]

罗马人用武力统一了地中海世界，但是他们并没有也不可能用武力来把罗马帝国境内的各个民族和各种文化统一起来。这个更加具有本质性的统一工作只能交给基督教会来完成。然而，尽管基督教会与罗马帝国都被历史选择来承担同一个伟大使命，它们二者之间的关系却形同水火。不仅是在基督教最初传入罗马帝国的那几百年间，而且即使是在基督教在罗马帝国获得了合法化和国教化地位之后，"基督"与"恺撒"之间的明争暗斗仍然是无法调和的。这种紧张关系一直延续到中世纪和近代早期，在长达一千多年的时间里，教俗之争构成了一条贯穿西欧历史的红线。当麦利都在基督教传播的第二个世纪里向奥勒留皇帝说出上述那番话时，他的本意是想让这位酷爱哲学的罗马贤君改变对基督徒的迫害政策，将基督教接纳为罗马的国教。但是基督教的苦难历程在奥勒留当政的时代（161—180年在位）才刚刚开始不久，更加严峻的考验还在后面。

基督教在罗马帝国传播的最初三个世纪里，充满了血和泪的悲惨印

---

① 沃格林著，谢华育译：《政治观念史稿（卷一）：希腊化、罗马和早期基督教》，华东师范大学出版社2007年版，第189页。

迹。从 64 年尼禄皇帝第一次公开迫害基督徒，到 313 年君士坦丁皇帝颁布承认基督教为合法宗教的《米兰敕令》，在 250 年的时间里，基督徒遭受了罗马官方多次大规模的迫害，以及罗马一般民众数不胜数的欺凌、侮辱和歧视。2—3 世纪的拉丁教父德尔图良说道："基督徒的鲜血成为教会的种子。"这句话尽管有些夸张，但是也大体上反映了大迫害时代的情况。基督教最初的发展史就是一部可歌可泣的殉道史。虽然罗马大公教会在中世纪成为至高无上的权力机构以后变得越来越专横跋扈和不宽容，开始大规模地迫害所谓"异端"，但是它最初却是在罗马帝国的残酷镇压之下顽强地生长起来的。在最初的那几个世纪里，当手无寸铁的基督徒们面对着罗马统治者的残酷迫害时，他们为了坚持信仰而前赴后继地走向十字架，表现出一种视死如归的殉道精神。

基督教在 1 世纪 40—50 年间传入希腊罗马世界时，信仰者多为居住在罗马帝国境内的犹太人。在当时一般罗马人的眼里，基督教只不过是一种来自于东方的愚昧迷信，他们往往把它与犹太教混为一谈。1 世纪的罗马帝国，幅员辽阔，文化混杂，东方各种稀奇古怪的宗教信仰随着巨大的物质财富一起涌入罗马帝国，令罗马人目不暇接。对于功利主义的罗马人来说，这些外来宗教只要不威胁罗马帝国的政治统治，不危害罗马人的物质利益，他们通常都采取一种听之任之的态度，并不予以干涉。但是不久以后，基督徒所奉行的种种奇怪信条和仪式（*如聚众祈祷，领取圣餐等*）开始激起罗马人的反感和厌恶，尤其是由于他们拒绝敬拜皇帝的偶像和罗马人世代尊崇的神明，有些基督徒甚至拒绝履行一些必要的义务如服兵役等，这样就极大地触犯了罗马人的传统观念。但是，罗马人对基督徒的迫害最初还是出于政治方面的考虑，布林顿等人写道："基督徒所认为的'迫害'对罗马统治者而言，仅是他们维护公共秩序的责任，防止一些在他们看来似乎是一群叛徒或胡闹的疯子的男男女女……最初几个世纪的基督徒对有教养的希腊人与罗马人而言，是任性的与粗鄙的狂信者；对一般人民而言，他们是危险的怪物，这却是实实在在。"①

在1—2世纪沉溺于物欲享乐的罗马人看来，基督徒是一些具有反人类倾向的狂热分子，他们信仰的神（基督）是一个被罗马人钉死在十字架上的罪犯，他们对现实世界充满了仇恨和嫌恶，却狂热地向往一种虚幻的彼岸生活。早期教会团体的宗教活动也被罗马人误解为邪门歪道的妖术和伤风败俗的恶行，"对圣餐中基督临在说的误解导致人相信对基督徒食人肉的指控；深夜举行秘密的宗教仪式又使人相信他们放荡纵欲"。②这样就使早期基督教会在罗马社会中成为一个居心叵测的邪恶团体，罗马人很容易把诸如火灾、瘟疫、饥荒甚至战争失利等罪责都归咎于基督徒（这也是尼禄皇帝把64年罗马大火归罪于基督徒并对其进行公开迫害的暴戾活动能够得到罗马民众支持的重要原因）。这种误解长期存在于罗马帝国统治者和一般公民之中，成为一种普遍的共识。虽然罗马帝国最初迫害基督徒的主要原因不是由于宗教方面的考虑，而是出于维护社会秩序的需要，但是罗马一般民众对基督徒的种种乖戾行径的厌恶，也极大地助长了帝国政府对基督徒的迫害。基督教会作为一个与世俗社会格格不入的特殊群体，基督徒对家庭生活和国家义务的轻视，以及他们面对死亡威胁时的不屈态度，这一切都令罗马人深感惶惑和憎恶。爱德华·吉本写道：

他们的阴沉、严峻的神态，他们对正当谋生活动和各种人生乐趣的厌恶，加上他们经常散布的大难即将临头的预言，使得异教徒们不免忧心忡忡，担心这个新教派定会带来某种危害，而由于对这一切完全感到玄妙莫测，因而也更加感到可怕。普林尼曾说过，"不管他们的行为的宗旨是什么，只凭着他们的桀骜不驯的态度就理当受到惩罚"。③

① 布林顿、克里斯多夫、吴尔夫著，刘景辉译：《西洋文化史》第一卷，台湾学生书局1984年版，第239页。
② 威利斯顿·沃尔克著，孙善玲等译：《基督教会史》，中国社会科学出版社1991年版，第55—56页。
③ 爱德华·吉本著，黄宜思、黄雨石译：《罗马帝国衰亡史》上册，商务印书馆1997年版，第312页。

在尼禄皇帝公开迫害基督徒之后的二三百年间，罗马帝国对待基督教的态度基本上是否定的，但是迫害的力度却往往因人因时而异——有些皇帝（如马可·奥勒留等）出于政治或文化方面的原因对基督教深为嫌恶，另一些皇帝（如图拉真等）则对基督徒采取较为宽松的怀柔政策。最为严酷的大迫害发生在250—260年间，当时的罗马皇帝德基乌斯和瓦勒良出于对日益衰败的罗马帝国和传统宗教的保护，开始对日益壮大的基督教会大开杀戒，掀起了迫害基督徒的高潮。他们用酷刑、监狱和恐吓来迫使基督徒向罗马诸神的偶像献祭，禁止教徒们聚会，没收教会的财产和墓地，一些主教和神甫被处以极刑，平信徒则遭到凌辱、流放和财产充公的惩罚。面对着罗马统治者的新一轮大迫害，许多狂热的基督徒为了坚持信仰而以身殉道，其中最著名的如迦太基主教西普里安、希腊教父奥利金等人。这一轮残酷的大迫害持续了十年之久。随着260年瓦勒良皇帝在战争中被波斯人俘获，罗马帝国陷入了分裂和混乱的状态，皇帝成为雇佣军将领手中的傀儡，像走马灯似的不断变换。在这种情况下，自身难保的罗马统治者们再也顾不上去迫害基督徒了，于是基督教会就获得了长达的40年之久的和平发展时期。在这段时间里，基督教会逐渐发展壮大，加入教会的人数迅速增长，基督教信仰开始向军队、政府和贵族阶层蔓延。但是另一方面，基督教的迅猛发展和狂热情绪也引起了罗马异教群众的极大不安，他们决心起来捍卫传承了千年之久的多神教信仰。受罗马民众这种忧虑情绪的影响，以及对连续发生的宫廷纵火案的原因的猜忌，戴克里先皇帝在4世纪初开始对基督教进行最后一次大规模迫害。他一连发布了四道敕令，拆毁教堂，没收教产，用酷刑强迫神职人员献祭，并对军队和宫廷中的基督徒进行大清洗。然而，此时的基督教会已经羽毛丰满，并且在罗马民众和上层人士中赢得了普遍的同情。因此戴克里先的迫害政策并没有持续多久，更不可能从根本上消灭基督教了。305年，戴克里先从罗马政坛退隐，基督教的苦难日子也走到了尽头。8 年以后，西罗马帝国皇帝君士坦丁在米兰与东罗马帝国皇帝利西尼乌斯共同颁发了著名的《米兰敕令》（又称《宽容敕令》），公开承认基督教为合法宗教，并且发还了戴克里先时代没收的教会财产。《米兰敕令》标志着基督教在遭受了 250 年的迫害之后，终于在罗马帝国获得了扬眉吐气的合法地位。

《米兰敕令》签署后不久，君士坦丁又借重基督徒的支持而战胜了利西尼乌斯，统一了整个罗马帝国。此后他更是大张旗鼓地扶持基督教，任用信仰基督教的官员，毫不掩饰地表现出对基督教的好感。君士坦丁对于基督教的扶持最初并非出于宗教信仰，而是由于政治和军事方面的考虑。在长期的戎马生涯中，他深切地认识到基督徒的忠诚、纪律、顺从和忍耐精神，这与信奉多神教的罗马人的散漫、腐化和麻木不仁形成了鲜明的对比。君士坦丁希望以一个强有力的君主专制来结束长期分裂混乱的政治局面，他相信一种新兴的宗教信仰将有助于实现他的政治理想，所以他力图把"恺撒"与"基督"统一起来。"罗马帝国只有一个皇帝，一部法律，一切自由民只有一种公民身份，因此也应该只有一种宗教"。[①]这种信念使君士坦丁对基督教格外偏爱，他赋予教会团体以极大的独立权力，捐资建造教堂，豁免教会赋税，甚至违背《米兰敕令》关于信仰自由的原则，压制其他宗教的活动，试图用基督教来取代已经形同虚设的罗马多神教的国教地位。由于君士坦丁的大力推崇，到了 4 世纪末叶，基督教终于被另一位罗马皇帝狄奥多西确立为罗马国教。

经历了漫长的磨难之后，基督教终于在日益衰朽的罗马帝国中扬眉吐气，获得了合法地位甚至国教地位。在君士坦丁时代，基督教的天国理想对于那些在精神上陷入百无聊赖状态的罗马人来说，早已不再是先前几个世纪的谵妄迷信，而是一种具有强大感召力的真实理想。而基督徒

---

① 威利斯顿·沃尔克著，孙善玲等译：《基督教会史》，中国社会科学出版社 1991 年版，第 130 页。

们的洁身自好也与罗马社会的骄奢淫佚形成了鲜明对比，从而赢得了越来越多民众的敬仰。当然，基督教之所以在罗马帝国获得成功，除了罗马统治者和一般民众的态度改变之外，主要还是由于它自身的原因。爱德华·吉本把这些原因归结为五个方面：1.基督徒的狂热的宗教信仰和选民意识；2.基督教的天国理想的巨大精神感召力；3.原始基督教会所标榜的驱邪祈福的神奇法力；4.基督徒所具有的崇高道德和殉道精神；5.早期教会内部的团结、纪律和平等制度[①]。正是凭借这些文化特点，经过几百年艰苦卓绝的奋斗，基督教才从一个倍受摧残的"邪教"发展成为罗马帝国的国教。与此相反，曾经不可一世的罗马帝国却逐渐病入膏肓，不得不借助那个曾经被凶残的暴君尼禄恣意蹂躏、被严肃的历史学家塔西佗斥为"有害的迷信"的基督教来维护岌岌可危的统治。"恺撒"与"基督"之间的这场旷日持久的较量，终于以"上帝"的全面胜利而告终。"在那个巨大的机体或外遭强敌入侵，或内部缓慢腐败的情况下，一种纯洁、低级的宗教却于不知不觉中深入人心，在沉静和隐蔽中逐渐成长，因遭到反对而精力倍增，终于在朱庇特神庙的废墟上竖起了胜利的十字架的旗帜。"[②]

当君士坦丁皇帝颁布《米兰敕令》和决心扶持基督教时，他显然是看到了基督教所具有的朝气蓬勃的生命力和焕然一新的精神面貌，但是他却没有意识到基督教会与罗马帝国之间存在着无法调和的深刻矛盾——"上帝"之国虽然借助"恺撒"之国作为寄生的宿体，但是它却注定了要成为罗马帝国的断命毒鸩。自从耶稣被罗马总督彼拉多钉死在十字架上

---

① 参见爱德华·吉本著，黄宜思、黄雨石译：《罗马帝国衰亡史》上册，商务印书馆1997年版，第十五章"基督教成长的五大原因"。

② 爱德华·吉本著，黄宜思、黄雨石译：《罗马帝国衰亡史》上册，商务印书馆1997年版，第233页。吉本认为，基督教的生长是致使罗马帝国断命的主要原因之一，基督教与蛮族内外联手，共同摧毁了不可一世的罗马帝国。

之后，"上帝"与"恺撒"之间就形成了一种格格不入的对立关系，罗马帝国对基督徒的长期迫害使得这种对立关系更加雪上加霜。君士坦丁与基督教会的暂时妥协并没有从根本上消解二者之间迥然而异的精神旨趣，"恺撒"与"基督"的握手言和也只是一种审时度势的权宜之计罢了。随着西罗马帝国的崩溃和封建时代的来临，基督教会与罗马帝国之间的对立又进一步演变为旷日持久的教俗之争，极大地影响了西欧中世纪乃至近代社会的基本面貌。

（二）大公会议与修道运动——基督教合法化后的两种应战姿态

《米兰敕令》颁布之后，当基督教会已经不用再为争取生存权利而奋斗时，它就开始面临两个全新的时代问题：一是如何把彼此独立的各个教会团体在思想上和组织上统一起来，以顺应合法化的处境和君士坦丁皇帝重振罗马帝国的政治理想；二是如何在顺境中保持早期基督教的信仰和美德，以避免与邪恶的异教文化环境同流合污。这两个新问题，前者导致了基督教大公会议的召开，后者推动了基督教修道运动的开展。

罗马帝国幅员辽阔，文化繁杂，从帝国的东部到西部，生活着很多不同的民族，存在着殊异的文化背景。当罗马征服者们用武力把这些异质的民族统一为一个大帝国时，他们并没有也不可能将它们在文化和宗教方面完全统一起来。尤其是在帝国东部的希腊文化圈与西部的拉丁文化圈之间，存在着极大的文化抵牾与隔阂。与这种文化分裂的状况相比，旨在万邦之中传播天国福音的基督教却表现出超越各种文化差异的普世性特点。如果说罗马人试图通过武力来完成地中海世界的政治统一，那么基督教则志在通过信仰来实现地中海世界的文化统一。然而在《米兰敕令》颁布之前，基督教长期处于地下状态，再加上罗马帝国版图广阔，各地的教会不可能在罗马全境范围内进行太多的思想沟通和组织联系，只能处于各自为阵的闭塞状态。因此，一旦当基督教获得了合法地位，并且得到了皇帝的大力支持，统一思想和统一组织的问题就必定会被提到教会日程上来。既然基督徒信仰的神灵只有一个，而教会又被看作是圣灵的身体，那么上帝设在人间的教会当然就应该具有统一的组织机构，基督教的信仰也必须落实为一些被所有信徒共同接受的基本教义。

由此可见，基督教世界最初的几次大公会议，正是为了顺应这种时代要求而召开的。这些大公会议在表面上是为了维护教义的正统性，消除"异端"思想；实际上，在繁琐的教义之争背后隐藏着一个更加实质性的问题，那就是各教会之间的组织关系和权力归属。经过一系列大公会议的争论，罗马帝国境内的各教会在教义问题上基本达成了共识（**虽然东方教会与西方教会在教义的理解方面仍然存在着一些细微的分歧**），但是在组织方面却造成了严重的分裂。这种分裂一直延续到中世纪，最终导致了东西方教会的公开决裂（1054 年），造成了具有希腊文化特色的希腊正教会（Orthodox Church，**即东正教会**）与具有拉丁文化特色的罗马公教会（Catholic Church，**即天主教会**）的分道扬镳。

基督教合法化以后，教会内部的教义之争最初发生在宗教信仰最狂热、同时也最富于哲学思辨精神的埃及亚历山大教会。该教会的主教亚历山大与神甫阿利乌就耶稣的本性问题展开了激烈的争论，这场发端于亚历山大教会内部的教义之争，很快就在已经合法化的罗马各个教会之间蔓延开来，激起了神学辩论的轩然大波。从基督教内部来说，这场争论对于确立正统教义、维护教会在思想上的统一性，是绝对必要的。但是在尚未皈依基督教的君士坦丁皇帝看来，这种繁琐抽象的神学争论是极其无聊的，而且在政治上也不利于罗马帝国的统一大业。为了尽快解决这种麻烦的教义争端和教派分裂，325 年君士坦丁以罗马皇帝的身份，在帝国东部的小镇尼西亚主持召开了帝国全境的基督教主教会议。尼西亚会议成为基督教世界的第一次大公会议，与会的各教会主教达 300 多人，其中绝大多数来自东部教会。会议的费用全部由皇帝承担，尽管君士坦丁本人是会议中唯一一个非基督教徒，他仍然受到了参会主教们的热烈欢迎和高度崇敬。会议经过激烈的争辩和皇帝的最终裁决，确定了圣子与圣父"本体同一"、耶稣"受生而非被造"的正统教义。阿利乌派的观点被会议谴责为异端，该派信徒被禁止在罗马帝国境内传教。遭到沉重打击的阿利乌派追随者们不得不离开罗马帝国，来到边境之外的日耳曼蛮族地区继续传播他们的信仰。这个在当时看来是迫于无奈的举动，后来却对日耳曼蛮族的皈依产生了重要的影响。

尼西亚大公会议确立了"父子同体"等基本教义，但是它并没有从根本上杜绝基督教会内部的分歧和分裂。在此后的一百多年间，东西方教会又相继召开了君士坦丁堡大公会议（381 年）、以弗所大公会议（431 年）和卡尔西顿大公会议（451 年）以及一些规模较小的大公会议。在这些大公会议中，正统教会先后谴责了阿利乌派、阿波利拿里派、聂斯脱利派和一性论派等异端思想，形成了《尼西亚信经》《卡尔西顿信经》等重要文献，确立了"三位一体"和"基督神人二性"的正统教义，并且树立了大公会议在基督教世界中的权威地位。

如果说大公会议的召开表现了基督教会顺应合法化处境的一种积极姿态，那么修道运动的开展则表现了虔诚的基督徒们应对顺境的一种消极姿态。当大多数主教和信徒们都利用皇帝支持的大好时机来扩张教会势力和争夺权力资源时，另一些对教会内部日益显露的腐败现象忧心忡忡的虔诚基督徒却选择了一条退出主流教会的个人隐修之路。

在基督教合法化之前，基督徒们既要面对罗马统治者的屠刀，又要面对无处不在的异教文化①。在这种双重压力下，基督徒们往往把殉道当作最好的应战方式，它既可以使虔诚的信仰经受十字架的考验，又可以使摆脱了肉体的灵魂一劳永逸地免遭异教文化的玷污。但是到了君士坦丁时代，基督徒的敌人已经不再是手持利剑的"恺撒"，而只剩下尘埃一般萦绕在身边的异教文化。《米兰敕令》颁布之后，教会的领袖们不再为基督教会的生存问题担惊受怕，转而为基督教会的纯洁问题深感忧虑。由于皇帝的支持，大量势利的罗马人纷纷加入教会，从而使得基督徒的信仰和道德状况日益松懈。在此情况下，合法化和国教化的基督教会就面临着一个严峻考验，那就是当有教养、然而却腐败成性的罗马人纷纷涌入教会时，如何保持一个基督徒的纯正信仰和圣洁道德？

面对着这种时代变化，大多数基督徒都缺乏思想准备。在一个不再需要为信仰而走向十字架的环境里，"殉道"一词被赋予了全新的含义，那就是与四处泛滥的异教文化彻底决裂。朱庇特的神殿虽然坍塌了，但是异教文化的阴影却无处不在，希腊罗马世界的公共教育、文学语言、建筑风格乃至庆典仪式，无不沾染了浓厚的异教色彩。面对着这种无形、然而却是巨大的文化挑战，基督教会的首要任务就是把斗争的矛头从有形的罗马帝国转向无形的异教文化，从魔鬼的形形色色的化身（**朱庇特、阿波罗等神祇**）转向滋生魔鬼的文化土壤。如何与汪洋大海一般泛滥的异教文化彻底决裂？这就是在基督教合法化之后严肃的主教们所思考的主要问题。

当"殉道"一词已经不再表现为直接的献身行为时，它就采取了另一种表现形式，那就是与物欲横流的世俗社会和堕落邪恶的异教文化彻底决裂的禁欲生活。在这种表现形式中，一个殉道者需要面对的不再是树

---

① 对于基督教来说，异教文化泛指一切非基督教的文化，尤其是在罗马帝国流行了一千年之久的希腊罗马多神教文化。

起十字架的罗马迫害者，而是无处不在的罗马物质主义和纵欲主义文化。"抵抗肉体诱惑的人也是一个殉道者"，这句话盛行于君士坦丁时代以后的教会之中。这种把萦绕四周的异教文化和自身蠢动的肉体欲望都当作是魔鬼诱惑的看法，驱使一些虔诚而严肃的基督徒们远离堕落的罗马凡尘，隐匿到人迹罕至的荒僻旷野，去过一种自我反省和自我折磨的圣洁生活，结果就导致了推崇独身和禁欲的基督教修道运动①。

关于修道运动产生的原因，教会和学界一直存在着各种不同的解释。除了基督教处境改变以后一些虔诚的信徒要与堕落的异教文化彻底决裂的圣洁愿望之外，基督教会内部日益出现的纪律松懈和信仰蜕化也是促使修道运动产生的重要原因之一。早在 3 世纪后半叶的长期和平时期，处境好转的基督教会内部就开始滋生出腐败现象，一些富有的主教把持了教会的大权，使教会从一个平等互助的民众社团转变为一个等级制的权力机构。再加上大量势利的罗马人纷纷加入教会，造成了教会内部鱼目混珠、良莠不齐的情况。这样就使得一部分严肃的基督徒产生了独善其身的愿望：

由于在 260 至 303 年的和平时期以及君士坦丁皈依基督教后，大批人涌入教会，教会道德状况随之降低，这导致一些严肃的基督徒更加看重禁欲生活。为教殉道的事已不再有，禁欲主义便成为基督徒可能达到的最高造诣。在这个世界上，违背基督教道德的事随处可见，最好避而远之。古人把沉思冥想的实践看得比积极的德行更值得尊重。而更重要的是，公共崇拜中的形式主义日渐增加，在三世纪末进一步发展，这导致个人较自由地接近上帝的愿望的产生。②

有学者认为，滥觞于埃及的修道运动乃是埃及民族主义抵制希腊罗马

---

① "修道制度"一词的希腊文为 "monachos"，意即 "孤独的生活"。

② 威利斯顿·沃尔克著，孙善玲等译：《基督教会史》，中国社会科学出版社 1991 年版，第 157 页。

文化的一种另类尝试①。然而，修道运动虽然发轫于埃及，却很快就在整个罗马帝国境内蔓延开来，并且在中世纪的天主教会和东正教会中不断地变化和更新。这个事实充分说明，修道运动主要不是埃及土著文化主动对抗希腊罗马文化的结果，而是纯洁性受到侵蚀的基督教信仰面对异教文化和内部腐败而采取的一种消极应战姿态，它的基本宗旨就是要维护基督教信仰的纯洁性。在这场产生于3世纪的清修苦行活动中，虔诚的基督徒们为了上帝的缘故而折磨自己的肉体，以独身、清贫、禁欲和脱离尘世的沉思冥想来与骄奢淫佚的罗马生活方式相抗衡。

按照教会史的一般说法，修道运动的创始人是埃及的安东尼（Antonius，约251—356），他20岁时因有感于耶稣让财主变卖财产分给穷人的劝勉②，散尽家产，孤身来到尼罗河畔的沙漠荒冢中进行个人隐修。在几十年的隐修生活中，他克制情欲，靠着对上帝的坚强信念抵御了魔鬼的种种诱惑。安东尼的表率作用，引起了越来越多的基督徒们的效法，同时也助长了一种苦行竞争的变态风气。到了基督教合法化以后，埃及和西方的许多教会领袖如阿塔那修斯、杰罗姆、奥古斯丁、本尼狄克、大格利高里等人纷纷加入到修道运动的行列。他们把个人隐修发展为集体修道，建立了规模宏大的修道院，制定了严苛的修道教规，使修道运动走上了制度化的轨道。但是另一方面，这种摧残人性的修道运动在西罗马帝国崩溃之后的"黑暗时代"里却产生了一个意外的历史后果——5—8世纪散布在西欧土地上的修道院不仅是基督教禁欲主义的坚强堡垒，而且也成为保存古典文化火种和教化日耳曼蛮族的重要基地。"在黑暗时代，它们保持了学问的灯光长明不熄。在它们的图书馆里，保存了我们今天所有的古代罗马和早期基督教拉丁文文献。隐修院的学校培养的不仅是

---

① 参见田明：《罗马—拜占廷时代的埃及基督教史研究》，天津人民出版社2009年版，第110–111页。
② 参见《圣经·马太福音》，第19章，第16–21节。

修士和教士，也有世俗人家的子弟。条顿民族接受基督教和文明，在很大程度上应归功于它们"。[①]

　　修道运动的产生固然有其重要的现实原因，但是它的思想根基却早已埋藏在基督教的唯灵主义理想之中。使徒保罗在《罗马书》《加拉太书》等书信中曾多次谈到"肢体的律"与"心中的律"交战、"情欲与圣灵相争"的情况[②]。当基督教尚处在罗马帝国的迫害之下时，虔诚的基督徒可以通过走向十字架的殉道方式来表现自己对天国理想的坚定信念；但是到了基督教已经被罗马帝国所接受时，"为天国的缘故自阉"的禁欲主义就成为基督徒们表现纯洁信仰的最佳方式。因此，在罗马帝国崩溃之前的最后一段时间里，主动要求与异教文化和教会腐败相决裂的基督徒们，纷纷采取了修道运动这种极端的做法。虽然在安东尼、杰罗姆、本尼狄克等修道者的身上，可以看到令人肃然起敬的坚定信仰和克制精神，但是这种自我摧毁的禁欲主义价值观却极大地悖逆了人的本性。在灵魂与肉体、"上帝之城"与"世俗之城"二元对立的神学思想的影响下，偏激的修道士们把整个现实世界都视为魔鬼的陷阱。高雅优美的异教艺术、科学和哲学遭到了谴责，感性欢快的世俗生活被蒙上了一片阴森晦暗的罪孽阴霾，绚丽多彩的古典文化被视为魔鬼精心设计的阴险诱惑。一个真正的基督徒，就应该自觉地与这些邪恶的世俗浊流彻底决裂。圣徒奥古斯丁在《忏悔录》中描写了自己在战胜了情色之欲、口腹之欲以及芬芳、美声的诱惑之后，如何又在上帝的帮助下终于克服了"双目的享受"[③]。修道运动的典范圣杰罗姆在给朋友的信中描写了他在杜绝了肉体的欲望之后，如何在基督的鞭挞之下最终把爱不释手的西塞罗等古典作家的著作付之一炬；另一位圣徒本尼狄克则记载了自己在荒野修道时，如何通过

① 　G. F. 穆尔著，郭舜平等译：《基督教简史》，商务印书馆 1981 年版，第 116 页。
② 　参见《圣经·罗马书》，第 7 章，第 23 节；《圣经·加拉太书》，第 5 章，第 17 节。
③ 　奥古斯丁著，周士良译：《忏悔录》，商务印书馆 1963 年版，第 10 卷，第 34 节。

残酷地折磨肉体来医治灵魂创伤的可怕事迹①。这种极力诋毁一切感性之美和世俗享乐的禁欲主义倾向，正是在基督教的崇高圣洁的唯灵主义精神氛围中所孕育的，并在修道运动中被推向了变态的极端。

从文化挑战与应战的角度来看，大公会议和修道运动分别表现了基督教在面对顺境时的积极回应和消极回应——前者表达了基督教会与罗马帝国握手言和之后主动觊觎权力的愿望，后者则以一种消极避世方式延续了基督教与罗马帝国以及整个古典文化之间的深刻抵牾。从大公会议的权力角逐中，不仅最终酿成了中世纪罗马公教会与希腊正教会的彻底决裂，而且也由于东、西罗马帝国的不同历史命运而形成了迥然而异的教俗关系②。从修道运动的禁欲实践中，则不断地凸显出基督教理想与世俗生活之间的紧张关系，一次又一次地演绎了教会理想在世俗欲望的诱惑之下沉沦和重振（甚至酿成各种宗教暴戾）的历史悲喜剧③。

---

① 参见罗素著，李约瑟、何兆武译：《西方哲学史》上卷，商务印书馆1963年版，第422、466页。

② 在西欧，由于西罗马帝国被日耳曼蛮族肢解为许多分散闭塞的封建王国，罗马天主教会在对蛮族进行教化的过程中获得了长足发展的良好机遇，在中世纪的教俗之争中逐渐登上了社会的权力顶峰；在东欧，由于东罗马帝国长期维持着政治上的统一，致使君士坦丁堡的东正教会只能仰承帝国皇帝的鼻息，在教俗关系上始终屈居于皇权之下。

③ 从早期的奥古斯丁修会、本尼狄克修会，经中世纪的克吕尼修会、息斯特西安修会、托钵僧团（多明我修会和方济各修会等），再到16世纪的耶稣会，不同修会之间的兴衰更替充分表现了天主教修道运动在世俗财富和女色的诱惑下，不断地背弃理想和复归理想的尴尬历程。在此过程中，新兴的修会为了表示自己与世俗欲念彻底决裂，往往会干出一些灭绝人性的暴戾行径，例如13世纪新组建的托钵僧团主持宗教裁判所和火刑法庭等事例。

第四章
基督教对欧洲中世纪文化复兴的重要影响

发生于 14—16 世纪的意大利文艺复兴通常被看作是欧洲中世纪文化与现代文化之间的重要分水岭，但是早在这场意义重大的文艺复兴运动发生之前，在中世纪蒙昧闭塞的精神氛围中，就已经悄然涌动着一股文化复兴的暗流，这股暗流是由基督教会所推动的。在蛮族大入侵所导致的"黑暗时代"以及其后的封建社会中，正是基督教会以其超越性的宗教理想和强有力的组织体系，坚持不懈地推动了"加洛林王朝文艺复兴"和"12 世纪文艺复兴"，培育了西欧大学和学术思想的幼嫩根苗，开创了独具特色的文艺风格，从而为后来的意大利文艺复兴奠定了重要的基础。

（一）基督教与中世纪文艺复兴

　　在蛮族大入侵所造成的"黑暗时代"（5—8 世纪），基督教会无可争议地扮演了一个文化接力手和文明教化者的角色，它一方面用"变异"的方式传承着古典文明火种，另一方面用基督教信仰来洗涤蛮族的野性。事实上，日耳曼各部族最初的文明教化过程正是与其皈依罗马大公教会的历程同步发生的，他们从一开始所接受的文明化世界观和价值观就是基督教信仰。当那些凶悍的日耳曼人冲入罗马帝国时，他们最初都是听着基督教的赞美诗和忏悔词开始摆脱野蛮状态，缓慢而持续地走向了文明教化[①]。

800年，查理帝国的建立标志着蛮族大入侵的"黑暗时代"的结束，西方文化开始逐渐恢复元气，并且曾一度出现了所谓的"加洛林王朝文艺复兴"。虽然这种"文艺复兴"的征象仅仅只是针对蛮族入侵的那几个蒙昧世纪而言的，它的水平完全无法与古典时期的文化相比，但是它毕竟意味着西欧社会在经历了一场蛮族入侵的浩劫之后，终于开始恢复文明的元气了。8世纪末叶，为了使法兰克王国摆脱"黑暗时代"的动乱和蒙昧状态，查理大帝努力发掘修道院所保留的古典文化遗产，积极推动教育事业。他从欧洲各地网罗了一大批有学问的人才（如英国的阿尔昆等人），让他们主持法兰克宫廷和教会学校的学术复兴工作，而法兰克教会则为他提供了重要的帮助。史家对此评论道："加罗林王朝时期，法兰克教会以复兴学术著称。查理大帝的宫廷罗致了各地的学者文人……主教和隐修院长得负责主持主教大堂和隐修院的学校；宫廷学校则在阿尔昆主持下，培养大批青年贵族。这种文化复兴取得了成果，因此，在第九世纪，法兰克教会的学术和文化活动，在所有教会中居于首位。"[②]

当然，"加洛林王朝文艺复兴"的历史作用是非常有限的，它只不过是把在"黑暗时代"饱遭蹂躏的早期教会文献、古代经典著作以及文明优雅的拉丁语从濒于湮灭的状态中部分地保存下来而已，却谈不上任何真正意义上的文化创造活动。霍莱斯特强调："'加洛林文艺复兴'一词很容易引起误解，查理曼时代没有产生纯正深奥的思潮，缺少创新的哲学或神学体系，也没有托马斯·阿奎那或利奥纳尔多·达·芬奇，如果我们按照通常字义上的概念，探求'文艺复兴'，必将感到失望。加洛林

---

① 对野蛮民族的这种文明教化工作并没有随着"黑暗时代"的结束而停止，一直到11世纪，教会还在卓有成效地改造着不断涌入欧洲基督教社会的萨拉森人、匈牙利人、诺曼人等，用上帝的救赎呼召和惩罚威慑来制服那些野蛮入侵者。

② G.F. 穆尔著，郭舜平等译：《基督教简史》，商务印书馆1981年版，第150页。

时代，学术水平提高极少而退化甚多：应从无知的深渊中挽救欧洲大陆文化以免湮没的角度，来看待这一问题。"[①] 然而，尽管"加洛林王朝文艺复兴"只是把人们从普遍的文盲状态提高到小学生的水平，这种初级的启蒙却为基督教对西欧社会的进一步教化奠定了重要的基础。由于拉丁语是罗马教会的官方语言，中世纪西欧流行的《圣经》文本、教会文献以及教堂礼仪都是使用拉丁文，而查理大帝推动的这场文化复兴运动则使得拉丁语在法兰克宫廷和上流社会中受到重视，这样就使基督教对于西欧封建贵族的教化工作能够更加顺利地进行。据历史资料记载，查理大帝一直在努力学习拉丁语，他的拉丁语说得几乎与本族语言一样好，但是他却始终未能学会用这种复杂的语言来进行写作[②]。

在日耳曼蛮族依照丛林原则确立统治地位的"黑暗时代"，以拉丁语为标志的古典文化几乎被摧残殆尽，文明与野蛮的关系直接表现为衰落的拉丁民族与暴戾的日耳曼民族之间的冲突。但是"加洛林王朝文艺复兴"却使拉丁语在日耳曼人的世界——尤其是法兰克上流社会——中受到了重视，查理大帝本人努力学习拉丁语和各种知识的做法也为手下那些粗野的贵族们做出了表率，这样就使文明的因子在日耳曼社会的机体中缓慢地生长起来。从此以后，文明与野蛮之间的关系不再简单地表现为拉丁世界遭受日耳曼蛮族蹂躏的悲惨故事，而是表现为用拉丁语来发布上帝旨意的基督教会对缺乏教养的普罗大众的教化历程。文明对野蛮的这种最初的教化工作，除了依靠那些不辞辛劳深入到蛮族民众中间传播上帝福音的传教士之外，就是借助于教会的帮助在查理大帝的宫廷里进行的。现在保存文明火种的地方已经不再像"黑暗时代"那样仅限于与世隔绝的修道院，而是逐渐扩展到法兰克的上流社会中。

---

① C.沃伦·霍莱斯特著，陶松寿译：《欧洲中世纪简史》，商务印书馆1988年版，第92页。

② 参见艾因哈德、圣高尔修道院僧侣著，戚国淦译：《查理大帝传》，商务印书馆1979年版，第28页。

随着查理帝国的分裂瓦解，"加洛林王朝文艺复兴"很快就成为过眼烟云。虽然西欧社会已经不可能再度退回到"黑暗时代"的蒙昧之中，但是随之而来的 10 世纪却被著名中世纪研究专家哈斯金斯称为"一个混乱和'拳头法'的时代"。一些新的蛮族如诺曼人、马扎尔人等开始涌入西欧，对刚刚安定下来的社会秩序造成了破坏，但是不久以后他们也像其蛮族前辈一样皈依了基督教。"在英格兰、诺曼第和爱尔兰的基督教的地域上，海盗征服者通常在他们定居的时候就成为基督徒。"① 在这个蛮族入侵和宗教皈依的双重变奏中，欧洲文化复兴的步伐并没有停滞不前，而是在基督教信仰的感召和教会的推动下缓慢地向前发展。英国的阿尔弗莱德国王（Alferd，849—899）在顽强抵抗北方海盗入侵的同时，一直胸怀着将《圣经》等基督教文献翻译为英语的抱负，并在他生活的最后几年里将此计划付诸实施。虽然由于受到英国知识匮乏、资料不足等现实条件的限制，阿尔弗莱德的文化复兴理想并没有取得令人满意的效果，但是这项活动无疑构成了从查理大帝发轫以来西欧一系列文艺复兴活动的重要环节。

962 年，德意志神圣罗马帝国建立之后，萨克森王朝的奥托诸帝（从奥托一世到奥托三世）趁着法国和意大利遭受新的蛮族入侵而文化衰落之际，模仿法国的做法，以修道院和主教座堂作为传承知识的中心，招徕意大利的文法学家和神学家，努力提高德国人的智性水平。但是这场"奥托文艺复兴"与阿尔弗莱德国王所推动的英国文化复兴活动一样，不过是昙花一现，并没有产生持久的历史效应。到了 11 世纪，逐渐恢复元气的意大利和法国的风头又明显地超过了德国和英国，成为欧洲文艺复兴的主角。在意大利，南方的萨莱诺成为欧洲首屈一指的医学中心，北方的博洛尼亚则成为罗马法研究的重镇。"如果说意大利是法律和医学的摇篮，这一时

---

① 克里斯托弗·道森著，长川某译：《宗教与西方文化的兴起》，四川人民出版社 1989 年版，第 93 页。

期的法国则在自由七艺方面占有优势，并在哲学、神学、拉丁诗歌方面取得了杰出成就，不用说方言韵文了"。[①] 而所有这些文化复兴运动，都是在基督教信仰的旗帜下进行的，并且得到了各地教会的大力支持。

11世纪下半叶开始的主教叙任权之争和基督教军队东侵标志着罗马教会在西欧社会中的领导权力日益加强，在这种情况下，教会对于欧洲文化的影响力也越来越大。随着大一统的基督王国（**罗马教会**）对分散闭塞的封建社会的凌越和控制，一个新兴的基督教文化也逐渐形成。教会权力的膨胀虽然导致了教会内部的腐败堕落，但是这种不断加强的权力同样也在客观上促进了基督教文化的繁荣。从加洛林王朝时期就已经出现萌芽的文化复兴运动，经过一波三折的坎坷历程之后，终于酿成了12世纪的文艺复兴。哈斯金斯指出，12世纪文艺复兴完全不同于加洛林王朝文艺复兴，它并非一个宫廷或王朝的成果，而是在西欧许多国家共同发生的一场运动。在这一时期，意大利的功劳主要在于法学建设和希腊文献翻译，法国以新出现的巴黎大学为中心，在经院哲学、方言诗歌以及哥特式艺术等方面都具有核心地位，英国和德国主要是传播法国和意大利的文化，而伊斯兰教化的西班牙则充当了基督教世界与伊斯兰教世界进行学术沟通的重要枢纽。这场在西欧各国同时出现的文艺复兴运动显然与一个统一而有力的教会组织的领导有关。在12世纪，西欧范围内已经出现了一种明显的文化复兴迹象，它一方面表现为知识中心从地处僻壤的修道院向人口相对密集的主教座堂、宫廷、市镇的转移，尤其是大学教育的兴起；另一方面则表现为东方异教文化对西欧社会的影响，其结果就是拉丁古典文化和希腊学术（**科学和哲学**）在西欧知识界的回潮和升温。

在中世纪早期，与世隔绝的修道院成为在蒙昧野蛮的海洋里保留残存知识的"诺亚方舟"。这些远离凡尘的修道院是虔诚的修道士们与上帝

---

① 查尔斯·霍默·哈斯金斯著，夏继果译：《12世纪文艺复兴》，上海人民出版社2005年版，第16页。

进行灵性交流的场所，但是在战火纷飞的动荡年代里它们也无意中成为保留古典文化遗产的一片净土。修道院往往都拥有一个小规模的图书馆，里面除了拉丁文本的《圣经》和早期教父的神学手稿之外，还藏有拉丁古典作家西塞罗、维吉尔、奥维德、塔西佗等人的著作抄本。有些修道院为了传授神学还建立了培养修士或修女的学校，鼓励他们阅读和抄写这些文本。在这方面最杰出的修道院要数意大利本尼狄克派的蒙特·卡西诺修道院、贝克修道院，以及英国的威斯敏斯特修道院等。到 12 世纪初期，蒙特·卡西诺修道院的藏书已经有 70 多种，而贝克修道院更是达到了 164 册，这在当时是一个惊人的数字。但是这些与世隔绝的修道院从 12 世纪开始就走向了没落，它的知识中心地位逐渐被地处城区的主教座堂所取代。这些新崛起的主教座堂拥有自己的图书馆、学校、档案馆，收藏有古代作家的著作抄本和当时神职人员的记事档案，其中最活跃的主教座堂包括法国的沙特尔、奥尔良、兰斯和巴黎，英国的坎特伯雷以及西班牙的托莱多等。城区主教座堂取代乡村修道院而成为西欧的知识中心，这种现象与同期或稍后产生的大学以及托钵僧团一样，都表明了欧洲经济、政治和文化中心开始从乡村向城市转移，而所有这些变化都与罗马教会的权力增长密切相关。

总之，12 世纪的西欧社会已经从一次次蛮族入侵所造成的野蛮蒙昧状态中复苏过来。拉丁语作为一种文明的语言，由于教会的大力推动而在西欧上流社会中逐渐普及，法学也由于教会法规建设和权力强化的需要而得以振兴。另一方面，由于基督教军事力量的东侵和西班牙的中介作用，被阿拉伯人保存完好的希腊学术开始流入西欧，其规模虽然不能与 1453 年君士坦丁堡失陷后的情况相比，但是至少也有力地刺激了正处于知识复兴过程中的基督教社会，推动了经院哲学以及几何学、天文学、医学的发展。"在 1100 年和 1200 年之间，新的知识开始大量传入欧洲，这些知识是由意大利和西西里传入，但主要是通过西班牙的阿拉伯学者。

这些知识包括亚里士多德、欧几里得、托勒密以及希腊医生的著作，新算术，以及在黑暗时代（Dark Ages）一直处于湮灭无闻状态的罗马法文本"。[①] 除了这些学术方面的恩泽之外，那种发轫于伊斯兰教文化的罗曼谛克情调，也给西欧方兴未艾的骑士文学注入了强大的生命力，使它成为中世纪基督教社会中堪与哥特式建筑相媲美的一朵文艺奇葩。

（二）大学的兴起与教会的扶持

在西欧，大学的出现是 12 世纪文艺复兴的结果，它同时也反过来极大地加速了欧洲文化的复兴与更新。在古希腊城邦，虽然曾经有过一些传授学问的教育机构，如柏拉图学园、亚里士多德学派的克吕昂等，但是这些机构都是私人性质的，所讲授的也只是某一个学派的思想观点。到了罗马帝国时期，已经出现了一些专科性质的法律学校和医科学校，但是尚未形成现代大学（university）的多学科体系和学院制度，也缺乏固定的课程规范和学位设置。到了蛮族大入侵以后的"黑暗时代"，罗马帝国的教育机构也如同它的行政管理体系一样，彻底遭到了破坏。基督教会虽然保存了古典文化的火种，但是在 5—8 世纪期间，教会对蛮族进行文明教化的工作仅仅局限于传播基督教信仰，并未将世俗知识纳入到它的教育范围之内。到了"加洛林王朝文艺复兴"时期，查理大帝开始鼓励教会扩大教育内容的范围，从此以后，修道院和主教座堂所设立的附属学校才逐渐承担起传授世俗知识的职责。

11 世纪末叶，在意大利的博洛尼亚产生了第一个由专科学校合并而成的多学科综合学校（studium generale），这种学校被称为"大学"（Uni-

---

① 　查尔斯·霍默·哈斯金斯著，梅义征译：《大学的兴起》，上海三联书店 2007 年版，第 3 页。

versitas）。"大学"最初是指一个可以雇请教师的学生法人团体，它的职责就是聘用专业人士或教师来传授相关知识，以及更加有效地与所在城镇居民就房屋租金、书本价格等问题进行讨价还价。与"大学"相对应的则是由教师们组成的法人团体，它通常被称为"学院"（college），它的职责当然就是通过传授专业知识而获取相应的经济报酬。加入教师社团是需要具备某种学术资格的，这种从教资格证书（licentia docendi）后来就成为学位证书的雏形。从这两类团体中发展出了欧洲的大学教育机构，"大学"一词的内涵以后逐渐演变为"教师团体向学生团体传授知识"的学术机构，而"学院"则成为按照教师的专业领域而设置的基本教学单位，并且与教会、王室以及各种社会团体捐资修建的校舍等固定建筑物联系在一起。例如巴黎大学最初就是由四个学院组成，它们分别是人文学院、教会法学院、医学院和神学院。在中世纪，"大学"通常只是一个举行入学考试和授予学位的机构，而"学院"才是真正实施教育的实体，课程设置、教师编制以及校舍建筑都属于学院的权限范围。受巴黎大学四大学院设置的影响——巴黎大学和博洛尼亚大学分别构成了欧洲北部和南部的"大学之母"——中世纪北部欧洲的大学基本上都采取了学院制度，这种制度对于英国牛津和剑桥的影响尤其深远。

12世纪，在欧洲已经出现了博洛尼亚、萨莱诺、巴黎、蒙彼利埃、牛津等最初的大学，它们成为欧洲智性因素迅速生长的温床。大学的产生从根本上改变了人们受教育的方式，它使高等教育变得规范化和制度化，将保存在修道院和主教座堂中的知识火种发扬光大，并且为后来欧洲社会发生的一系列重大文化变革活动——文艺复兴、宗教改革和科学革命——培养了人才。但是在最初产生的那几个世纪里，大学却是在基督教会的精心呵护下成长起来的。教会对早期大学的影响主要表现在如下几个方面，第一，许多大学都是从修道院和主教座堂学校发展而来的，以作为欧洲"大学之母"的巴黎大学为例，它的前身就是巴黎圣母院的主教座堂学校和圣维克托的教规学校。第二，早期的大学没有固定的教学场所，通常都是在教师宿舍或学生租住处流动性地上课，而教会和修道院则慷慨地提供了厅堂作为固定性的教学场所，因此许多学院最初都是围绕着一座教堂或修道院而形成的。第三，早期大学的管理者一般都是教堂或修道院的神职人员，教师通常是地位较低的教士。大学教育奉行"有教无类"原则，学生成分复杂，既有教会的助祭、司铎等低级神职人员，也有平头百姓，但是贵族子弟一般却很少接受大学教育，他们只对战争和狩猎的技巧感兴趣。当初教会扶持大学的目的，就是为了造就一批既有虔诚信仰、又有深厚学问的神职人员，以便加强教会力量，与世俗王权相抗衡。因此教会扶持大学最初也具有一种慈善性质，它大力资助贫苦学生进入大学读书。第三次拉特兰宗教会议（1179 年）明文规定："为了使穷孩子不被剥夺读书与进修的机会，应该在每一座教会教堂拨出一笔足够的圣俸给专业教师，让他免费教授同一教堂的办事员和穷苦的学生。"[①] 如果说在中世纪早期，修道院只是被动地保存了残缺不全的知识，那么到了大学出现之后，教会则开始主动地把大学作为弘扬学术和培育接班人的重要堡垒。

12 世纪以后，大学的发展和学术的复兴就成为两种新兴的普遍性力量，与以封建采邑为代表的地方主义势力形成了鲜明的对照。由于大学的迅速扩展（到 15 世纪时西欧几乎所有较大的城镇都建立了大学），以及教师与学生的自由流动[②]，知识的传播和学术的发展完全打破了封建制

---

①　参见威尔·杜兰著，幼狮文化公司译：《世界文明史·信仰的时代》下册，东方出版社 1999 年版，第 1273 页。

②　哈斯金斯写道："中世纪大学在传播知识方面具有十分重要的地位。从其确切的定义来讲，普遍性的教育是对各个国家的求学者开放的，教授和学生可以带着书本、笔记和头脑中的知识自由地从一个学校转到另一个学校。这些条件保证了相隔遥远的学术机构之间能够很容易地进行交流，同时也便于受教育的阶层快速地传播知识。"参见查尔斯·霍默·哈斯金斯著，梅义征译：《大学的兴起》，上海三联书店 2007 年版，第 92 页。

度所形成的壁垒，使得整个西欧——无论是拉丁语世界还是日耳曼语世界——在智性因素方面联结成为一个整体。这种情况就像中世纪后期随着商业的兴起，很快就打破了庄园农业所造成的闭塞状态，使整个欧洲在经济上联结为一个整体一样。就此而言，大学的兴起实际上完成了罗马教会长期以来梦寐以求的理想，只不过它实现的是一个知识上的统一王国，而不是政治上的统一王国罢了。在精神气质方面，大学是与罗马教会相一致的，它们在中世纪都代表了一种普遍性的理想，都试图超越封建社会所造成的分散闭塞状态。正因为如此，大学在产生之初得到了教会的大力扶持。为了保护来自异国他乡的学生不受当地势力的欺压，教会和世俗统治者都颁发了一些特许状，赋予大学师生免受世俗司法审判的特权。1200 年，法国国王腓力·奥古斯特为了处理大学师生与当地居民的冲突而对巴黎大学颁布了首个王室特许状（这件事通常被看作是巴黎大学正式成立的标志），1231 年，教皇明确认可大学具有自我管理的权力，并授予大学更多的特许权力。这些权力包括学生的司法豁免权，教师和学生有权"制定章程和条例，规范讲座和研讨的方式与时间、着装"等。

虽然大学在精神气质方面与罗马教会有着某种默契之处，但是就权力方面而言，大学却更加接近于世俗王权。大学与世俗国家一样，要求对于教会的独立性，尤其是学术方面的独立性，这种独立性主要表现为知识探索方面的自由权力。这种独立性要求使得大学一旦羽毛丰满，就开始寻求摆脱教会的控制。另一方面，从 13 世纪开始，世俗国家也极力扶持大学，利用大学的知识来加强王权。于是，大学就成为教会与国王相互争夺的一个"香饽饽"。由于大学最突出的特点就是知识和自由，而这二者不仅都要求独立性，而且加在一起很容易导致思想上的"异端"。这样一来，大学就逐渐成长为独立于教会和王权之外的第三种势力，教皇和国王在某种程度上都奈何不得它了。"到了十三世纪，学者的事业已被公认为是中古社会组织中的重要一环。中古社会对政府的职务、教士的职务与学者的职务有各种不同的名称，政府的职务称作'政务'（imperi-um），教士的职务称作'教务'（sacerdotium），学者的职务称作'学务'（studium）。学者的地位与官吏、教士鼎足而三了。"[①] 当时在欧洲流行着这样一句话："意大利人有教皇，德意志人有帝国，法兰西人有学问。"自从 843 年的《凡尔登条约》把查理帝国一分为三以后，在东法兰克王国（德意志的雏形）产生了神圣罗马帝国，中法兰克王国（意大利的雏形）长期成为罗马天主教廷的藩篱附庸，而西法兰克王国（法兰西的雏形）则滋生了欧洲"大学之母"和"中世纪世界最早的教师之城"（巴黎）。当教廷与帝国在长期较量中斗得两败俱伤时，大学却迅速地崛起，并且很快就超越前两者而成为欧洲社会生活中的主角。

在中世纪的全盛时期（12、13 世纪），在意大利、法国、英国的一些中心城市都建立了大学，其中法国的巴黎大学和英国的牛津大学成为全欧洲最著名的大学。大学的兴起推动了经院哲学的蓬勃发展，所谓"经院哲学"（scholasticism），就是由一批专业的"经院学者"（scholastics）在大学的高头讲台上建立起来的。中世纪最著名的经院哲学家，如阿伯拉尔、托马斯·阿奎那、波拿文都拉、罗吉尔·培根、邓斯·司各特等人，都曾在巴黎大学的课堂上讲学；而牛津大学则为欧洲培养了中世纪最杰出的实验科学家罗吉尔·培根、著名唯名论者邓斯·司各特、威廉·奥卡姆以及宗教改革运动的伟大先驱威克里夫等人。

13 世纪，托钵僧团的出现进一步推动了欧洲大学的发展，虽然方济各修会和多明我修会构成了罗马教廷镇压异端运动和组建宗教裁判所的中坚力量，但是它们也为促进欧洲的大学教育做出了重要的贡献。上述那些著名的经院哲学家们都分属于这两个托钵僧团，他们既是教会中最

---

① 布林顿、克里斯多夫、吴尔夫著，刘景辉译：《西洋文化史》第三卷，台湾学生书局1986年版，第268页。

具有权威性的神学巨擘，也是活跃在欧洲各大学讲坛上的优秀教师。这些多明我修会和方济各修会的经院哲学家们被罗马教会派往巴黎大学、博洛尼亚大学、牛津大学等重要学校，并且参与了一些新兴大学的创建工作，极大地传播和扩展了知识。1225 年，教皇亚历山大四世在支持托钵僧团的通谕《好像树木的生命》一文中明确表示："巴黎各学校的科学在教会中，好像生命树在地上乐园那样，是灵魂之殿堂中一盏光芒四射的明灯……正是在巴黎，因原罪而残废、因无知而盲瞽的人类，才通过神圣科学发出的真正光明的知识，恢复了自己的视力和美貌。"[①] 罗马教廷对大学教育的重视，直接推动了欧洲文化的全面复兴，使其最终摆脱了蛮族入侵造成的蒙昧阴影，并且非常吊诡地为欧洲近代的文化变革奠定了重要的基础[②]。

（三）基督教理想与中世纪文学艺术

在中世纪，基督教成为欧洲文化舞台上的唯一提琴手，它所演奏的那种交织着深重罪孽和圣洁希望的微妙旋律，既反映了现实社会中人们巨大的精神苦恼，也表达了人们对于理想世界的狂热向往。基督教唯灵主义理想与苦难现实生活之间的强烈反差，营造了一种被海涅称为"痛苦的极乐"的诡异的浪漫主义精神氛围，这种精神氛围典型地表现在中世纪的骑士文学和哥特式建筑中。

蛮族大入侵使得建立在法律和政治权威（皇帝）基础之上的帝国不复

---

① 参见克里斯托弗·道森著，长川某译：《宗教与西方文化的兴起》，四川人民出版社 1989 年版，第 226—227 页。

② 这种"吊诡"之处就在于，尽管教会大力扶持大学的初衷是为了培养信仰纯正的神学卫道士，但是大学后来却发展成为滋生各种"异端"思想的温床，近代那些著名的人文主义者、宗教改革家和新兴科学家们最初都是大学教育中形成自己的叛逆思想的。

存在，"黑暗时代"出现的那些大大小小的蛮族王国都是以武士与首领之间的忠诚和互助作为社会纽带的。加洛林王朝建立之后，粗野的蛮族武士逐渐演变成为封建骑士阶层，并且由于基督教的教化作用而变得文明化。从11世纪开始，受基督教信仰的熏陶，在古老的北方英雄传奇（如《贝奥武甫》《芬尼斯堡的战斗》等）的基础上，在法国北部产生了新型的封建史诗，即所谓的"武功歌"（Chansons de geste）。"武功歌"所歌颂的不再是北方的蛮族英雄，而是具有基督教信仰的查理大帝及其麾下骑士英勇抗击西班牙穆斯林的传说故事。它所讴歌的骑士形象，已经融合了两种不同的角色——忠诚于封建领主的武士和具有虔诚信仰的基督徒，它"向武士文化的野蛮风尚注入了一种新的精神因素……因此，为信仰而战死的骑士就不只是一位英雄，他还是一位殉道者"①。这样就用基督教信仰塑造了一种新兴的骑士精神（chivalry），从而开启了欧洲中古骑士文学之源端。

基督教军队东侵运动进一步加强了骑士作为世俗社会与教会之间的纽带作用。为了更好地统治被征服的东方土地，在第一次基督教军队东侵之后出现了一些独立的骑士团，其中最著名的有圣殿骑士团、条顿骑士团、圣约翰骑士团等。这些骑士团制定了严格的骑士制度，奉守修道院一般的禁欲生活，发誓效忠于罗马天主教会，并且用武力来保护那些去耶路撒冷朝觐的西方朝圣者。他们把武士的忠诚与信徒的虔诚融为一体，而且还由于受基督教理想的感化而表现出一种扶助弱者的侠义精神。

当圣殿骑士团把蛮族的武士风尚置于圣洁的宗教光环之下时，在法国南部的封建社会中，又出现了一种世俗的骑士理想。这种新兴的骑士理想专注于浪漫的爱情和优雅的言行，它的最初根源可以追溯到西班牙

---

① 克里斯托弗·道森著，长川某译：《宗教与西方文化的兴起》，四川人民出版社1989年版，第164-165页。

穆斯林社会。这种充满了浪漫情调的南国骑士风度虽然与条顿骑士团刻板严苛的圣洁作风形成了鲜明的对照，但是它却以另一种方式表现了基督教的唯灵主义理想。由于这种浪漫风格的影响，骑士文学开始表现出越来越高雅的格调，骑士的形象也从动辄诉诸武力的蛮横之徒演变为擅长吟诗咏歌的文人雅士。马克·布洛赫指出，在12世纪一些浪漫传奇的主人公嘴里，就已经可以听到"我们还将在夫人们的卧室里谈论这一天"这样有教养的话语了。他写道："优雅行为从本质上是一种等级性的事情。名媛贵妇的闺房、特别是宫廷成为骑士寻强竞胜的场所，在这里他不仅以闻名遐迩的赫赫武功使对手相形见绌，而且以优雅举止和文学才赋使对手黯然失色。"[①]

这种最初源于蛮族武士的粗鲁野性、后来却在基督教信仰和西班牙浪漫风情的熏陶之下变得文明高雅的骑士精神，成为中世纪盛期文学作品讴歌的主要对象，其结果就产生了具有浓郁的基督教理想色彩的骑士文学。骑士文学的题材大多取自日耳曼人、凯尔特人和诺曼人的民间英雄传说，如日耳曼英雄史诗《贝奥武甫》《罗兰之歌》《尼伯龙根之歌》，反映北欧神话与英雄传说的"埃达"和"萨迦"叙事系列，以及在英国广泛流传的亚瑟王和圆桌骑士的传奇故事，此外也还掺杂着一些源于古代异教世界的英雄传说（如亚历山大大帝的故事）。但是这些古代或中世纪的传奇故事在骑士文学中已经按照基督教的基本精神进行了很大的修改，骑士文学把民间传说中的种种离奇古怪的经历（其中特别是关于英雄与毒龙或恶魔战斗的故事）与基督教的虔诚精神以及对理想女性的"罗曼谛克的爱情"联系在一起，从而培养了一种富于幻想和怪诞色彩的浪漫情调，即罗曼谛克（Romantic）情调。这种激发起后世人们无穷想象的罗曼谛克情调，最初正是在基督教唯灵主义理想的熏陶下氤氲化生的。由于基

---

① 马克·布洛赫著，李增洪等译：《封建社会》下卷，商务印书馆2004年版，第506页。

督教圣洁理想的濡染，骑士们虽然仍然保留着为荣誉而献身的英雄气概，但是在其他方面却变得越来越文质彬彬了。优美典雅的礼仪逐渐掩饰了豪放不羁的举止，对理想女性的爱恋——这是一种"柏拉图式的爱情"——成为对君主的忠诚和对上帝的虔敬之外的第三个主题。武士的忠诚勇敢、基督徒的圣洁信仰，以及对理想女性的纯洁爱情，这就是骑士文学所表现的一位标准骑士的三大美德。

由于基督教信仰的教化作用，骑士风度从日耳曼蛮荒的旷野来到了法兰西富丽堂皇的宫廷中，成为一种象征着高贵身份的行为规范。在中世纪后期，随着十字军理想的丧失和宫廷奢靡的增长，骑士也从仗剑行侠的教会卫士蜕化为吟诗作赋的御用文人，但是骑士文学所大力渲染的骑士精神却在近代西方文化中得以传承，最终演化成以法兰西宫廷文化为代表的矫揉造作而又优美典雅的贵族风度。个人英雄主义和热忱的献身精神、强烈的荣誉感（它导致了贵族阶层中盛行的决斗风气）和侠义精神、对妇女的尊重和罗曼谛克的爱情，以及潇洒的仪表和优雅的言辞，这一切高尚的风气都是中世纪骑士精神在近代法国上流社会中的再现，并且从法国扩展到了整个欧洲①。

骑士文学固然表现了基督教空灵圣洁的精神气质，但是最为淋漓尽致地表现了基督教唯灵主义理想的还不是骑士文学，而是哥特式建筑。这种惊天地、泣鬼神的艺术杰作能够一下子把人的灵魂带入到彻心透骨的痛苦与光辉澄明的极乐之间的强烈反差中，从而使人体验到基督教唯灵主义理想的巨大魅力。即使在世俗化的今天，当人们站立在那些气势恢宏的大教堂面前时，也会从内心深处升腾起一种自惭形秽的谦卑之情，从而对中世纪西欧人的宗教热忱和艺术天才感到由衷的敬佩。

---

① 丹纳认为，17世纪的"法国仿佛当着欧洲的教师，生活方面的风雅，娱乐，优美的文体，细腻的思想，上流社会的规矩，都是从法国传播出去的"，欧洲各国人民正是从法国人的客厅和书本中学会了"一套行礼，微笑，说话的艺术"。参见丹纳著，傅雷译：《艺术哲学》，安徽文艺出版社1991年版，第107页。

"哥特式"（Gothic）一词因哥特人而得名，它的原意是指那些野蛮、陈旧和丑恶的东西。在意大利文艺复兴时期，一些研究古典文化的人文主义者们就开始用"哥特式"一词来指称 12、13 世纪风行于欧洲的教堂建筑风格，当时这个词明显带有嘲讽意味。因为在意大利人文主义者眼里，希腊罗马时代充满崇高典雅气息的建筑物远比中世纪那些野蛮的哥特人所修建的纤巧怪诞的大教堂更加优美和具有文明品位。但是到了 19 世纪，随着西方建筑学的兴盛，人们开始改变对哥特式建筑的传统看法。研究者们惊奇地发现，这种充满怪诞色彩的"哥特式"建筑充分展现了一种现代人难以理解的博大精深的灵性世界，那些大教堂就是一本本"用石头和玻璃写成的《圣经》"，而中世纪的人们正是在这个世界中倾注了自己全部的苦难与希望、生存与死亡。

哥特式建筑作为一种熔铸了基督教唯灵主义意韵的新颖建筑形式，在 12 世纪以后逐渐取代了罗马式建筑而成为风靡西欧的艺术风格。与罗马式建筑强调凝重厚实的古典风格形成鲜明对照，哥特式建筑更加注重于营造一种轻盈飘逸的精神氛围。如果说罗马式建筑的特点是紧紧地拥抱着大地，那么哥特式建筑的特点则是极力地升腾到天空。"罗马式建筑尽管有其多样化的特征，而主要是表达早期基督教信念的庄严性及武功歌的粗犷力量；相反地，哥特款式却富于戏剧性，高耸云端，引人入胜，它含有人们所向往的高度浪漫色彩的意境。"[①]

最早的哥特式建筑当数 1144 年建成的圣丹尼斯大教堂（St. Denis Cathedral），它的创建者是具有天才艺术创造力和非凡组织能力的法国本尼狄克修道院长苏榭（Suger，1081—1151）。他在法国国王路易七世和一些宫廷贵族的资助之下，征集了欧洲各地的优秀艺术家和工匠，并亲自带人选取建筑材料，从 1133 年开始在巴黎郊外修建他心目中的"上帝之屋"。

① C. 沃伦·霍莱斯特著，陶松寿译：《欧洲中世纪简史》，商务印书馆 1988 年版，第 286 页。

1144年圣丹尼斯大教堂建成时，法国国王、王后和许多贵族、主教都参加了献堂仪式，他们被大教堂气势磅礴的外观和精美无比的雕塑惊呆了。一些主教和封建领主纷纷效法，试图在自己的地盘上建造类似的恢宏建筑。在此后的数百年间，这种以高耸入云的尖塔和精美绝伦的雕刻为基本特征、并配有令人目眩神迷的彩色玻璃——教堂雕刻和玻璃彩绘均取材于《圣经》中的宗教人物和故事——的哥特式建筑就开始在欧洲的大地上流行开来。

中世纪哥特式建筑的典范无疑当数位于巴黎近郊的沙特尔大教堂（Chartres Cathedral），这幢具有两座冲霄尖塔、三座巨大拱门、主楼正面嵌有眩目的玫瑰花窗和彩绘玻璃的大教堂始建于1194年，只花了1/4世纪的时间就建成了，其间还经历了一次火灾的插曲。除沙特尔大教堂之外，欧洲另一些气势恢宏的大教堂，如法国的巴黎圣母院、亚眠大教堂、斯特拉斯堡大教堂、兰斯大教堂（**法国是哥特式建筑的发源地和麇集地**），德国的科隆大教堂，意大利的米兰大教堂，英国的威斯敏斯特大教堂，维也纳的圣斯蒂芬大教堂，布拉格的迪恩圣母大教堂，布达佩斯的马加什大教堂等，都是哥特式艺术的杰作。这些教堂都采取了基本相似的建筑风格，有着高耸入云的尖塔和钟楼、巨大的尖形拱门，取材《圣经》故事的柱廊雕刻和玻璃花窗，并运用尖肋拱顶、修长束柱和飞扶壁等建筑手法来营造轻盈飘逸的灵性特点和加强教堂的坚固性。哥特式教堂不仅外观大气磅礴、巍峨矗立，而且每个细部的布局和雕刻也独具匠心，那些精美的人物雕像和绚丽的玻璃彩绘，每一处都在用心良苦地宣扬着基督教的灵性理想。整个教堂内部宛如一个镂空了的巨大十字架，狭窄而幽暗的主堂通道象征着现世深重的苦难和罪孽，而修长高远的内空和透过彩色玻璃而射入的眩目阳光则呈现出五彩缤纷的天国景象。哥特式建筑不愧为中世纪基督教信仰的杰作，它最为典型地体现了灵魂对肉体、天国对尘世的超越历程，充分反映了中世纪西欧人内心深处汹涌激荡的宗教感受。一座哥特式大教堂，就是一部波澜壮阔的宗教史诗，它以一种凝固化的方式记载着中世纪基督徒们交织着绝望与希望、罪感与救恩的心路历程。质言之，一座哥特式教堂就是一个威力巨大的"灵肉分离器"，它的基本宗旨就是为了渲染罪孽现世与圣洁天国之间的强烈反差。因此，当一个怀着忏悔之心的基督徒走进这座按照十字架模式而设计的"灵肉分离器"时，他的灵魂就会通过那些绚丽夺目的玻璃花窗飞升到天国，肉体则会像一堆沉滓一般被遗弃，这样他的灵性生命就会在这座哥特式的"炼狱"中经历一次脱胎换骨式的净化。

哥特式教堂中随处可见的那些反映宗教题材的精美塑像、浮雕和玻璃彩绘，成为贫穷而目不识丁的平信徒们学习《圣经》的最便捷的门径。在中世纪，对于日耳曼世界中的那些蒙昧的平信徒来说，拉丁文本的《圣经》就如同天书一般可望而不可及。在这种情况下，平信徒们就只能通过教堂里的那些栩栩如生的宗教雕刻和彩绘故事来了解《圣经》的内容了。就此而言，哥特式教堂不仅是一座弘扬基督教理想的神圣丰碑，而且也成为一部普及基督教知识的百科全书。到了文艺复兴时代，大量精美绝伦的绘画也出现在教堂的拱顶和墙壁之上，教堂因此而成为珍藏西方艺术瑰宝的博物馆。

除了雕刻、绘画等视觉艺术之外，音乐也在哥特式教堂中获得了极大的发展。13世纪在巴黎圣母院等教堂中出现了无伴奏圣歌，"无伴奏圣歌是中世纪和文艺复兴时期最重要的复调音乐，由唱诗班演唱并构成了教会敬拜的大部分内容"。[1]另外一些音乐形式如教堂歌剧、小曲、宗教剧等也是在教堂崇拜活动中相继产生出来的，到了近代又衍生出交响乐、奏鸣曲、协奏曲等多种新形式。与教堂雕刻和绘画大多反映了上帝创世、圣母感孕、基督受难、最后审判等宗教故事一样，教堂音乐的内容也基

---

① 　阿尔文·施密特著，汪晓丹、赵巍译：《基督教对文明的影响》，北京大学出版社2004年版，第303页。

本取材于《诗篇》等宗教经典，表现了虔诚的基督徒对天国景象的赞美和对基督救恩的感戴。与哥特式教堂的神秘幽深、庄严肃穆的气氛相一致，赞美诗、圣歌等教堂音乐也具有崇高典雅、一尘不染的圣洁情调。在教堂崇拜的时候，唱诗班用清纯稚真的童声唱起《荣归主颂》《圣母马利亚颂》等赞美曲，宛如天国飘来的圣乐，令人不禁潸然泪下，心驰神往……当中世纪那些缺乏知识但却充满信仰的基督徒们走进幽深诡秘的哥特式教堂，凝视着圣坛上的耶稣受难像，聆听着清纯圣洁的赞美颂歌，一股神圣的情感就会油然从心底升起。这时候，他们才会真切地感受到基督教的灵性理想具有多么强大的魅力！

……

在由于蛮族入侵和封建制度所造成的黑暗蒙昧的中世纪，基督教会以其神圣的信仰和日益强大的组织（**虽然它也成为导致教会腐败和各种社会弊病的重要原因**），一方面顽强地保存和传承古典文明的火种，另一方面在与封建王权争权夺利的同时创造了一种独具特色的基督教文化。正是由于教会坚持不懈的努力，推动了中世纪的文化复兴运动，促进了大学的兴起和学术的发展，开创了具有基督教唯灵主义色彩的中世纪文学艺术。这一系列文化复兴和文化创新工作，都极大地帮助欧洲社会摆脱蒙昧，重建文明，并为西方近代的文化变革活动奠定了重要的基础。从这种意义上来说，中世纪基督教会不仅成为传承古典文化的唯一接力手，而且也成为培育中世纪文化的辛勤园艺师和开启西方近代文化的无心插柳者。

本章附录

西方文化的传统与更新（演讲录）

......

迄今为止，西方文化在全球范围内仍然具有强势性，谁都不能否认西方社会无论在科学技术、经济发展方面，还是在法制体系、政治理念方面，都具有领先地位。同样，正因为它是强势文化，从18世纪之后全球性的西方化发展浪潮，或者叫殖民化发展浪潮，也就把西方的经济模式、政治理念和价值体系带到非西方世界，包括带到中国。因此在今天，西方文化对中国文化的影响可以说是非常明显的，甚至是无处不在的，无论是我们的日常生活、经济运行模式，还是我们的政治理念，甚至我们的许多文化观念都与西方文化有着千丝万缕的联系。

（一）1500年前后的世界格局

但是如果我们追溯一下西方文化的传统和历史，我们就会发现，西方文化的崛起也就是近几百年的事情。事实上，如果我们把眼光退回到1500年左右，也就是16世纪开端的时候，我们会发现那个时候的西方文化如果与同时代的中国文化相比，是明显落后的。乃至于有人说这几百年中间，不是中国文化落后了，而是西方文化大踏步地前进，发生了一些根本性的转变，发生了飞跃，所以相比之下我们今天不得不承认西

说明：《西方文化的传统与更新》为笔者2006年6月在"广州讲坛"的演讲。

方文化已经走到了我们的前面。这个过程是怎样发生的？这就是今天我要跟大家讲的问题。这是一个宏观问题，这个问题会涉及一些大的方面，但是今天我们却不可能讨论太多的细节。我只想给大家提供一个总的历史视野和脉络，这对于大家观察当今世界、观察中西文化之间的关系以及未来这两种文化特别是西方文化的走向，可能是有所裨益的。

我首先想给大家介绍一下 1500 年前后的世界大体格局。1500 年的时候，人类文明主要分布在旧大陆，也就是亚欧大陆。美洲那时候还没有被纳入到文明体系之内，1492 年哥伦布才发现美洲，而且哥伦布发现的美洲是一个相当落后、相当原始的美洲，因此谈 1500 年前后的文明就只能谈旧大陆的文明。在 1500 年前后，旧大陆的人类文明经过几千年的发展，基本上形成了一个比较稳定的文明格局，这个文明格局可以按照不同的文化传统，特别是根深蒂固、源远流长的传统宗教—伦理价值系统，大体上分为三大块。

最西边的一块就是欧洲，那个时候的西欧还没有进行宗教改革，还是罗马教会一统天下的西欧，整个西欧都受天主教信仰的深刻影响。那时候的欧洲经济发展水平比较低，而且还没有形成今天我们所知道的那些民族国家，比如说法国、英国、德国等。这些国家当时还处于生长、形成的过程之中，所以政治上是非常混乱的。当时欧洲正处在封建制度下，而欧洲的封建制度，是真正的、名副其实的封建制度。"封建制"这个概念首先不是一个政治学概念，而是一个经济学概念，准确地说，是一个政治经济学概念。封建制就是指一种层层分封的采邑制度，一个王国可以分封为几十个、上百个诸侯领地，每个诸侯领地又可以进一步分封为许多更小的骑士领地或封建采邑。每一块封地或采邑即使再小，也拥有完全的经济、政治和司法权力。这样就形成了一种国中有国，一般民众只知其经济上的归附者、不知其政治上的统治者的现象，从而使整个欧洲在政治上和经济上陷入一种四分五裂的混乱状态。在这种封建状态下，西欧社会的文明程度相对于处在大一统的中央集权状态下的中国社会而言，可以说是明显落后的。在长达一千年之久的中世纪历史中，西方社会主流的文化形态就是天主教所宣扬的那一套观念，它教导人们应该将眼光投向天上，而对人世间的东西不太关心。

正是由于这样的价值取向，使得中世纪西方人对于发展世俗文化缺乏兴趣，乃至于到15、16世纪时，今天大家耳熟能详的"进步"概念，对于西方人来说却是知之甚少。为什么呢？原因很简单，如果人们都把眼光投向天国，而对人间的事情缺乏兴趣，那么当然人间就不存在什么进步的问题。那时只有一种划分，要不然是人间，要不然是天堂，人间是没有希望的，因此它不存在进步。进步是启蒙时代所产生的一个观念，那就是相信在人世间，随着历史的发展和知识的积累，人类的状况会一天比一天更好。这样一种进步观，是中世纪的人们所没有的。中世纪就是简单的两分，天国和人间，人间是糟糕的，随时准备放弃的；而天国则是光明纯粹的，尽管只是一种理想。

到了1500年前后，西方社会已经发生了一些内在的变化，很多新生事物的萌芽正在悄然酝酿之中，不过在当时还看不出什么端倪来，基本上还是处于朦胧状态。这就是西方基督教世界的大体状况。当然，当时的基督教世界，从更广泛的意义来说，还应该包括东欧的、也就是起初以拜占廷帝国、后来以俄罗斯为中心的东正教世界。这个亚文化圈在当时也同样很落后，尤其是在1453年君士坦丁堡失陷、东正教中心向俄罗斯北移之后更是如此。所以1500年前后的整个西方基督教世界，大体上是这样的一个局面，即经济上落后、政治上分裂、文化上凋散。

旧大陆东部，也就是我们今天所在的中国，或者以中国为中心的东亚文化圈，那个时候可以说正好处在传统文化发展的高峰状态，这就是明朝。大家知道，中国传统文化发展到宋明时期达到了顶峰，充分展现了中华文明的辉煌。而且经济上也已经出现一些新的萌芽，我们可以称之为资本主义萌芽，商品流通达到了一定的水平，在中国已经出现了徽商、晋商这样一些职业商人，推动了商品经济的发展。在明朝中叶以后，在很多大城市都设有钱庄，人们出门不用带银子，带着银票就可以在很多大城市的钱庄里兑现，由此可见商品经济的发展水平是比较高的。

在政治上，大家知道自从秦始皇之后，中国建立了中央集权的郡县制，形成了所谓"普天之下莫非王土、率土之滨莫非王臣"这样一种大一统的政治格局。这种政治体制虽然也存在着很多问题，比如官僚体制的腐败、行政效率的低下等，但是总的来说比四分五裂的西欧社会在行政效率上要高得多。至于文化方面，那就更不用说了。大家知道，宋明时代中国文化已经达到了非常高的水平，哲学思想上形成了宋明理学，是儒家发展的第二个高峰。在文学、艺术方面，从唐诗发展到宋词之后，又出现了明清的小说，元曲之后也出现了戏剧。还有其他方面的发展，在这里就不一一列举了。

相比起1500年前后的西方基督教世界而言，中国儒家伦理文化的发展水平无疑要高得多。西方世界是信仰基督教的，而中国的大明朝则是奉行儒家伦理的。儒家思想在明朝可以说已经深入人心、家喻户晓，成为中国人自觉奉行的一套价值体系和观念形态。自从汉武帝罢黜百家、独尊儒术之后，经过了一千多年的发展，到了明朝，儒家思想可以说已经深入人心，中国人都自觉地奉行儒家的仁义礼智、忠孝节悌等价值观念和行为规范。

在这两个世界之间，还有一个广大的伊斯兰教世界。从中亚一直到西亚、小亚细亚和北非，甚至包括东欧的巴尔干地区，这一大块地方基本上都是穆斯林，也就是伊斯兰教徒的天下。那个时候，从中国的西部一直到欧洲的东部，这么一大块广阔的土地都属于伊斯兰教世界。在16世纪前后，整个伊斯兰教世界又可以大体上分为三个国家。一个就是今天伊朗那一块地方，前身是波斯，今天是伊朗，16世纪初出现了一个统一王国，叫作萨非王朝。第二个是在今天的南亚次大陆，也就是印度，印度的老百姓虽然是信奉印度教的，但是当时的印度被信仰伊斯兰教的突厥入侵者所统治，这些突厥人建立的王朝叫作莫卧儿王朝。这个王朝的统治者是信奉伊斯兰教的，虽然被统治的广大印度人民是信奉印度教的，因此我们仍然把它看作是一个伊斯兰教国家。在广阔的伊斯兰教世界中，最强大的国家就是最西边的奥斯曼帝国，它是由土耳其人建立的一个帝国。土耳其人也是突厥人的一支，同时也是穆斯林，他们建立了一个大帝国，叫作奥斯曼帝国，这个帝国在1500年前后可以说是如日中天，势力范围相当大，而且对基督教欧洲形成了一个明显的威逼之势。1453年，奥斯曼土耳其人攻陷了屹立在亚欧大陆咽喉部即博斯普鲁斯海峡上的一个欧洲堡垒，这个堡垒叫作君士坦丁堡，土耳其人攻占后把它改名为"伊斯坦布尔"。

君士坦丁堡是怎样的一个城市呢？君士坦丁堡是东罗马帝国的首都，或者说拜占庭帝国的首都，是在4世纪时由罗马帝国皇帝君士坦丁大帝建立的城市。由于它的地理位置非常重要，正处在亚欧大陆的接壤处，扼据着博斯普鲁斯海峡，构成了亚洲与欧洲之间的一个重要堡垒。自从7世纪伊斯兰教崛起、形成了阿拉伯帝国之后，喜爱扩张的阿拉伯帝国曾经多次入侵西方，但是都被有效地遏制在君士坦丁堡城前。然而，到了1453年，奥斯曼土耳其人终于把君士坦丁堡攻陷了，而且在此之前奥斯曼土耳其人已经把巴尔干半岛占领了，君士坦丁堡已经成为一座孤城。因此，在1500年前后，基督教欧洲设在东方的坚固堡垒君士坦丁堡被攻陷了，整个巴尔干半岛从西方基督教世界转向了伊斯兰教世界。这意味着什么呢？意味着当时欧洲在东方的前线，已经由亚欧大陆接壤处退缩到中欧这一带，退缩到多瑙河，退缩到匈牙利和奥地利这些地方。大家在地图上看看，匈牙利、奥地利基本上属于中欧了，是欧洲的腹地，也就是说在1500年前后，欧洲的腹地变成了西方基督教徒抵抗东方穆斯林的前线。在这个意义上，当时对于西方基督教徒来说，日子确实不好过，他们深切地感受到了一股强大的压力。因为奥斯曼土耳其这个国家倾向倾向扩张，来势汹汹，不仅从正面威逼多瑙河，而且也占领了埃及、北非，威胁着直布罗陀海峡那边刚刚完成光复的西班牙。由此可见，基督教欧洲的情况确实是比较糟糕的。如果在座诸位回到当时的世界格局中，我敢断定没有一个人在面对这种世界格局时，会相信未来历史的领导权将属于西欧。因为当时西欧的状况太令人沮丧了，经济上落后，政治上混乱，文化上凋敝，而且还面临着伊斯兰教徒，特别是奥斯曼土耳其人的咄咄逼人的攻势。在这样的情况下，没有一个人会认为西欧将成为引导世界潮流的领航员，或者是未来世界的领导者。

20世纪美国有一位著名历史学家，叫斯塔夫里阿诺斯，他写了一本很著名的书，现在到处都可以买到，叫作《全球通史》。在《全球通史》里，他写道，如果1500年前后火星上有一个观察者，他看了旧大陆三分天下的格局之后，一定会认为未来世界如果不是属于武力强盛、咄咄逼人的奥斯曼帝国，就一定是属于经济繁荣、文化昌盛的大明朝，没有一个人会相信欧洲将会独占世界之鳌头。他指出，那个时候的欧洲人，面对着奥斯曼帝国的军事威逼，以及从13世纪马可·波罗父子等旅行家回到欧洲以后辗转流传的关于东方富庶的那些传说中，他们对遥远的东方充满了憧憬之情。他们当时对中国、印度等地的向往，就如同改革开放之初很多中国人对西方社会的向往一样，充满了自我菲薄和奇思异想的色彩。实际上那个时候的欧洲人，他们关于中国和印度等东方文化的知识，掺杂着许多夸张和想象的成分，真假难辨，良莠混杂。正是这种明显的落后状态，激发了西方社会的一系列文化变革活动，从而使欧洲乃至整个世界的面貌发生了根本性的变化。追溯这些变化的根源，既有现实的挑战，也有历史的原因。这两个方面的原因，导致欧洲社会发生了一些重大的变革。

（二）西方文化传统与基督教背景

　　谈到历史根源，我先给大家简单地介绍一下广义的西方文化传统，这种传统从大的方面来说可以分为三大块。第一个是希腊的，也就是西方人称之为"文化摇篮"的希腊文化，西方文化最初是在希腊文化的摇篮中生长的。第二个是罗马的，或者称为拉丁的，这是西方文化发展的青年时期。第三个就是基督教文化，基督教文化很难说跟哪一个民族可以直接挂钩，但是它对于欧洲北部的那些民族，也就是广义的日耳曼民族，影响非常大。当日耳曼民族在5世纪作为入侵者进入文明的罗马帝国时，它还是一个野蛮民族，还没有进入文明状态。它是在定居于罗马帝国的土地上之后，才开始了文明的教化过程，而这种文明教化工作在很大程度上是由基督教会来完成的。我老是喜欢形象地说，对于日耳曼民族来说，基督教就是它的安身立命之本，这个民族是听着基督教的安魂曲长大的。大家都知道，基督教最初是在罗马帝国的苦难环境中发展起来的，经过几百年的奋斗，基督教在4世纪终于被罗马统治者承认为合法宗教，不久又被确立为罗马国教。在后来的蛮族大入侵过程中，日耳曼蛮族把罗马帝国的一切文化成就都摧毁了，但是却唯独把基督教保留下来，而且还接受了基督教的信仰，普遍皈依了基督教。乃至于到了7世纪的时候，欧洲几乎所有的人民都全部成为基督教徒。对中世纪的西欧人来说，教堂就是他们重要的生活中心，一个人从生到死的所有活动都与教会、教堂、宗教事务密切联系在一起，基督教因此而成为全民宗教。在这样的情况下，我们说基督教对于日耳曼人，对于北半部欧洲人的影响要比对南半部欧洲人的影响更大。我说的这个基督教是指广义的基督教，既包括宗教改革之前的天主教，也包括宗教改革以后的新教。

　　正是由于这样，从5世纪日耳曼蛮族入侵，到7、8世纪所有欧洲人民接受基督教信仰，欧洲逐渐成为一种基督教文明，整个中世纪的西欧可以说都是在基督教理念的笼罩下发展的。当时的欧洲在经济上和政治上处于分崩离析的封建状态中，这种分裂的状态客观上又为罗马天主教会的一统天下创造了条件。正是因为世俗王权积弱不振，皇帝和国王们徒具虚名，所以就为罗马天主教会和教皇凌驾于世俗王权之上提供了方便之门。当时罗马天主教会自称掌握着人们灵魂上天堂的钥匙，而且它宣扬的那一套理念，认为现实世界的生活是不值得留恋的，人生主要是为彼岸世界而奋斗，此生此世只不过是为了给来世做准备，现实生活对于人们来说，无非就是彼岸生活的一个预修学堂，先在这个世界上修炼一番，然后才有资格到那个世界去。这套观念在我们今天来看是很荒唐的，但是在当时是深入人心的，没有一个人不相信，为什么呢？道理很简单，因为人们从小就受这种观念的教养，怎么可能不相信它呢？而且当时整个中世纪文化水平都非常低，一般的人、一般的阶层，甚至王宫贵戚、国王、诸侯等都不识字，没有文化，只有哪一个阶层识字有文化呢？只有教会里面的教士阶层，即神甫、主教等，他们有文化，但是他们的文化也只限于基督教的信仰和经典方面。我们今天到书店里看到的汗牛充栋、琳琅满目的现象，在中世纪根本不可想象，一直到17世纪为止，欧洲的印刷品在内容上仍然有90％以上是与《圣经》相关的，世俗的读物基本上没有什么。在那个时代，一个人即使有钱也没有地方去接受世俗教育，我们不能用今天的眼光去看那个时代，那个时代是很愚昧、很保守的，但是人们的信仰又是很虔诚的。正是因为愚昧、保守，什么都不知道，所以就坚信教会所宣扬的那一套道理，从生到死坚信不移。

正是由于罗马教会高高地凌驾在世俗王权之上，这样一种格局就导致了整个罗马教会的腐败，因为它的权力是至高无上的，不受制约的，这种绝对的权力很容易导致绝对的腐败。到了中世纪后期，西方基督教世界中的一切社会矛盾和文化问题，说到底都是由于罗马教会的不断加强的专制统治所导致的。在经济方面，教会在名义上宣称自己是引导人类灵魂上天堂的阶梯，是为了帮助人们实现灵魂从此世向彼岸的过渡，然而在事实上教会却成为最大的庄园主，拥有欧洲大量的庄园土地。我一会儿就要讲到，西欧近代资本主义发展，其中有一个很重要的前提就是教产还俗，即国家剥夺天主教会和修道院的财产，把它廉价卖给乡村地主，这些人就成为了最早的资产阶级。教产的问题是一个大问题，过去我们做历史研究的人不注意这个问题，实际上当时欧洲最大的财主是谁啊？是教会。教会利用掌握人们灵魂上天堂的钥匙这种精神特权，也逐渐地控制了社会的经济资源。

另外在政治上，由于世俗王权分崩离析，教会反过来可以超越王权。而且它制造了一套理论，这套理论说世俗王权的根据就是上帝，也就是说，王权来自于教权，"恺撒"的权力来自于"上帝"。大家都知道，在欧洲一直到拿破仑时代，欧洲的君主不仅是世袭的，而且每个君主要获得政治上的合法性，必须要接受罗马天主教皇的加冕，要由罗马天主教皇代表上帝亲手把王冠戴在他的头上、把权杖授予他，这样他的统治才具有合法性。这种传统在欧洲也是根深蒂固、源远流长的。拿破仑这样一个叱咤风云、称霸一时的枭雄，为什么要与原配夫人约瑟芬离婚？原因很简单，因为他是一个平民，在欧洲传统中，只有具备王族——如哈布斯堡家族、波旁家族等——血统的人才能成为皇帝和国王。一个平民即使通过僭越的方式获得了权力，欧洲各国君主是不会承认你的，你没有合法性。拿破仑固然可以通过武力来称霸欧洲，但是他死了之后怎么办？他的儿子如何可以合法地继承王位，这是一个大问题。拿破仑之所以要与自己的结发之妻离婚，就是因为他必须娶一个有哈布斯堡家族血统的妻子，只有这样，他们所生的孩子才可以合法地继承拿破仑帝国。大家知道，拿破仑尽管是一个打遍天下无敌手的法国皇帝，但是他也得把罗马天主教皇请到枫丹白露宫来为他加冕。尽管他非常狂妄地把王冠从教皇手上拿过来戴在自己的头上，但是毕竟还是要接受教皇的加冕，这是一个传统。从这里可以看出，教会当时在政治方面也是超越王权的，而且那套理论就叫作"君权神授"，也就是说皇帝的权力是来自于神的，而罗马教皇被看作是神在尘世的代理人。

至于文化上，那就更不用说了，欧洲中世纪所有的文化都与基督教有关系，都与信仰有关系。在中世纪，教会人士是唯一掌握知识的社会阶层，从这个意义上说，在文化方面教会更是对整个社会形成了一种独断的权力。正是由于这样，所以欧洲近代的任何变革都要从宗教的变革开始，这是马克思、恩格斯的一个重要观点。黑格尔也曾经说过，如果以为欧洲的变革可以不经过一场宗教变革就获得成功，那是痴心妄想。为什么这样说呢？因为当时所有的社会问题都是由教会主导的，因此变革当然还得从教会开始，这叫解铃还需系铃人，对症下药。既然中世纪的一切社会问题，包括经济、政治、文化问题，都是由于当时罗马天主教会一统天下的专制所导致的，那么任何现实的变革也必须从宗教的变革作为开端。在这个意义上，宗教改革无可争议地成为了西方社会变革的逻辑起点和历史起点。

欧洲近代的变革可以分为两方面来讲，第一个是观念形态方面的变革，主要涉及人们的思想观念、精神文化，这些东西很重要。举个例子来说，今天中国人的思想与改革开放以前、与"文化大革命"的时候相比，可以说是发生了根本性的变化。这个变化是潜移默化的，无形之中日积月累地发生的，乃至于你今天想一想当年"文化大革命"时你所信奉的那一套理论，自己都觉得很好笑。这说明观念变化是很重要的，我们今天的生活是在今天的观念支配之下的，同样，在"文革"时期，我们的行为是受另一套完全不同的观念支配的。由此可见观念变革的重要性。人毕竟是一个思想在先的动物，人是有理性、有精神的动物，他的任何行为都是有目的的、有意图的，所以思想的变化肯定是在先。我们改革开放首先要解放思想，解放思想才可能改造世界。我老喜欢说，一个人只有改造了自身才能改造世界，你把自己改变了，世界也就随之改变了。这是一个很简单的道理，就是因为太简单，所以我们反而看不到，离我们眼睛最近的东西恰恰就是我们看不到的东西，那就是双目之间，我们永远看不到，因为它离眼睛太近，这是一个很简单的道理。这是我所说的一个方面，即文化方面的变革，它涉及精神、涉及思想、涉及观念。

第二个就是实践领域里的变革。实践领域里的许多变革刚开始时是不被人们所意识到的，那些无形中推进实践变革的人们最初往往是糊里糊涂的。近代初期西方社会在经济生活方面的最初变化，或者我们今天称之为资本主义萌芽的东西，那些推行者们本人是不知道的，但是这些变化或萌芽在客观上却导致了非常深远的影响。人们最初的一些实践活动可能是迫于无奈，没有想到在几百年之后，这些活动出人意外地结出了硕果，这个硕果是始料未及的。

现在我先讲讲观念形态方面的变化，然后再来看实践领域。

说到观念形态，我们必须从宗教改革开始谈起，为什么呢？还是那一句话，既然欧洲中世纪所有的社会问题都是罗马天主教会一统天下的专制格局所造成的，因此一切现实的变革都必须从基督教的内部变革开始。15、16世纪欧洲发生了两场很重要的文化变革运动，一场是在南部欧洲，主要在拉丁语世界，以意大利为中心，包括西班牙、法兰西，这就是拉丁语世界中的文艺复兴，以及在文艺复兴运动中所产生的人文主义思潮；另外一场运动是在北方日耳曼语世界中发生的，以德国为发源地，还包括瑞士、荷兰、英国、北欧斯堪的纳维亚半岛等广义的日耳曼语世界，这场运动就是宗教改革。这两场运动对于我们中国人来说都很熟悉，我们都把它当作西方中世纪社会向现代社会过渡的重要枢纽。这两场运动共同构成了西方文化突破中世纪罗网、走向现代化的一个开端或起点。但是，这两场运动的意义是不太一样的，它们对后世的影响也大不相同。

（三）文艺复兴与宗教改革

我们先来看看文艺复兴。大家都知道，中世纪西欧的基督教文化是排他性的和不宽容的，它把基督教以外的任何其他宗教都斥为异教，采取赶尽杀绝的态度。对基督教产生之前的希腊文化，也当作异教文化来加以排斥，从而使得曾一度辉煌无比的希腊文化，在中世纪一千年的时间里，几乎在西欧绝迹。而文艺复兴运动的表面意义，就是要在黑暗愚昧的基督教世界里面重新复活灿烂辉煌的希腊罗马文化。人们通常认为，1453年君士坦丁堡被土耳其人攻陷，大量君士坦丁堡的希腊人逃回了欧洲，就给欧洲带回了阔别千年之久的灿烂辉煌的希腊文化，从而使得生活在黑暗中的那些基督教徒们猛然觉醒，发现原来自己祖上还有过如此辉煌的文化，于是就掀起了一场学习古典文化的热潮，这样就引发了文艺复兴运动。然而事实上，文艺复兴并不是这么简单的一件事情，它的目的也不仅仅只是要复兴古典文化，只不过是以此作为旗帜，实际上是要突破基督教那种陈旧的观念，要在基督教信仰中更多地充实一些人性的色彩。我们现在问文艺复兴以及它所导致的人文主义，其意义究竟在哪里？那就是用人性来取代神性，由人道主义来取代神道主义，用人世间的幸福来取代天国的理想，号召人们理直气壮地去享受现实生活，而不要为了一个虚无缥缈的理想放弃现世的享乐。这就是文艺复兴和人文主义的基本要求。

正因为如此，所以文艺复兴和人文主义的文化成就，主要表现在感性的层面，即文学艺术方面。感性层面的东西是直观的，一眼就可以看到的，不需要进行什么深刻的思考。大家可能都看过达·芬奇、米开朗基罗、拉斐尔、提香、波提切利等人的艺术作品吧，请问，这些艺术作品的魅力在哪里呢？很简单，它充满了一种感性的，甚至是肉欲的色彩，充满了对人间生活的赞美之情。与中世纪的艺术作品相比，这些艺术大师笔下的人物从头到脚充溢着一股人性味，他们把女人画得又像一个女人了，把男人画得又像一个男人了。然而在中世纪的艺术作品中，女人没有女人味，男人没有男人味，中世纪不允许人体解剖，所以对人体透视掌握比较差；另一方面，基督教的理念是通过肉体与精神的反差而表现出来的，一个人在肉体上越是干瘪，他的精神就越显得丰盈。童贞女玛丽亚越是不像一个女人，她就越像一个圣母；基督耶稣瘦骨嶙峋，忍受着被钉十字架的痛苦，但是这苦难的象征恰恰向你昭示了天国的希望和光明。就是一种强烈的反差，基督教的艺术是反差的艺术。但是文艺复兴又恢复了希腊的直观艺术，作品中充满了赤裸裸的人性味和肉欲色彩。大家看看达·芬奇的作品《蒙娜丽莎》，少妇的微笑，还有拉斐尔的《西斯廷的圣母像》，尤其是波提切利的《维纳斯的诞生》等艺术作品，他们画的无论是世俗的女子蒙娜丽莎、圣母玛丽亚还是希腊神话中的人物，都是一些感性十足的女人，你看到这样的女人就难免会对她产生一种世俗的爱。这些作品向你展现了一些有血有肉的女人和男人，它们告诉你，人间的事物是可爱的，人们没有必要为了一个虚无缥缈的天国理想而放弃人生的享乐。

文学作品也是这样。当时的文学作品比如说薄伽丘的《十日谈》、拉伯雷的《巨人传》、塞万提斯的《堂吉诃德》等，这些著作里有针砭现实、揭露天主教会虚伪的内容，但是还有一个很重要的方面，就是它们公然宣扬人应该享受人世间的快乐。年龄大一点的人都知道，早在"文革"之前，在我们的教科书里，薄伽丘的《十日谈》就被说成是文艺复兴的代表作，是突破中世纪宗教蒙昧和教会伪善的一部力作。然而就是这样的力作，一直到我们上大学的时候，一直到 20 世纪 80 年代初期甚至更晚的时候，学校的图书馆都不借给你，为什么？原因很简单，因为它虽然揭露了中世纪教会的腐朽、愚昧和虚伪，但是它同时也充满了对人间两性快乐的赤裸裸的描写，就像中国的《金瓶梅》一样，所以在中国一直被认为有诲淫之嫌。

文艺复兴和人文主义就是这样公然地宣扬人应该满足这些人性的欲望，14世纪的文艺复兴主将彼得拉克有一个著名口号，他引用古罗马诗人的一句诗文："我是人，人所具有的我都具有。"我是人嘛，所以我应该像人一样生活，人所具有的七情六欲我都具有，而且我应该理直气壮地、毫无羞愧地满足它。文艺复兴时期的人文主义者主要集中在意大利，他们公然主张满足人的欲望，从而导致了整个意大利文化的开放性，而且这种开放性甚至有一点矫枉过正的特点。意大利在南部欧洲，是拉丁文化圈的中心，15世纪前后意大利人的文化水平要比北方人高得多，因为它有罗马文化的渊源。意大利人富有文学天才和艺术天才，再加上他们的个人主义色彩非常浓郁，意大利人素来敢为天下先，什么都敢干，所以他们不怕突破当时天主教的清规戒律。正是这种艺术天才和个人主义品性，一个方面使意大利人率先突破了中世纪禁欲主义的罗网，另一方面也使他们在道德方面极其堕落和腐败。从某种意义上说，文艺复兴时期的意大利人用公开的放纵取代了天主教会偷偷摸摸的堕落。

中世纪后期天主教的那套道德体系是一个虚假的道德体系，正如薄伽丘在《十日谈》里所揭露的，教会人士说的是一套，干的又是一套，对基督教信仰阳奉阴违。从理论上说，教会是引导人的灵魂上天堂的一个阶梯，是接引人的灵魂进入天国的一个门槛，但是实际上教会却利用其所掌握的经济资源和政治权力，为所欲为。教会的神职人员，神甫、主教和教皇们，穷奢极欲，无恶不作，中世纪西欧社会的各种丑恶事情莫不出自于教会，乃至于彼得拉克当时愤怒地把罗马天主教会称之为"全世界的臭水沟"。主教和神甫们嘴里说的是一些拯救灵魂的冠冕堂皇之语，号召人们不食人间烟火，过一种禁欲生活，但是自己却干一些蝇营狗苟、卑污龌龊之事，从而导致了一种严重的二元分裂和普遍的虚伪。这种二元分裂和普遍虚伪成为中世纪后期西欧社会最令惊心触目的现象，整个基督教社会都陷入了虚伪之中，这是一种体制化的虚伪，人人都说一套干一套，说的与干的、理论与实践严重地分裂了，整个社会就在这种自欺欺人的虚假状态中苟延残喘，这就是中世纪晚期基督教社会的基本情况。

这样的情况下，文艺复兴运动最重要的意义何在呢？它的意义就在于公开地戳穿这种虚伪。人文主义者公开地表示，人就应该言行一致地去追求现世的幸福。我怎么做的就怎么说，我所做的就是要满足人的欲望，我同时也公然为满足这种欲望的要求做辩护，这没有什么不好意思的。人文主义者号召人们理直气壮地满足自己的自然情欲，在这一点上，他们甚至有些矫枉过正。正是因为这样，文艺复兴时期的意大利就是一个公开堕落的地方，在北方民族的眼里，意大利人就是天生的恶棍。但是这种公开的堕落、公开地满足人的欲望，恰恰是揭露或者冲破一种虚假的道德体系的最有效的手段。我喜欢说这样一句话：对于一种虚伪的道德体系来说，最好的克服方法就是彻底地不讲道德，想怎么干就怎么干。这种矫枉过正的做法是摧毁一种伪善道德体系的一副猛药，但是它只能解一时之需，无法长久。过去我们宣扬文艺复兴，就只说它好的一面，但是它也有一些负面的东西，那就是道德体系的彻底崩溃。大家如果感兴趣，可以看西方一位研究意大利文艺复兴的权威作家布克哈特所写的《文艺复兴时期的意大利文化》一书，他描写了文艺复兴时期意大利人在道德上如何败坏、政治上如何混乱，但是他们恰恰是思想解放的。正如我刚才所说的，突破一种虚假的道德体系的最好办法就是彻底地不讲道德。

文艺复兴运动及其所产生的人文主义思潮，尽管在南部拉丁语世界中产生了巨大的文化效应，冲破了罗马天主教会虚伪的禁欲主义罗网，并且创造了琳琅满目的艺术成就，但是对于阿尔卑斯山以北贫穷、愚昧、落后的日耳曼民族来说，却并没有引起什么强烈的反响。为什么会这样呢？原因是多方面的。第一，日耳曼人不像意大利人那样，有一个辉煌的古代文化可以复兴。如果文艺复兴意味着意大利人对自己祖辈创造的古典文化的复兴，那么日耳曼人却没有任何值得炫耀的东西可以复兴，他们的祖先是一批来自原始森林的蛮族入侵者。第二，在15世纪前后，北方日耳曼人的生活状况与一千年之前相比，并没有什么显著的变化，他们生活在欧洲最愚昧、贫穷、落后的环境中。这种愚昧、落后的生活状况是保持一种虔诚的信仰和朴素的道德的最好土壤，因此日耳曼人既不满意罗马天主教会的虚伪勾当，同样也不喜欢意大利人的公开堕落。

正因为这样，当时北方日耳曼语世界的人们对于南方拉丁语世界的文艺复兴和人文主义不感兴趣，北方日耳曼人既没有什么可以复兴的文化传统，也欣赏不了那些雍容华贵的高雅艺术品。即使在今天，在座各位看一看米开朗基罗、达·芬奇、拉斐尔的作品，特别是波提切利的那些绘画，你都会觉得这些作品从头到脚灌注着一种富贵气，那不是一般人可以欣赏得了的。这些雍容华贵的东西，对于一个北方蛮子来说，如何能够消受得了？用鲁迅先生谈《红楼梦》时的一句经典名言来说，"贾府里的焦大是不会喜欢林妹妹的。"林妹妹固然很美，但是焦大是一个粗人，他不喜欢娇滴滴的林妹妹。同样，北方的蛮族也不喜欢文艺复兴时期意大利人的艺术作品，他们欣赏不了，享受不了。更重要的是，贫穷、愚昧、落后、闭塞的生活环境培养造就了一种淳朴的道德和虔诚的信仰，所以他们看不惯南方意大利人公开的堕落。这情况就有点像我们刚刚改革开放的时候，黄土高原上的那些相对封闭、落后的老农民，看不惯东南沿海的改革开放，在他们看来，东南沿海城市的灯火酒绿、纸醉金迷的繁荣景象恰恰象征着一种道德的堕落。

在当时的英国人和北部欧洲人眼里，意大利人就是恶棍的代名词，在莎士比亚的剧作里，坏蛋几乎都是意大利人，如《奥赛罗》中的伊阿古、《辛白林》中的阿埃基摩等。为什么伊阿古等人是恶棍？原因很简单，因为他是意大利人，所以他肯定坏，意大利人的本性就是邪恶，这是当时北欧人对南欧人的一种普遍看法。北欧人认为南欧人有教养、有文化，同时也奸狡、邪恶。英国当时有一句谚语，"一个意大利化的英国人就是一个魔鬼的化身！"正因为如此，莎士比亚剧作中的许多坏人都是意大利人。

马丁·路德是德国人，宗教改革的领袖，他早年还是一个修士时，就对罗马充满了仰慕之情，就像穆斯林对麦加充满了崇拜，要去朝圣。后来他找了一个机会去罗马朝圣，他怀着敬仰之心来到罗马，但是到了罗马一看，没有想到罗马竟是那么乌烟瘴气、人欲横流！当时的罗马虽不算大，却是一个非常繁荣的城市，在这个小小的罗马城，在这个天主教的中心，光是妓女就有一万多名，罗马天主教皇的鼻子底下竟然是如此公然地堕落！路德出于一个北方人的淳朴，立即就感觉到罗马是一个魔鬼的渊薮，从此以后他就对罗马充满了厌恶之情，这种道德上的怨恨也是促使路德进行宗教改革的重要原因之一。总的说来，北部日耳曼语世界中的人民贫穷、愚昧、落后，同时观念比较保守，信仰比较虔诚，道德比较淳朴，这些人当然对罗马天主教会的道德伪善充满了愤慨，但是他们也同样不喜欢意大利人文主义者骄奢淫逸的纵欲主义。正因为如此，当南部拉丁语世界中的人们卷入到文艺复兴运动和人文主义思潮中的时候，北方日耳曼语世界中的人们基本上对这场运动没有做出什么回应。但是，与文艺复兴相对应，北方日耳曼语世界发起了宗教改革运动。

宗教改革是一场平民运动，是来自于大众的运动，它不像文艺复兴那样主要是知识分子的运动、文化人的运动，也不像后者那样充满了雍容华贵的富贵气息。在与罗马教会的关系方面，宗教改革运动遭到了罗马教会的猛烈攻击，但是文艺复兴运动却居然得到了罗马教会的支持和保护。有些比较细心的人可以感觉到，一方面我们说文艺复兴是反罗马天主教会的、反宗教的，但是另一方面，为什么米开朗基罗、达·芬奇、拉斐尔的作品可以堂而皇之地被画在圣彼得大教堂、西斯廷教堂以及其他各个大教堂上？如果没有罗马教皇的支持，没有罗马教廷的默许，这些能画上去吗？很明显，当时人文主义者想干的事情，就是罗马天主教皇和神职人员们想干、但是却碍于身份不便干的事情。当时一些教皇本人就是著名的人文主义者，如利奥十世等，而且还有很多教皇支持人文主义者，花钱聘用他们在教廷任职，让他们把作品画在教堂墙上。从这个意义上来说，人文主义者并不想从根本上颠覆基督教，而只是想用人性来充实基督教，把基督教变得更多一些人情味、人性味，更多一点人间的色彩。就这一点而言，人文主义者与教皇、教会主教们的想法正好不谋而合。出身于意大利梅第奇等显贵家庭的教皇们热衷于附庸风雅，虽然碍于身份不便于公然奉行人文主义，但是他们一般都对文艺复兴和人文主义充满了同情。但是对于宗教改革运动，情况就不同了。宗教改革运动的初衷原是为了纯洁教会、坚定信仰，但是这场要求纯洁教会的改革运动却遭到了罗马天主教会的猛烈抨击，最后竟然导致了整个基督教内部的分裂，从铁板一块的天主教世界中分裂出来了一些彼此独立的新教阵营。

从宗教改革运动的动机与结果来看，它充分体现了一种历史的辩证法，或者我们把它叫作"吊诡"，即明明你想向东，但是结果却是向西。宗教改革也是这样，它的初衷本来是想纯洁教会，想革除罗马天主教会的腐败，想重振早期基督教会的真诚信仰和淳朴道德，但是没想到结果却造成了基督教的分裂，结束了罗马天主教会一统天下的专制格局，并且在客观上推动了资本主义的发展。时至今日，我们再回过头来评价一下宗教改革运动，可以说，在15、16世纪的这两场运动中，宗教改革对于后来西方社会现代化的影响远远超过了文艺复兴。我刚才用到了"辩证法"或者"吊诡"这个词，宗教改革运动的发起者们从来没有想到他们居然可以开启出资本主义的滔滔洪流。他们在主观上只是想保持教会的纯洁、信仰的纯正，绝对没有想到这场宗教改革运动竟然会导致这样的历史后果。

（四）马丁·路德的宗教改革与自由精神的生长

宗教改革的内容很多，我只给大家讲讲新教的三大主流教派是如何影响欧洲的经济、政治和思想的。

首先给大家介绍一下宗教改革运动最初的发起者马丁·路德，他点燃了宗教改革的导火索。路德进行宗教改革的主要原因是出于对罗马天主教会腐败的义愤，以及对罗马天主教会名义上讲信仰、实际上干坏事的虚伪的反感。在中世纪，人们最关心的问题是灵魂得救的问题，不论是王公贵族还是平头百姓，不论是知识阶层还是文盲，大家都关心如何得救，得救是一个大问题。由于从小受基督教观念的影响，人们都承认现实世界是一个罪恶世界，由于始祖亚当夏娃所犯的原罪，人人都是生而有罪的，而人一生的努力就是为了让灵魂将来可以摆脱罪而进入天国。但是罪人的灵魂如何才能得救呢？在中世纪，罗马教会和教皇、主教们掌握着人们灵魂上天堂的钥匙，你的灵魂能否得救的问题要教会说了算，教会说赦免你，你就得救了，因为它代表着上帝。当时的教会为了搜刮民脂民膏，充分利用手中的权力为自己牟利，就宣布了很多形式化的得救方式，比如说你参加基督教军队东侵去屠杀异教徒，这就是灵魂得救的一个途径；比如说你把钱财捐献给教会，这也是灵魂得救的一条途径；还有去购买那些所谓的"圣徒遗物"，什么东西是圣徒遗物由教会说了算，那也是得救之途。最荒唐的是到13世纪以后，教会炮制了一种"善功圣库"的理论，就是说，早期圣徒们所做的善功远远超出了拯救他们罪孽所需要的，这些多余的善功存放在教会里，它们具有赎罪的功能。教会以此为抵押，发行了一批赎罪券，明码实价地标明，多少钱面额的赎罪券可以赎清多少年的罪过。只要你肯掏钱买赎罪券，你的罪过立即就可以救赎。面值越高的赎罪券就具有越强的赎罪功能，不仅可以赎你本人的罪，而且还可以代赎你家已经去世、正在炼狱里受苦受难的祖先们的罪。这种荒诞不经的理论在中世纪晚期的基督教世界里非常流行，无知的百姓们对此信以为真，教会则派人四处游说，公开推销。16世纪初，一位多明我会的修道士台彻尔在德国境内推销赎罪券，所做的宣传是我迄今所听到的最好的广告词，他公然宣称："只要购买赎罪券的钱'叮当'一声落入钱箱，你的灵魂立即升入天国。"正是罗马教会推销赎罪券的丑恶行径激起了马丁·路德的义愤，点燃了宗教改革的导火索。

马丁·路德认为，灵魂得救的问题绝不是靠买赎罪券这件事可以解决的，相反，这种活动只会导致人们的一种虚假：你可以放心大胆地作恶，只要你兜里有钱就可以，这样一来上帝岂不是成了"天堂的守门者"？只要你付足了门票钱，他就会让你挤进去，这不是一件很荒唐的事吗？所以马丁·路德拍案而起，认为这完全是虚假的骗局。他针锋相对地提出一个观点，一个人得救主要靠信仰、靠信心，而不是靠外在的东西。这种"因信称义"的得救观开启了德国民族的自由精神，它的意思是说，每一个人都不需要通过什么赎罪券，也不需要通过教皇、主教、神甫们的中介，只需要凭着内心真诚的信仰就可以直接与上帝进行沟通，领受到上帝的救恩。这种观点在某种意义上把人与上帝的关系简化了，将作为得救中介的整个罗马教阶制度完全抛弃了。马克思认为，马丁·路德创造了一种深为资产阶级喜欢的宗教。马克思在谈到路德宗教改革的意义时，用了几段非常富有哲理的排比句："他破除了对权威的信仰，是因为他恢复了信仰的权威。"过去罗马教会、教皇是权威，罗马教会、教皇说赦免你的罪你就得救了，他说什么有赎罪功能什么就有赎罪功能。现在路德破除了对这些权威的信仰，但是却树立了信仰本身的权威，一个人可以凭着内心信仰直接与上帝发生联系，凭着信仰就可以称义、得救，因此信仰成为最大的权威。信仰是什么？信仰是一种精神，一种内在的自由精神，信不信你自己心里最清楚，可见"因信称义"是用内在的自由精神取代了外在的教会权威。

马克思紧接着说道："他把僧侣变成了世俗人，是因为他把世俗人变成了僧侣。"僧侣就是教会的神职人员，从神甫、主教一直到教皇的整个僧侣阶层，他们被说成是上帝派驻人间的代表，只有这些穿黑袍的教士阶层才能直接与上帝打交道，一般平头老百姓没有这个资格，甚至穿红袍的王公贵族也没有这个资格，他们必须通过教士的中介才能与上帝发生联系。大家知道，近代法国著名小说家斯汤达有一部名著叫《红与黑》，为什么叫这个名字？就是因为于连的父亲想要于连成为穿黑袍的，成为神甫，因为神甫受人尊重、社会地位高。但是于连本人却不想穿黑袍，而想穿红袍，就是想跻身于贵族之列，因为时代不同了，资产阶级化的新贵族正在崛起。所以于连就削尖了脑袋往贵族行列里钻，结果，穿黑袍与穿红袍之间的矛盾导致了于连的悲剧。但是在中世纪，只有穿黑袍的人才能与上帝发生联系，这是确定无疑的。在宗教改革过程中，马丁·路德做了一件伟大的事情，那就是把《圣经》翻译为德文。以前西欧的《圣经》都是拉丁文本的，粗俗的德国人读不懂拉丁文，只能由罗马天主教会派来的那些懂得拉丁文的神职人员向他们发布上帝的旨意。但是现在路德把《圣经》翻译为德文了，每个粗通文墨的德国人都可以直接面对德文本的《圣经》了，每个人都可以通过《圣经》直接聆听上帝的语言了。这样一来，路德就把世俗人提高到僧侣的地位，使他们拥有了以往只有僧侣才具有的精神特权，同时也就把僧侣下降为世俗人。于是，基督教就从一种僧侣的宗教变成了一种平民的宗教，人人都可以研读《圣经》，人人皆为僧侣，只须面对《圣经》就可以得救，因此得救就成为纯粹个人的事情了。

马克思接着说道:"他把人从外来的宗教笃诚解放出来,是因为他把宗教笃诚变成了人的内在世界。"我觉得马克思的评价极其准确、深刻。路德把人们从外在的、虚假的宗教束缚中解放出来,把内在的宗教信仰变成了德国人的安身立命之本。现在人们不再需要服从教会了,因为他们内心深处已经树立起一种自由的信仰,他们只要服从自己内心的声音就够了,这样就把自由作为精神的本质确立起来了。马丁·路德的宗教改革当然有很多意义,但是我觉得很重要的意义就在于给精神赋予了自由,每个人凭着自己的自由精神,就可以直接与上帝交往。当然按照我们无神论的观点,那个上帝是虚设的,但是那是一个最高的、终极性的东西,人总是要设立这么一个终极实在的,你现在与这终极实在之间的交往不再需要一些中介、不再需要教会的干预了,那么你就在精神上获得了自由。这种自由不是外在的自由,是内在的自由。

马丁·路德开启了近代德国自由精神之源端,近代德国人注重发展内在的精神自由,从而使哲学,尤其是唯心主义哲学在德国达到了登峰造极的水平。但是实践方面,在政治经济方面,德国在近代却始终处于落后的状态。从某种意义上来说,马丁·路德确实开启了内在的精神自由,却忽略了外在的实践自由,这是造成近代德国落后的一个重要原因。马丁·路德的宗教改革对后世德国人的影响非常大,海涅甚至认为,路德开创了整个德意志文化。

马丁·路德的宗教改革为什么能够成功?有两个原因,一个是德国广大人民支持他,大学生、平民支持他;还有一个原因,德国当时处于分裂状态,是一个典型的封建社会,当时德国分裂得很厉害,有三百多个大大小小的邦国。在这些邦国中,有许多诸侯支持路德,这些诸侯由于长期以来与罗马教会有矛盾,所以支持路德针对教会的改革。因此路德的宗教改革不仅是宗教方面的变革,同时也涉及日耳曼民族与拉丁民族之间根深蒂固的矛盾,涉及日耳曼封建王侯与教会之间旷日持久的抵悟。路德的改革既有政治方面的原因，也有民族方面的原因，也有文化方面的原因，当然更有宗教方面和道德方面的原因。诸多因素融合在一块，最后使马丁·路德发起的宗教改革运动像一点火星一样落在了日耳曼世界的干柴之上，立即形成了燎原之势，导致了整个宗教改革运动的蓬勃发展。

自从 1517 年 10 月 31 日路德在维滕堡教堂门前贴出著名的"九十五条论纲"、揭开了宗教改革的序幕之后，在短短的两个星期之内，马丁·路德就从一个名不见经传的修道士，迅速地成为日耳曼人心目中的民族英雄。罗马教皇使出了浑身的解数，或者派理论家与路德辩论，或者请神圣罗马帝国的皇帝使用武力对路德进行威胁，但是都没有奏效。为什么呢？因为日耳曼世界大部分人民都支持路德，民心不可违，这样就促成了马丁·路德的改革成功。

马克思在评价马丁·路德的宗教时，说他创造了一个廉价的宗教，一个被资产阶级所青睐的简洁宗教。由于有了内心的信仰，人们就不需要一天到晚被束缚于那些繁褥的圣事之中，不需要那一套繁褥的教阶制度和教会仪式，每个人凭着内心的信仰就可以得救。这种廉价简洁的宗教肯定是为新兴的资产阶级所喜爱的。另一方面，路德所建立的新教也使宗教信仰真正成为内心的事情，成为个人的事情，这个转变很重要。我要再强调一下，我们不能用今天的眼光来看 16 世纪，那个时代的宗教氛围非常浓郁，要想让人一下子就变成无神论者，那是不可能的。路德打破了教会和教皇的权威，但是他并没有，也不可能打破信仰本身的权威，相反，他倒是使信仰的权威牢牢地树立起来，在某种意义上甚至成为后来理性精神崛起的一个重大阻碍。但是在 16 世纪，面对着罗马天主教会的精神专制所导致的一切社会问题，马丁·路德的宗教改革具有划时代的重要意义。

（五）英国宗教改革与民族国家的壮大

下面，我再给大家讲一讲新教的另外两支主流教派，主要是讲它们在经济和政治方面产生的重要后果。一个是英国的宗教改革，英国的宗教改革从一开始就与加强王权的要求联系在一起。我已经说过，中世纪的国家是分崩离析的，正因为国家是封建割据的，所以老百姓对国家是不关心的，中世纪欧洲的一个老百姓往往不知道自己属于哪一个国家，他只知道自己属于哪一块领土或采邑，属于哪一个封建领主。为什么呢？原因很简单，中世纪国家的边境不断地改变，随着王朝国家之间的联姻关系而改变。在中世纪形成了一个惯例，非王族血统者不能成为王侯，王侯将相是有种的。而且王族绝不与平民通婚，所以在中世纪的封建王侯中出现了很多傻子、白痴，因为近亲通婚所致。由于国家的边界随着王室联姻的情况而不断改变，一个老百姓今天属于这个国家，明天就可能属于那个国家。比如说两个王族的孩子结婚，他们所生的孩子就合法地拥有父母双方世袭的领土；将来这个孩子又生了三个儿子，他死后他的国家又被进一步分为三个国家。由于国家的状况老是在变，老百姓就不关心自己是属于哪一个国家的，老百姓没有近代意义上的民族意识。我们所说的近代意义的民族国家，比如我们说自己是中国人，现代西方人说自己是德国人、英国人、法国人或其他民族的人等。但是在中世纪，人们并没有这种民族意识，他们不知道自己是哪国人，因为国家与老百姓没有关系，国家是王族的私人财产，打仗也是王族之间的游戏。所以在这个意义上，老百姓根本没有民族意识，也不关心国家。

到了近代，整个西方的现代化过程有了一个很重要的前提，那就是民族国家的崛起。过去的国家叫王朝国家，近代的国家叫民族国家，民族国家开始有了固定的疆界，不因王室之间的联姻而改变国家的边界和主权。王室的婚姻充其量只涉及国家的继承权，但是不影响国家的边界问题。而且更重要的是民族国家使国家不再是国王的国家、诸侯的国家，而是全体人民的国家，这样人民才会有我是英格兰人、我是爱尔兰人、我是法兰西人等民族意识，人民才会把这个国家当作自己的国家来认同，这是近代的民族国家。那么，民族国家是怎样崛起的呢？它最初就是通过加强中央集权而形成的。

我在给学生们讲课时常常强调，"专制"这个词在中国的政治学辞典中是一个贬义词，但是在西方的政治学语汇里，"专制"在某一个时期曾经是一个进步的概念。专制对于欧洲中世纪的封建状态来说，恰恰是一种超越。怎样才能结束分崩离析的封建制度？很简单，就是把权力收回中央，中国古代叫作削藩，中国从秦始皇以来，"普天之下莫非王土，率土之滨莫非王臣"，就是大一统的中央集权国家。但是欧洲中世纪是典型的封建制，每个国家麻雀虽小、五脏俱全，有着完全的政治权、司法权、经济权。在这样的情况下，近代民族国家要想崛起，当然首先就要通过中央集权和专制的途径，专制就是中央集权，把权力从地方收归中央。法兰西、英格兰在中世纪末期就开始加强中央集权，所以这两个国家的资本主义在近代率先突破封建制度而崛起。德国的封建制度很顽固，一直到 19 世纪下半叶俾斯麦当政时才通过中央集权结束封建制度，所以德国在近代一直处于落后状态。

在这个意义上，专制或中央集权恰恰是西方社会从封建状态向资本主义民主社会过渡的重要中介，没有君主专制就不会有后来的君主立宪和民主共和。在邦国林立、四分五裂的封建制度中，既无法实现商品的市场流通，也谈不上什么民主政治，只有首先把分散的封建制度改变为中央集权的专制国家，然后才能进一步改变这个国家的政体，从君主专制走向君主立宪或民主共和。所以对于西方资本主义的政治发展来说，第一步是如何加强中央集权，如何把国家的权力提高到至高无上的地位，这就是英国宗教改革最重要的内容。

英国宗教改革是由 16 世纪的一位国王亨利八世发起的，这位国王本人起初并不想搞宗教改革，是一件偶然的事情、一桩离婚案，引发了英国的宗教改革。英国是一个岛国，这个岛国比较容易培养人们相互之间的认同感，从而形成一种"英格兰是属于英格兰人的"民族意识。事实上，英格兰从很早的时候，从 12、13 世纪开始就逐渐养成了这种英格兰是属于英格兰人的意识。同时由于它游离于欧洲大陆之外，在政治上相对独立，因此罗马天主教会对它也有鞭长莫及之感，教会对英格兰的制约力远远不如对德国的制约力那么强。

英国国王亨利八世年近半百，却膝下无子，为了使王室后继有人，同时这位风流国王也爱上了一位美貌宫女，所以他急于想休掉原配夫人，另结新欢。但是罗马天主教皇不让他离婚，因为天主教徒是不能离婚的。为了达到离婚的目的，亨利八世索性与罗马教会公开决裂，他仗着英国人民支持他，开始在英国自上而下地进行宗教改革。但是他并不像马丁·路德那样从教义方面和信仰方面进行改革，他的宗教改革只涉及教会的组织和权力问题；其动机也不是出于对罗马教会的道德义愤，而只是为了加强英格兰国王的宗教权力。

亨利八世的宗教改革有两个最重要的后果，一个是在 1534 年授权英国国会通过了一个法案，这个法案叫《至尊法案》，内容就是宣布英格兰的国王是英国教会，即安立甘宗或圣公会的最高宗教领袖（**那个时候英格兰和苏格兰还没有合并**），这样一来就把王权和教权统一起来了。既然英格兰的国王是英国教会的最高领袖，从此以后英国的基督徒就不用听命于罗马天主教皇，只要听命于英格兰国王就行了。这个意义在当时是非常重要的，它意味着什么呢？它意味着教皇现在已经管不着英格兰国王了，英格兰国王可以跟教皇平起平坐了。我刚才说过，在中世纪教皇是高高地凌驾于国王之上的，君权是神授的，神的代表当然是教会和教皇了。《至尊法案》的颁布使得英国国王从此可以无所顾忌地来发展自己的实力，再也不用担心被罗马教会所掣肘了。

亨利八世之后，英国的宗教改革翻来覆去，几经波折。亨利八世死后，他的儿子、一个未成年的小孩子爱德华六世继位，靠主张宗教改革的辅政大臣来执掌国事。但是这位年幼的国王很快就死去了，于是只能由亨利八世的长女玛丽来继位。玛丽是第一位英国女王，她是一个天主教徒，继位后就倒行逆施地又开始全面恢复天主教，杀了一些积极推行宗教改革的大臣，因此被人们称为"血腥的玛丽"。过几年她也死了，由她的妹妹来继位，这就是英国非常有作为的女王伊丽莎白一世。伊丽莎白一世统治英国长达四十多年，从16世纪下半叶一直到17世纪初，这段时间是英国资本主义迅猛发展的黄金时代，英国的资本原始积累就是在这个时期达到了高潮。伊丽莎白一世当政时期的重要举措，就是稳健地推进由其父亨利八世开启的宗教改革进程，既反对天主教的复辟，也反对英国清教徒的更为激进的改革主张，坚定不移地加强中央集权。经过四十多年的统治，英国在17世纪初叶迅速发展成为一个强大的新兴资本主义国家。

英格兰宗教改革的第二个措施是什么呢？那就是剥夺修道院的财产，教产还俗。亨利八世既然已经与罗马天主教会闹翻了，他索性一不做二不休，将英国所有天主教修道院的教产全部没收。过去在各个国家里，教会、修道院是直接对罗马教皇负责的，世俗王权管不了他们。教会、修道院是国中之国，从来不向世俗王权纳税，教会财产是不纳税的。而在中世纪，天主教修道院和教会又是欧洲最大的财主、庄园主，控制了最多的经济资源，由于中世纪主要的经济资源就是土地，所以教会成为欧洲最大的财主。现在，亨利八世将修道院的教产没收，以廉价的价格卖给当地的一些地主和农民。这一批人从教产还俗的过程中发了大财，用很低廉的价格购买了土地，然后开始养羊，并且开始兼并公用土地，养羊之后就剪羊毛，然后发展纺织业。大家知道，资本主义最初在英国崛起，靠的就是纺织业，即所谓"羊吃人运动"，我们叫作资本的原始积累。英国最早的资产阶级，最早搞资本原始积累的那些人，就是通过英国宗教改革从教会的教产还俗中得到了好处的那批人。所以后来天主教想在英国搞复辟，这一批人坚决不答应。为什么呢？因为天主教一旦复辟，教产又得还给修道院，又得从他们手里剥夺过去。正是由于涉及切身的经济利益，所以这一批新兴的资产阶级成为英国宗教改革的中坚力量。

英国宗教改革虽然从亨利八世到伊丽莎白一世稳健地推进，但是它毕竟不彻底，它是国王所推动的一场从上到下的改革运动，而英国人民却呼吁一种更彻底的改革，即按照更为激进的加尔文教——在英国称为清教徒——的主张进行改革。这种更激进的改革要求就与国王的稳健的宗教改革发生了矛盾，这种矛盾愈演愈烈，甚至超过了国王的宗教（**安立甘教**）与天主教之间的矛盾。英国国王主张的宗教改革，导致了一个新教派的产生，这就是安立甘教，又叫国教会、圣公会。这是国王和贵族们所信奉的宗教，这个教派在教义、教仪、圣事等方面与天主教并没有大大的差异，它只是确立了英国国王的至尊地位和安立甘教的独立性。但是英国新兴的资产阶级和一般民众却更加拥护加尔文教的主张，他们要求将宗教改革推向更加彻底的程度，这就与国王的要求产生了矛盾。这个矛盾最终在伊丽莎白死后的斯图亚特王朝统治时期导致了革命，也就是我们的教科书上所说的1640年英国资产阶级革命。我们叫作英国资产阶级革命，但是西方的历史书则把它叫作清教徒革命，它是一批要求将宗教改革推向更彻底的新教徒推翻英国国王的政治统治的革命。因为宗教矛盾到现在已经演变成为政治矛盾，国王所代表的宗教改革方向与人民所要求的宗教改革方向是背道而驰的，是有矛盾的，而且矛盾越来越深。人民终于意识到，国王所主张的宗教是以国王的权力作为坚强后盾的，所以要想彻底改变这个宗教，只有通过政治革命来推翻国王的统治，于是，宗教的分歧就变成了政治的分歧，宗教的冲突就变成了政治的冲突，这就是1640年英国资产阶级革命。

在我们以前的世界史教科书里，1640年英国资产阶级革命被看作是世界近代史的开端，而引发这场政治革命的一个重要因素就是宗教因素。1640年革命之后，斯图亚特王朝和天主教的势力又一度在英国复辟，后来经过一段时间的较量和妥协，到1688年以不流血的"光荣革命"而结束了各种宗教势力和政治力量之间的长期冲突。在"光荣革命"中，冲突的双方各让一步，相互妥协，制定了《权力法案》，形成君主立宪政体，奠定了现代英国政治的基本形态。从1688年英国实行君主立宪制以来，一直到今天，英国的政治制度并没有发生根本性的变化，英国国内也没有发生什么大的战争、战乱，英国从此顺利地走上了资本主义的发展道路，到19世纪成为世界上最强大的"日不落帝国"和近代资本主义阵营中的领头老大。

英国资本主义的发展最初是与宗教改革联系在一起的，随着王权的加强、中央集权的加强，后来又进一步发展为君主立宪，王权开始受到宪法的制约，而且内阁的作用越来越大，君主的作用则越来越小。可是在身份和地位方面，国王的威望要远远高于首相。英国宪法明文规定，英国国王或女王是国家的元首，具有至高无上的尊严。国王或女王是终身制和世袭制，英国的贵族仍然保持着受人尊重的特殊身份。这个似乎带有封建制残余的君主立宪制度并没有妨碍英国近代资本主义政治制度的发展，它们共同促进了英国在近代的崛起，使之成为近代历史中最强大的资本主义国家。这就是我们所说的英国宗教改革的两个重要后果，一个是王权至上，一个是教产还俗，它们对英国资本主义的崛起具有重要的意义。

（六）加尔文的宗教改革与资本主义经济的发展

最后给大家讲一讲加尔文教。加尔文教也是宗教改革运动中产生的新教三大主流教派之一，第一支是路德教，又叫信义宗或福音派；第二支是英国安立甘教，叫国教会或圣公会；第三支就是加尔文教，又叫归正宗、改革宗。加尔文教的宗教改革主要发生在瑞士，这个教派导致了一种颇为吊诡性的历史后果。德国著名社会学家马克斯·韦伯曾经写了一本影响非常大的书，这本书叫《新教伦理和资本主义精神》，他讲的新教伦理就是加尔文教的伦理。关于加尔文教的具体改革内容和过程我就不讲了，我只想谈谈它的意义。加尔文也像马丁·路德一样，他坚持认为一个人得救的关键在于信仰，但是他认为光有信仰还不行，还必须要有善功。不过加尔文强调，这个善功不是中世纪天主教的所谓善功，如购买赎罪券、参加基督教军队远征、捐献财产给教会等虚假的行为，而是指勤奋工作和俭朴生活。加尔文认为，上帝派你到世界上来，不是让你游手好闲、托钵行乞，而是让你好好地建设这个世界，以增加上帝在世间的荣耀。你把这个世界建设得越好，越说明你忠实地履行了上帝派你来的职责。但是要记住，你创造财富不是为了个人的消费，不是为了个人的挥霍，而是为了增加上帝在世间的荣耀。因此，加尔文教鼓励发财致富、资本增殖、放贷取利，却反对奢侈浪费、挥霍放纵和一切非生产性的消费。加尔文关于善功的观点产生了深远的影响，加尔文教在新教主流三大教派中成为影响最大的世界性教派。它的最极端的一支就是清教徒，清教徒以主张勤俭清洁的生活态度和要求清除英国国教会中的天主教成分而得名，他们在英国资产阶级革命中发挥了重要的作用。清教精神尤其深刻地影响了美国的文化，自从第一批在欧洲大陆受到迫害的清教徒乘坐"五月花号"在北美登陆以后，一直到 20 世纪上半叶为止，美国文化的主流精神就是清教精神。关于这种严苛刻板的清教精神，我们在美国作家霍桑的《红字》和那本著名的小说《飘》（即《乱世佳人》）中可见一斑。

加尔文教认为一个人活在世界上，内心必须有虔诚的信仰，在行为上必须勤奋工作、节俭生活，这样才能在上帝面前成为一个义人。你怎么知道你将会得救呢？就看你心中有没有信仰，同时还要看你是不是勤勤恳恳地工作、勤俭节约地生活，根据这两点就可以确定你是否被上帝所拯救。你创造了越多的财富，而且越是节俭地对待你所创造的财富，你就越有资格认定自己是被上帝所拯救的人。这样一种观点恰如恩格斯所评价的，在客观上鼓励了资产阶级的经济竞争。在竞争中取得了成功、获得了或增长了财富的人，最有资格相信自己是被上帝所拯救的。加尔文教的最重要的现实意义就在于，它使世俗的劳动获得了神圣的意义，获得了宗教的意义。用马克斯·韦伯的话来说，加尔文教的这一套观念为资本主义的经济活动提供了一种合理性的根据。在一个宗教氛围浓郁的时代，资产阶级发财致富的经济活动是需要一种合理性根据的，也就是说需要一种宗教上的根据。现在加尔文教提供了这样一种合理性根据，它告诉你，一个人勤奋地工作、拼命地创造，把世俗的劳动当作神圣的宗教活动来对待，这恰恰说明你已经领受了上帝的救恩。以往在天主教中，世俗的活动和神圣的活动是两回事，什么是神圣活动？教堂里的活动，一个人想灵魂得救只需要参加宗教的神圣活动就可以了，每天到教堂去祈祷，为教会做好事、捐钱给教会，这就表明你的灵魂可以上天了。至于你的日常劳动，这与宗教活动没有任何关系，你劳不劳动、节不节约，丝毫也不影响你的灵魂得救问题。但是现在加尔文教告诉你，真正具有神圣意义的不是购买赎罪券或者给教会捐钱，而是踏踏实实地工作，勤俭节约地生活。日常劳动被赋予了神圣的含义，这样就为资产阶级的发财致富、经商取利等活动提供了一种宗教上的依据。反过来，如果你好吃懒做、挥霍浪费，恰恰说明你可能是被上帝所抛弃的。

加尔文教的这种伦理思想客观上推动了资本主义的经济发展。在加尔文教当权的日内瓦，政教合一的神权共和国鼓励人们努力工作，以任何正当的方式增殖财富，包括放贷取利，但是却禁止人们酗酒、淫乐和任何挥霍放纵的行为。日内瓦没有酒坊、没有戏院、没有妓院，所有奢侈性的消费活动都遭到禁绝。总而言之，加尔文教鼓励一切生产性的活动，限制一切消费性的活动。我再说一遍，加尔文教的最重要的意义，就是使日常劳动获得了神圣意义，为资本主义的经济活动提供了合理性的根据。

我从武汉来，武汉在改革开放初期曾出现过一种现象，叫作"汉正街现象"。武汉有一个闻名全国的小商品市场，叫汉正街，名气很大，汉正街最早投身于改革开放的一批人，利用他们的小聪明创造了大量财富，成为掘得第一桶金的人，是最早发财致富的人。但是那些人后来都败落了，原因是什么呢？很简单，他们发财致富的活动缺乏一个终极性理念，缺乏一种神圣性的依据。他赚了钱就把它挥霍掉，这与中国明朝时的徽商、晋商差不多，特别是晋商，赚了钱回家就娶小老婆、买房子买地、捐钱当官，所以资本主义在中国发展不起来。现在学术界认为，中国明清之际就已经出现了资本主义萌芽，但是为什么这萌芽就是发展不出资本主义呢？我认为，光有资本主义萌芽是不够的，罗马时代就有所谓的"资本主义萌芽"，迦太基更是有"资本主义萌芽"，但是如果没有一种精神杠杆，没有一种合理性的根据，这种萌芽是永远发展不出资本主义来的。在一个传统宗教信仰或伦理观点浓重的文化氛围中，任何世俗性的活动，如果没有一种神圣性的根据，是很难成为气候的。个人的情况也是如此，比如说美国的首富比尔·盖茨先生，他赚钱绝不是为了给自己花，他有一套价值理念，有一种终极关怀。在座的可能也有企业家，现在企业家时兴讲文化了，我老对他们说文化是背后的东西，是深层的东西，没有文化的企业家是没有长久生命力的。我们说人是要赚钱的，但是赚钱绝不是为了把钱挥霍掉；而且人活着也不是为了赚钱，而是为了某一个目标而赚钱。赚钱不是目的，只是手段，这样，赚钱的活动才可以持续。如果只是为了花钱而赚钱、为了赚钱本身而赚钱，这个活动当然持续不下去，所以资本主义萌芽也总是发展不出资本主义来。

加尔文教的重要性就在这里，它为赚钱提供了一种合理性的根据。加尔文教很快就成为一种世界性的宗教，在最早崛起的资本主义国家荷兰和英国，加尔文教都产生了重要的影响，美国文化的主流精神也是加尔文教或清教。20世纪英国伟大的历史学家汤因比说过一句名言，他在谈到宗教活动的世俗后果时这样说道："世俗世界的巨大成就，往往是圣城工作的意外收获。"你的眼光本来是盯着天国的，但是没想到你的活动却促进了世俗世界的繁荣。这种情况看起来好像是偶然，但是它恰恰说明了历史的辩证法。这是一种吊诡的结果，或者借用黑格尔的一个概念，叫作"理性的狡计"。历史有一种潜藏的理性精神，不是我们一下子就可以看穿的，它只有在事后的反思中才能被认识到。有时候我们两眼盯着天上的那片彩云，无意中却导致了人间的繁荣；反过来，如果我们只是盯着脚下的那片土地，我们可能永远只会在原地转圈。我们说人是从猿进化来的，我想，那些进化成人的猿，一定是喜欢胡思乱想、眼睛老是盯着天空的猿；而那些循规蹈矩、眼睛老是盯着树上那些果子的猿，至今恐怕还滞留在原始森林中。在加尔文教那里，这种吊诡就表现为，加尔文教鼓励人们为了增加上帝在世间的荣耀而努力工作，其结果却导致了世俗世界的繁荣昌盛，推动了资本主义的蓬勃发展。

综合上面所讲的，可见宗教改革运动开创了精神自由的局面，促进了民族国家和宪政体制的出现，并且为资本主义经济活动提供了合理性根据。这所有的后果聚合在一块，经过两个世纪的发展之后，我们发现一个非常有意思的现象在欧洲出现了。在文艺复兴和宗教改革发生的时候，欧洲是南方富庶，北方贫穷；南方文化水平比较高，北方则蒙昧落后。当时经济最繁荣的地区是意大利的那些自由城市，而政治上最强大的国家是西班牙，它们都属于南方拉丁语世界。经过16世纪的宗教改革，到了17世纪末、18世纪初，整个欧洲的格局完全改变了，北方那些改信了新教的国家全部成为新兴的资本主义国家。一直到今天，资本主义世界中最富裕的那些国家，除了美国之外，都在北部欧洲，如德国、英国以及斯堪的纳维亚半岛诸国。而南部欧洲死守着天主教信仰的那些国家，如意大利、西班牙、葡萄牙等，后来都在近代的竞争中落伍了，成为资本主义大家庭中的二流角色。在坚持天主教信仰的国家中，只有法国是一个例外，赶上了资本主义发展的快班船，这与它在地理上处于南北欧洲之间，在文化方面也能够左右逢源、兼收并蓄的精明圆通有关。南北欧洲的这种形势逆转绝不是偶然现象，它充分说明了宗教改革运动对于西欧资本主义崛起和西方社会现代化转型的重要意义。

由于时间所限，观念方面的变革我只讲了一个开端。除了宗教改革运动在客观上所导致的后果，西方现代化的原因还有许多，尤其是17世纪理性精神的崛起，成为西方文化现代化转型的关键。而在18世纪的启蒙运动中，已经发展壮大的理性精神开始对基督教信仰进行全面的批判，这种批判又引起了同时代德国人的更加深刻的反思，并且最终在科学理性与宗教信仰之间寻找到了一个平衡点。时至今日，根深蒂固的基督教对于西方人来说已经不再是一种简单的宗教信仰，而是一种渗透到社会生活各个方面的文化。正因为如此，在当今西方社会，一方面科学技术高度发展，另一方面基督教信仰仍然深入人心。基督教之于西方文化，就如同儒家伦理之于中国文化一样，已经深入骨髓，成为西方文化的有机组成部分。比如说我们中国人过春节，西方人则过圣诞节，圣诞节、感恩节、复活节等传统节庆都与基督教信仰有关系。西方的建筑以教堂建筑为主，西方的艺术品、语言习惯、思维方式都与基督教有着千丝万缕的联系。正是在这种意义上，我说基督教对于西方社会而言，已经成为一种文化。我认为，在今天改革开放的时代，我们应该有一种开阔的眼光，我们看待西方的基督教，也不要把它当作一种单纯的宗教信仰或迷信，而应该把它看作是一种文化，它已经深深地渗透到西方社会的骨髓之中，如影随形，无法分离。所以西方人至今仍然把他们的文明叫作基督教文明。

（七）航海活动与实践领域的变革

最后还剩一点时间，我给大家讲一下实践方面的变革，主要是海外市场的开拓问题。当时旧大陆三分天下，基督教欧洲的情况最糟糕。当时在旧大陆的欧亚之间，虽然有丝绸之路，但是仍然关山重重，路途坎坷，交通非常不方便。13世纪的一些意大利旅行家，如马可·波罗等人从中国回到欧洲之后，就传说中国如何富庶。实际上马可·波罗所说的中国，是元朝的中国，它前比不上宋朝，后比不上明朝。但是就是这么一个元朝的中国，也令西方当时最富庶文明的意大利人心驰神往，羡慕不已。到了15世纪，西方人关于东方的传闻越传越神，似乎东方的印度、中国等地遍地都是黄金，要想发财就要去中国，就像现在很多人要想发财就跑到欧洲去，似乎在那里弯腰就能捡到黄金一样。

但是在15世纪，西方人想从陆路来到中国的计划难以实现，因为奥斯曼帝国的崛起，信仰伊斯兰教的土耳其人将整个小亚细亚、西亚和中亚都控制了，西方基督徒要想通过传统的丝绸之路来到东方已经不可能了，奥斯曼土耳其人不会让他们过来，危险性很大。他们没有办法，于是想到海路。15世纪的时候，西方人已经知道地球是圆的，意大利人已经绘制出圆形地球的地图，但是他们不知道还有一个新大陆，还有一个太平洋，他们以为大西洋的那边就是印度、中国。15世纪末西班牙人就是这样向西航行，结果无意中发现了美洲新大陆。

在15世纪下半叶，葡萄牙人率先开始进行航海活动，他们从葡萄牙下水往南走，绕过非洲的好望角就进入到印度洋，然后通过印度洋、马六甲海峡，就可以到达南中国海。这条路线在15世纪末、16世纪初被葡萄牙人开辟出来（事实上，早在葡萄牙人开始海外航行之前半个世纪，中国的郑和已经率领一支规模庞大的舰队往相反的方向航行了，只可惜这个伟大的壮举中途而废）。15世纪末，葡萄牙人到达了印度，在印度的果阿建立了第一个海外商业据点。不久以后又从印度次大陆的南端下海，穿过马六甲海峡，进入广阔的南中国海，并且在中国的澳门建立了租借地，从而打通了西方与印度和中国的贸易之门。

当时与葡萄牙在开辟海外市场方面激烈竞争的是西班牙，在16世纪，欧洲大陆上最强大的国家不是北方日耳曼语世界中的英国、德国、荷兰等，而是南方拉丁语世界中的西班牙和葡萄牙。与葡萄牙一样，西班牙也想在海上开辟一条通往东方的航路，但是由于往南穿过非洲的好望角进入印度洋、再穿过马六甲海峡到达南中国海的这条航路已经被葡萄牙海军所控制，葡萄牙海军当时很强大，西班牙人不想与它发生正面冲突，因此西班牙人不得不选择了一条向西横穿大西洋到达东方的航线。因为当时人们已经知道地球是圆的，但是他们却不知道在大西洋的西岸还有一个新大陆，他们相信穿越大西洋就可以到达印度和中国。在1492年，意大利籍的航海家哥伦布受聘于西班牙女王，带着3条船和几十个人从西班牙下海，在海上航行约70天，终于到达了中美洲。哥伦布等人以为到达了印度，所以他们把这里叫印度群岛，把当地人叫作印第安人，就是印度人的意思。但是哥伦布和他的随从们没有想到印度人怎么会这么落后，在西方的传说中印度和中国都是很富庶的地方，没想到他们见到的却是一些野蛮人。哥伦布后来又好几次往返于西班牙和美洲，但是一直到死他都不知道自己发现的是一个新大陆。他死了之后，有一个叫亚美尼哥的意大利航海家才发现，哥伦布所到的地方不是印度，而是一个新大陆。亚美尼哥回到欧洲后写了一些游记，向欧洲人介绍这个新大陆的情况，于是欧洲人就以他的名字来命名这个新大陆，把它叫作"亚美尼加"（America），即美洲。

不久以后，欧洲的探险家们又穿过中美洲狭长的巴拿马地峡而发现了一个比大西洋更宽阔的太平洋。后来巴拿马运河被挖通之后，就可以直接从大西洋通向太平洋了。在此之前，西班牙航海家麦哲伦和他的副将完成了海上的环球航行，从而证实了地球是圆形的，整个世界在海路上是贯通的。这样一来，西方人就可以通过海路向西航行到达美洲大陆，再绕过南美洲的麦哲伦海峡或者穿越中美洲的巴拿马地峡而到达菲律宾、印度尼西亚和东南亚，再到达日本、朝鲜和中国。

在16、17世纪，葡萄牙人控制了绕过非洲好望角到达印度、中国的东方航线，特别是垄断了东方的香料市场，把香料源源不断地运回欧洲，葡萄牙因此成为名副其实的香料大国。大家可能不知道香料有什么意义，它的用处太大了。欧洲人喜欢吃肉，而葡萄牙、西班牙是南部欧洲国家，气候温暖潮湿，不适宜于食品冷藏。古代没有冰箱，肉很容易变质，有了香料，肉就可以腌制存放了。可见当时香料对于欧洲人的日常生活是至关重要的。还有一个是蔗糖，欧洲基本上不产糖，过去中世纪糖是奢侈品。16世纪葡萄牙既是香料帝国，也是蔗糖帝国，它怎样成为蔗糖大国的呢？其实也是一个意外。大家看看地图，从葡萄牙下水往南走，顺着西非的海岸线向南航行，西非是非洲的一个突出部，如果在向南航行的过程中受到强劲东风的影响，航船就可能向西偏离，就会意外地被吹到美洲的巴西。巴西是南美洲向东方突出的一块，从葡萄牙下海向正南方向航行，稍稍往西偏一点就会到达巴西。1500年的时候，一个葡萄牙航海家卡布拉尔沿着非洲西海岸航行，一阵海风把他吹离了航线，无意中发现了巴西。这样葡萄牙人就把巴西占领了，巴西就成为葡萄牙人的殖民地。巴西盛产蔗糖，葡萄牙人占领了巴西，也就垄断了巴西与欧洲之间的蔗糖贸易。因此葡萄牙在16、17世纪成为香料帝国和蔗糖帝国。

与此同时，西班牙人在占领了中美洲之后，开始往南美洲发展，所以南美洲除了巴西之外，其他地方都是西班牙的殖民地。葡萄牙占领了巴西，因此巴西人说葡萄牙语；南美洲的其他国家，像阿根廷、智利、圣地亚哥、洪都拉斯、秘鲁等都是西班牙的殖民地，所以他们都说西班牙语。但不论是葡萄牙还是西班牙，它们都是拉丁语系国家，所以它们在南美洲的殖民地就叫作拉丁美洲。而且西班牙人和葡萄牙人都信奉天主教，所以拉丁美洲的主要宗教信仰是天主教，一直到今天都是这样。

葡萄牙人垄断了香料和蔗糖贸易，西班牙人则在智利、阿根廷等地发现了巨大的银矿，于是西班牙就成为富甲一方的白银帝国，南美洲的白银源源不断地流入西班牙。16世纪的西班牙在政治上最强大，西班牙的国王同时也兼任神圣罗马帝国的皇帝；在经济上，由于大量白银的流入，西班牙也成为欧洲最富庶的国家。大量白银流入欧洲，客观上导致西方的工业革命。因为白银大量涌入，使得欧洲的物价飞涨，白银和黄金都是硬通货，硬通货投入市场多了，物价肯定要涨，而物价涨了产业就可以获得更多的利润，从而就刺激了欧洲的工业生产。在西欧资本主义发展的过程中，资本从商业领域向产业领域的转化，固然有着极为复杂的内外原因，但是大量白银投入流通，导致物价迅猛上涨也是一个重要的因素。

大家知道资本主义最初的发展阶段叫作资本的原始积累，即以英国为典型的圈地运动，通过变耕地为牧场，养羊剪毛，再把羊毛加工成纺织品，然后倾销到全世界。在原始积累之后，已经奠定了资本主义经济基础的英国、法国、荷兰等国纷纷奉行重商主义，重商主义强调多卖少买，衡量一个国家富庶的标准就是这个国家所储备的硬通货数量。简言之，黄金和白银是一个国家富庶的标准，因此越能够把自己生产的商品倾销到海外市场，越能够在国际贸易中实现贸易顺差，这个国家就越富裕。但是到了 18 世纪，人们对资本增殖的认识发生了变化，他们发现资本增殖的真正场所不是商业领域而是产业领域，积累再多的白银、黄金也不是真正的富裕，只有生产出更多的产品、创造出更多的价值才是真正富庶的标准；重要的不是卖出得更多，而是生产得更多。这种认识推动了产业革命的发展，促进了资本从商业领域向产业领域的转化。这种认识的转变，在很大程度上也与西班牙大量进口白银、导致物价飞涨有关系。据统计，自从 16 世纪西班牙发现了南美洲的白银，并把大量的白银投入欧洲市场以来，到 18 世纪的二百年间，欧洲的物价增长了 400 倍。物价的飞涨使人们认识到商品生产的重要性，从而把眼光从商业转向产业，推动了欧洲的产业革命。

17 世纪以后，随着西北欧英、法、荷等新兴资本主义国家的崛起，他们也开始投身于开辟海外市场和建立海外殖民地的活动中。大家都知道，资本主义经济是商品经济，商品经济是需要市场的，没有市场，商品就无法流动。与葡萄牙帝国的那种通过垄断香料和蔗糖贸易以谋取商业暴利的前资本主义商业模式不同，新兴的资本主义国家的商业模式是商品倾销，贸易的主要目的不是为了买，而是为了卖。要倾销商品就需要市场，仅限于西欧市场的消费力是不够的，必须开拓广大的东方市场。因此，新兴的英国、荷兰、法国就开始与老牌的殖民帝国西班牙、葡萄牙争夺海外市场。在英、法、荷等国最初崛起之时，从南边绕过好望角到达东方的航路已经被葡萄牙人所控制，向正西通往中美洲的航路也被西班牙人所控制，在这种情况下，英国人和荷兰人就试图开辟一条从西北方向通往东方的航线。这样他们就发现了北美洲，即加拿大和美国所在的北美洲，并且把它变成了他们的殖民地。虽然英、荷、法等国的探险家们并没有开辟一条绕过北美的纽芬兰通向亚洲的西北航线，因为冰山密布的北冰洋不适宜于航行，但是他们却意外地把北美洲变成了自己的殖民地。而北美洲殖民地在经历了独立战争和长期的经济发展之后，今天已经成为西方资本主义世界的排头兵。

当英国、荷兰等新兴资本主义国家开始介入海外贸易的竞争之后，西班牙和葡萄牙就相形见绌了。与英国、荷兰等国相比，西班牙、葡萄牙基本上还是中世纪式的商业贸易形式，它们主要靠控制海外资源来从事转手买卖，比如将东方的香料、巴西的蔗糖以高价转卖到欧洲，主要是赚转手买卖的钱，这样一种前资本主义的商业贸易形式是竞争不过奉行重商主义政策的英、法、荷等国的。从17世纪开始，葡萄牙人就感到了自己后劲不足，竞争不过英国、荷兰，于是葡萄牙人就利用他们控制着非洲海岸线的便利条件，深入到非洲腹地，开始从事一种肮脏的活动，即"猎奴"活动。他们来到仍然处于原始状态的非洲西部，利用手中的枪支和其他先进武器，将非洲黑人当作猎物一样抓起来，将黑人装船运往巴西，经过巴西再卖到南美洲各地充当奴隶。然后将贩奴的钱用来购买棉花和农作物，再将棉花和农作物运到欧洲进行加工，转变为商品，销往全世界。这样就形成了资本主义原始积累的一个金三角，即到非洲猎奴，把奴隶卖到巴西和南美洲其他地区，后来也卖到北美洲，然后再从南美洲购买农作物运回欧洲加工，最后再将产品倾销到全世界。

由于葡萄牙人开了猎奴活动的先河，不久以后，英、法、荷等国也纷纷效法，于是猎奴活动在17、18世纪就成为西方资本主义原始积累的另外一条重要途径，与圈地运动是同样有效的。这样一来，从17世纪开始，到18世纪末叶为止，大概一百多年的时间里，有1800万黑人被运往美洲，还有很多人死在贩运的途中，不计其数。今天美洲的黑人，很多人的祖先都是从非洲贩来的。美洲原来是没有黑人的，美洲土著是印第安人，褐色皮肤的。这是一个极其肮脏的活动，资本主义在其发展的过程中，诚如马克思所说的，"每一个毛孔都流着肮脏的血"。猎奴活动是很肮脏的，后来英国与中国进行鸦片贸易也是如此。中国当时是自给自足的自然经济，中国人男耕女织，不穿外国进口的洋布，英国的纺织品打不进中国的市场。但是英国人需要中国的瓷器、茶叶、香料等，因此英国与中国的贸易一直到18世纪下半叶为止，年年都是逆差。为了实现贸易顺差，英国人从18世纪末就开始在中国进行鸦片贸易这种肮脏活动。到了1820左右，英国对中国的贸易逆差就扭转过来了，开始出现顺差，而且迅速增长。而中国人自从吸上鸦片之后，大量的白银黄金流往国外，这不能不引起朝廷的重视。道光皇帝为什么支持林则徐禁烟？一个重要原因就是国库空虚了，白银黄金都外流了，这对于中央财政来说当然是一个大问题。

地理大发现或者航海活动本身也具有一种吊诡性，西方人最初进行航海活动时，其主观动机完全是为了到东方的富庶之地去发财，当然也还有另一个目标，那就是去寻找早年失散的基督徒。因为对于15世纪的欧洲人来说，世界上只有两种信仰，一个人不是基督徒，就是穆斯林。当时的欧洲人认为东方人——印度人、中国人等都是早年从欧洲流失的基督徒，所以他们希望到东方来寻找失散的基督徒兄弟，以形成对西亚穆斯林的前后夹击之势。所以当哥伦布到达美洲之后，他发现这个地方既不富庶，当地的人们也对基督教一无所知，他感到非常吃惊。后来西方人才逐渐在进行海外贸易和殖民统治的同时，把他们信仰的基督教传播到了美洲，诚如一位西方殖民主义者所言："我们把上帝带给了美洲人民，而我们从美洲人民那里得到了黄金和白银。"但是最初进行航海活动的那些人谁也没有想到，他们的航海活动竟然为资本主义的发展开辟了广阔的海外市场。正是海洋这个宽阔的跳板，使得西方殖民主义者完成了亚欧大草原上那些雄心勃勃的游牧民族在几千年里一直想要完成而未能完成的伟大事业，即征服全世界。在15世纪，海洋这个宽阔的跳板并不被人们所看好，西方人是迫于无奈不得不选择了海洋，而穆斯林从根本上瞧不起海洋，当时奥斯曼土耳其人占领了欧亚大陆上的广阔土地，他们狂妄地表示:"我们只要富饶的大地,至于海洋嘛,就留给基督徒吧!"他们认为海洋没有什么用处,既长不出庄稼,又不能供快马驰骋。当时无论是基督徒还是穆斯林都没有料到,谁控制了海洋,谁就控制了未来世界500年的命运。西方人最初被迫选择了海洋,而资本主义的商品经济正是通过海洋这个宽阔的跳板而扩展到全世界,从而使西方在近代的经济、政治、文化竞争中后来居上,独领风骚。

第五章
宗教改革运动与西欧现代民族国家的崛起

作为现代世界历史舞台上的主角的民族国家，最初是在16世纪西欧宗教改革运动中逐渐形成的。宗教改革运动打破了罗马天主教会一统天下的专制格局，导致了各个新教教派和民族教会的产生。民族教会的确立与现代民族国家的生长是相互激励的，在那些改信了新教的西北欧国家如斯堪的纳维亚诸国、荷兰、英国等地，统治者们借助宗教改革运动来加强王权和国家实力，推动了民族国家的崛起。法国虽然未能成功地进行宗教改革，但是波旁王朝的君主们却巧妙地利用了宗教分裂和宗教战争之机来加强法兰西的国家实力。唯有顽固坚持宗教和政治统一理想的西班牙和神圣罗马帝国，在近代历史过程中呈现出每况愈下的颓势；而长期处于分裂状态的意大利和德意志，也由于国家根基的"先天不足"和内讧的现实情况，未能在宗教改革时代实现民族的统一和国家的崛起。

（一）西欧现代民族国家崛起的宗教背景

15、16世纪一向被历史学家们视为世界历史的重要转折点，现代文明的开端毋庸置疑地可以追溯到那个时代。在1500年前后，当延续了三千年之久的农耕世界与游牧部落的冲突、融合过程已经明显地以农耕世界无可争议的胜利而接近终点时，在地处传统亚欧文明圈边陲的西欧世界里发生了一系列重要的文化变革和社会变革，其中最重要的当数南部欧洲（主要是意大利）的文艺复兴运动、北部欧洲的宗教改革运动以及由葡萄牙和西班牙率先发起的海外扩张活动。这些变革活动不仅极大地改变了欧洲内部的政治、经济、文化状况，而且也从根本上改变了欧洲在整个国际格局中的地位。到了被汤因比称之为西方文化史上"最大最重要的分水岭"的17世纪，随着新兴的科学主义、国家主义等逐渐填补了"由于基督教的衰退而出现的空白"[①]，一个崭新的现代西方文明就呼之欲出了。

在从文艺复兴到共产主义的一系列新生事物中，国家主义或说民族国家的崛起对于现代文明的形成具有极其重要的意义。现代意义上的民族国家不仅意味着相对稳定的领土和主权、法律体系、税收制度、行政机构、国家意识形态和民众文化认同等，而且也意味着国家已经从统治者的私人财产转化为全体公民共同参与的政治经济法权体系。尽管西欧的一些民族国家在崛起之初往往是与专制主义或绝对主义（absolutism）联系在一起的，但是它们很快就经历了一个从主权在君的专制体制向主权在民的宪政体制的转化过程，国家一般民众的身份也从封建隶属关系的"臣民"转变为拥有法定政治经济权利和承担相应社会义务的"公民"。在西欧近代社会转型的过程中，民族国家不仅构成了重商主义经济政策的实体基础，而且也构成了民主政治发展的绝对前提。那些较早形成民族国家体系的西欧国家，如英国、荷兰、法国等，在依靠国家力量来促进对外贸易和推动经济增长的同时，也通过一系列社会变革逐步实现了政治民主化；而那些在民族国家形成过程中相对滞后的国家，如德意志、意大利等，在16世纪以后的数百年间，无论是经济发展速度还是政治民主进程都要

---

① 汤因比、池田大作著，荀春生等译：《展望二十一世纪——汤因比与池田大作对话录》，国际文化出版公司1985年版，第371页。

迟缓得多。

现代民族国家最初是从西欧中世纪封建社会的土壤中萌芽的，在 16 世纪宗教改革运动中受到了强劲的推动，在 1648 年的《威斯特伐利亚和约》中得到了法理上的确认，到 18 世纪工业化时代已经显现出对于古典帝国（*神圣罗马帝国*）和封建王朝国家的明显优势。与内在的成长相同步，发萌于西欧的现代民族国家也随着此前已经开展的海外殖民活动，从西欧边陲之地扩展到人类世界的各个地区。时至今日，它已经完全取代了东西方传统的国家形态而在全球国际体系中占据了主导地位。著名国际关系学专家巴里·布赞总结道："现代国家强化了世界政治的内外结构。在它作为一个独具特色的角色登上历史舞台三四百年的时间里，现代国家将全球几乎所有其他的政治单位湮没并取代，使之殖民化或屈服于它的统治……古代和古典时代的布局——帝国、城邦及蛮族部落作为数千年来共存的主导单位——很快被现代国家作为唯一主导单位的体系取而代之。"[1]

现代民族国家的生长是诸多因素综合作用的结果，但是在其最初的发育过程中，宗教因素起到了非常重要的作用。尤其是 16 世纪发生的宗教改革运动，在客观上打破了罗马天主教会一统天下的专制格局，导致了各个新教教派和民族教会的产生，为民族国家的成长壮大创造了重要的条件。"宗教改革往往伴随着对罗马的敌意与狂热的民族主义"。[2]正如同现代民族国家构成了民主政治产生的重要前提一样，在宗教改革运动中应运而生的民族教会也构成了民族国家长足发展的重要前提。

在欧洲的政治构架中，素来存在着帝国主义与分离主义之间的巨大张

---

①　巴里·布赞、理查德·利特尔著，刘德斌等译：《世界历史中的国际体系——国际关系研究的再构建》，高等教育出版社 2004 年版，第 219 页。

②　埃尔顿编，中国社会科学院世界历史研究所组译：《新编剑桥世界近代史》（2），中国社会科学出版社 2003 年版，第 4 页。

力。希腊城邦制度开创了一种小国寡民、彼此独立而又相互依存的分离主义政治模式，但是自伯罗奔尼撒战争以后，从亚历山大帝国一直到罗马帝国，一种"普天之下莫非王土"的帝国主义开始成为西方主流的政治模式①。到了5世纪，曾经不可一世的罗马帝国在内外矛盾交困之下土崩瓦解，日耳曼入侵者在西罗马帝国的废墟上建立了大大小小的蛮族王国，大一统的帝国主义让位于蛮族首领在丛林原则之上建立起来的分离主义的封建制度。在经历了三百多年群龙无首、画地为牢的"黑暗时代"之后，800年，查理曼试图在法兰克王国不断拓展的疆域中重振罗马帝国的雄风，他在罗马教皇的加冕下，成为与君士坦丁堡的东罗马帝国皇帝平起平坐的西方帝国皇帝。然而好景不长，查理曼死后不久，他的三个孙子通过《凡尔登条约》（843年）将查理曼帝国一分为三，形成了后来法兰西（**西法兰克王国**）、德意志（**东法兰克王国**）和意大利（**中法兰克王国**）的雏形。962年东法兰克王国的统治者奥托一世再度创建罗马帝国（**即神圣罗马帝国**），但是这个帝国长期以来徒有虚名，其统辖范围仅以德意志和意大利北部地区为限，而且内部封建状况严重，存在着数百个大大小小的诸侯邦国和多如牛毛的骑士领地。帝国境内的诸侯和骑士们各自为政，整个政治格局一片混乱②。

在中世纪西欧封建社会的一片乱象中，以上帝权力作为坚强后盾的罗马天主教会却逐渐成长为一支举足轻重的政治力量。它通过与世俗权力——主要是神圣罗马帝国——的长期较量，终于在11世纪以后登上了西欧政治舞台的首座。与封建社会彼此隔绝和高度分散的权力结构相对

---

① 有一种观点认为，西方政治学中的帝国主义最初来源于东方，正是波斯人通过三次入侵希腊的战争将帝国主义这种政治"瘟疫"传播到了西方。希波战争的结局虽然以分离主义的希腊城邦战胜帝国主义的波斯帝国而告终，但是希腊人却从波斯人那里学会了帝国主义，从而引发了希腊城邦内部争夺霸权的伯罗奔尼撒战争以及其后发生的一系列帝国主义扩张战争。

② 伏尔泰后来讽嘲这个神圣罗马帝国"既不神圣，亦非罗马，更称不上是一个帝国"。

立，罗马天主教会始终致力于在人间建立一个统一的基督王国。这种带有浓郁神圣色彩的政治理想，使得已经控制了西欧政治权力的罗马天主教会在分散闭塞的封建社会中成为古罗马帝国政治衣钵的继承者。虽然罗马教会在其成长的最初阶段曾与罗马帝国处于格格不入的对立状态，但是在政治理想上它却与罗马帝国有着某种内在的连续性。因此一旦罗马帝国走向衰落，罗马教会就义不容辞地承担着建立统一帝国——尽管是神圣性的基督王国——的崇高使命。罗素精辟地指出：

> 教会的统一就是罗马帝国统一的反响；它的祷文是拉丁文，它的首脑人物主要是意大利人西班牙人和南部法国人。他们的教育（当教育恢复起来之后）也是古典的；他们的法律观念和政府观念在马尔库斯·奥勒留皇帝看来要比近代的君主们看来恐怕更容易理解。教会同时既代表着对过去的继续，又代表着当时最文明的东西。[①]

如果说从"黑暗时代"一直到中世纪中期，罗马天主教会致力于实现的这种与罗马帝国一脉相承的大一统政治理想代表着某种超越封建状态的"文明的东西"，那么到了中世纪晚期，这种大一统的政治格局就逐渐演变为对正在悄然崛起的民族国家的一种严重束缚。事实上，罗马教会的权力在13世纪就已经达到了鼎盛状态，并且日益蜕变为一种专制统治。此时教会权力所辖的范围，已经不仅是一个单一的罗马（拉丁）民族，而且也包括北部欧洲的各个日耳曼民族。在文明开化的拉丁民族与"野蛮蒙昧"的日耳曼民族之间，一千年来已经积淀了深刻的政治、经济和文化矛盾[②]，正是这些矛盾导致了宗教改革运动的发生。宗教改革的起因固然是宗教和道德方面的，但是它却在北部欧洲各个日耳曼民族中间引起了政治、经济、文化上的连锁反应，而政治上最重要的后果就是罗马天

[①] 罗素著，何兆武、李约瑟译，《西方哲学史》（上），商务印书馆1963年版，第16页。
[②] 参见拙著：《西方文化概论》，高等教育出版社2004年版，第184-186页。

主教会大一统权力结构的破碎和现代民族国家的崛起。

（二）路德教与北欧民族教会的建立

虽然宗教改革运动最初是在东法兰克王国发起的，但是东法兰克王国却由于在政治上处于严重分裂状态，民族国家的雏形尚未形成，因此宗教改革运动并没有直接导致德意志民族国家的崛起。相反，由于新旧教信仰分别与德意志的各派诸侯势力纠结在一起，由此导致了旷日持久的宗教战争，并且通过 1555 年《奥格斯堡和约》确立的"教随国定"原则——这一原则后来在 1648 年的《威斯特伐利亚和约》中得到更加宽泛的重申——将民族分裂的现实合法化，从而使德意志民族国家崛起的希望变得更加渺茫无期了。然而在相继进行宗教改革的其他日耳曼民族地区，例如接受路德教信仰的丹麦、瑞典等斯堪的纳维亚国家，奉行加尔文教信仰的日内瓦、尼德兰、苏格兰，以及确立了安立甘宗国教地位的英格兰，宗教改革都极大地促进了民族国家的发展。

无论是德意志的封建诸侯，还是斯堪的纳维亚的国王，他们接受路德派信仰的根本原因并非是宗教神学方面的，而是出于政治经济利益的考虑。令他们感兴趣的问题不在于"因信称义"还是"善功称义"，而在于如何能够有效地摆脱罗马教皇的政治控制和获得天主教会的巨大财产。国王和诸侯们支持宗教改革的主要目的，就是要把基督教变成由他们控制的本土教会。在政治上处于严重分裂状态的德意志，萨克森选帝侯等封建诸侯建立新教教会与罗马教会分庭抗礼的企图，遭到了奉行天主教信仰的神圣罗马帝国皇帝和美因茨教会诸侯等传统势力的坚决反对，从而使德国新旧教诸侯陷入了长期的宗教战争；然而在斯堪的纳维亚半岛，丹麦、瑞典等国的国王们却通过建立路德派教会而摆脱了罗马天主教皇的控制，通过没收天主教会财产而加强了国家实力，通过把《圣经》翻译为本民族语言而提高了民众的文化认同。所有这些改革举措，都极大地加强了王权和国家实力。

自从 14 世纪末叶建立卡尔马联盟以来[①]，丹麦、挪威和瑞典在名义上都处于同一个君主的统治之下。当路德在德国开始进行宗教改革时，丹麦国王是热衷于人文主义的克里斯蒂安二世（1513—1523 年在位）。这位具有开明思想的国王对于罗马教廷派驻丹麦的高级神职人员（主教）与国内贵族相互勾结、沆瀣一气的现状很不满意，他决心削弱他们的权力和财产以加强王权。但是克里斯蒂安二世的改革措施却激起了势力强大的主教和贵族们的联合反抗，导致了国内叛乱的爆发，国王本人在失势的情况下被迫逃亡到尼德兰。继任者弗里德里希一世（1523—1533 年在位）也是路德主义的同情者，但是他却比克里斯蒂安二世更加善于利用丹麦贵族与罗马教会之间的矛盾来实现自己的政治主张。在他统治期间，路德派教会在丹麦建立起来并受到保护，丹麦最重要的宗教改革家汉斯·陶森（Hans Tausen，1494—1561）被任命为宫廷牧师，神职人员也获准结婚。1529 年，彼泽森翻译的丹麦语《新约》出版，深受民众欢迎，从此以后丹麦人民可以直接阅读母语版的《圣经》了。面对着天主教与路德派之间的激烈冲突，这位擅长于利用宗教矛盾来加强王权的国王力图开创一种宗教宽容的局面。他与德国的新教诸侯以及英国的亨利八世一样，既要利用宗教改革来制衡天主教势力，又要小心翼翼地把改革限制在一定范围内。"这些新教贵族对宗教改革反抗罗马教廷是支持的，但对宗教改革引起的激烈后果却是反对的。"[②] 弗里德里希一世死后，国内一度由于宗教、政治分歧而陷入内乱，但是路德派势力很快就在世俗权力的支持

---

① 　卡尔马联盟（Kalmar Union）是丹麦、挪威、瑞典三国于 1397 年在瑞典的卡尔马城建立的斯堪的纳维亚半岛的共主联盟，1524 年由于瑞典人拥立自己的国王古斯道夫而瓦解。

② 　弗里德里希·希尔著，赵复三译：《欧洲思想史》，广西师范大学出版社 2007 年版，第 244 页。

下占了上风。天主教会的财产被没收充公，主教们锒铛下狱，丹麦教会完全按照路德派模式进行了改组。1539年，丹麦议会通过了国王克里斯蒂安三世不久前颁布的《教会法规》，明确规定国王为丹麦教会的最高权威，丹麦的民族教会从此得以确立。在丹麦改教的过程中，路德派独立自主的宗教主张与国王加强王权的政治要求是相互激励、彼此促进的。

丹麦的宗教改革运动也影响到挪威、冰岛等地，这两个从属于丹麦国王的国家虽然由于民族独立的要求而与丹麦王室处于不断的抵牾之中，但是路德派教会最终还是被强行建立起来，并被确立为官方教会。

瑞典的宗教改革运动更是与民族独立和加强王权的要求密切联系在一起。1523年，古斯道夫·瓦萨（1523—1560年在位）领导瑞典人民起义，推翻了丹麦国王克里斯蒂安二世的统治，被瑞典人推选为自己的国王。这位雄心勃勃的国王立志要创建一个独立强盛的民族国家，他既要摆脱丹麦人的控制，也要对付国内势力强大的天主教会。在领导瑞典人民获得政治独立之后，古斯道夫开始向教会下手。他以突然袭击的方式剥夺了天主教会的财产，按照福音派的规范改组了教会体制，他本人则成为瑞典教会的首脑。一对深受路德宗教思想影响的兄弟奥拉夫·彼得森（Olaf Petersson，1497—1552）和拉斯·彼得森（Lars Petersson，1499—1573）成为国王进行宗教改革的得力助手，奥拉夫把《新约》翻译为瑞典语，拉斯则被国王任命为大主教。1541年，兄弟两人又联手翻译出版了瑞典文本的《圣经》全译本，瑞典语版的《圣经》的出版对于瑞典的基督教信仰以及语言、文化都产生了极其重要的影响。古斯道夫虽然依靠彼得森兄弟等人进行宗教改革，但是他的主要目的并不在于宗教神学方面，而在于国王的权力。因此他不仅与天主教会明争暗斗，而且与彼得森兄弟所代表的福音派教会之间也是龃龉不断。几经冲突之后，古斯道夫终于与福音派教会达成了妥协，与天主教彻底决裂。在1544年召开的韦斯特罗斯会议上，瑞典正式宣布为福音派王国，圣徒崇拜、安魂弥撒等天主教习俗被废除，由古斯道夫的萨瓦家族世袭的君主制度也得以确立①。此后一百多年间，尤其是在年轻有为的古斯道夫·阿道弗斯1611年继承王位以后，在国内采取了一系列改革措施，并积极参与国际事务（在三十年战争中瑞典成为西班牙的劲敌），瑞典作为欧洲的一个区域性大国正式崛起。

瑞典的宗教改革也波及到当时仍然属于瑞典国王治下的芬兰，福音派教会顺利地在芬兰建立起来。米卡埃尔·阿格里科拉（Mikael Agricola，1510—1557）是芬兰宗教改革的重要人物，他不仅把《新约》翻译为芬兰语，而且还用芬兰语写作了一些教会手册。他在宣扬福音派信仰的同时，也为芬兰语言文化的启蒙作出了重要贡献，因此被后人称为"书面芬兰语之父"。由于地处俄罗斯和瑞典这两个大国之间，芬兰迟至1917年才获得政治独立（19世纪俄瑞战争后芬兰曾一度沦为俄罗斯治下的大公国），但是芬兰人的民族意识早在16世纪阿格里科拉进行宗教改革和文化启蒙时就已经开始觉醒了。

在宗教改革运动的时代大潮中，斯堪的纳维亚诸国成为路德教会与民族国家完美结合的典范。与王权或国家权力和谐相处的民族教会被建立起来，宗教信仰成为促进民族意识和加强国家实力的有力杠杆。著名教会史家沃尔克在谈到丹麦、瑞典等国的宗教改革时指出："在欧洲其余地方，甚至在英国，宗教改革运动都不像在这几个国家那样是彻头彻尾政治性的。"②

① 埃尔顿编，中国社会科学院世界历史研究所组译：《新编剑桥世界近代史》（2），中国社会科学出版社2003年版，第195页。

② 威利斯顿·沃尔克著，孙善玲等译：《基督教会史》，中国社会科学出版社1991年版，第433页。

（三）加尔文教对欧洲政治生活的深远影响

与路德教在斯堪的纳维亚传播的情况一样，加尔文教对欧洲一些国家的政治生活也产生了深远影响。这个发轫于日内瓦弹丸之地的新教教派，由于其大力宣扬的政教分离主张而在欧洲乃至北美的广大地区都结出了硕果，推动了民族国家的发展和宪政民主的产生。

在加尔文教的大本营日内瓦，一种长老制教会与共和国政体珠联璧合的政教关系在加尔文的"两个国度"思想基础上被建立起来。日内瓦当时是一个独立的自由城市，加尔文从1536年开始来到这里从事宗教改革活动，他的理想是要把日内瓦建设成为一个完美的基督教社会典范。一方面，加尔文有感于新教徒在一些地区受到国家政权迫害以及德意志路德教会过分依附于世俗权力的现实状况，明确地提出了政教分离的主张，强调教会的信仰自由和自主权利不应受世俗政权的干预；另一方面，他也反对再洗礼派的无政府倾向，承认世俗国家作为上帝设在人间的权力机构的合法性，要求真正的基督徒都应服从政府的管理。在加尔文派信徒控制实际权力的日内瓦神圣共和国，一种政教分工协作的关系模式得以实现。教会与市议会在处理宗教事务和世俗事务方面的权力是彼此独立的，但是在相互之间却保持着一种同舟共济的关系。加尔文及其追随者们除了坚持教会在宗教事务上的独立自主权利之外，还非常注重基督徒的个人美德及其对社会生活的责任。"加尔文与路德的不同之处还在于他主张教会应积极干预社会生活以保证消灭各种异端正学说、亵渎上帝的行为和邪恶事务"。[①] 这种强烈的社会责任感促使加尔文派信徒积极地参与国家的政治生活，结果，在日内瓦这个有着共和传统的独立城市，

① 斯塔夫里阿诺斯著，董书慧等译：《全球通史：从史前史到21世纪》（第7版）（下），北京大学出版社2005年版，第378页。

加尔文派成功地建立了一个具有浓郁贵族色彩的共和政体。然而在欧洲其他世俗权力强大的地方，加尔文派势力的迅猛发展必然会导致紧张的政教关系，例如尼德兰加尔文教徒与西班牙统治者之间的激烈冲突、法国胡格诺派与瓦罗亚王朝之间的深刻仇恨、苏格兰长老会与斯图亚特王朝之间的长期抵牾，以及英格兰清教徒与历代国王——从伊丽莎白一世一直到詹姆士二世——之间根深蒂固的矛盾。这些矛盾最终都酿成了世俗统治者对加尔文教徒的血腥镇压和后者的暴力革命，而荷兰、英国等西欧现代民族国家，正是在这个激烈冲突的过程中逐步发展起来的。

加尔文教在尼德兰的传播是与当地人民反抗西班牙统治的斗争联系在一起的。1555 年，腓力二世从查理五世那里继承了西班牙王位和尼德兰的统治权，这位国王比其父更加热衷于天主教的宗教统一理想。他不仅不能容忍在尼德兰中产阶级中间广泛传播的加尔文教，而且也对尼德兰商人课以重税并干预他们的商业活动。腓力二世暴戾的宗教政策和商业政策激起了尼德兰人民的强烈不满，奥伦治亲王拿骚的威廉斯等贵族率领军队进行反叛，各地的新教徒则发起了圣像破坏运动。尼德兰人民反对西班牙统治的斗争一波三折，其间得到了法国胡格诺派贵族以及与西班牙为敌的英格兰女王伊丽莎白一世的支持。1581 年，尼德兰北方七省宣布脱离西班牙的统治，建立了以荷兰为首的联省共和国。加尔文派的长老制教会成为官方教会，但是荷兰共和国却遵循政教分离原则，对其他教派包括天主教的信徒采取了一种宽容态度，允许各种不同信仰的人在荷兰定居和就业。这种宗教宽容政策使得西欧各国遭受宗教迫害的人士纷至沓来，荷兰也由于麇集了大量具有自由精神和科学思想的人才而迅速发展成为强大的资本主义国家。

加尔文教信仰与世俗王权矛盾最尖锐的地方是苏格兰，"在苏格兰，加尔文宗创造出 16 世纪欧洲独一无二的东西：信奉一种宗教的土地由信奉另一种宗教的君主统治。"[①]16 世纪的苏格兰尚未与英格兰合并，斯图亚特王朝的统治者詹姆士五世和他的继承者玛丽女王都先后与法国王室缔结了婚姻，苏格兰事实上沦为法国的一个行省。一些主张摆脱法国控制的苏格兰贵族组织了"主的圣会"（Lord of the Congregation），在信仰加尔文教民众的支持下，与玛丽女王及其所仰仗的法国军队公开对抗。"主的圣会"反对天主教法国的行动也得到了已经将安立甘宗确立为国教的英格兰女王伊丽莎白一世的军事援助，法国军队在遭受重创之后退出了苏格兰，玛丽虽然仍旧高居苏格兰女王之位并且保持着天主教信仰，但是苏格兰改革派却控制了国会。1560 年，苏格兰国会委托著名的加尔文派宗教改革领袖约翰·诺克斯（John Knox，1514—1572）起草了一份信仰宣言，这份以国会第一号法令名义发布的《苏格兰信条》明确宣布废除罗马教皇对苏格兰教会的管辖，禁止在教会中使用天主教礼仪，确立了加尔文教信仰在苏格兰的正统地位。诺克斯还在同年起草的《苏格兰第一誓约》中以加尔文的"两个国度"思想为依据，表述了政教分离的主张，认为一个"基督教共和国"应该在政府和教会之间实行"政教分工协作模式"。继诺克斯之后，梅尔维尔（Andrew Melville，1545—1623）、卢瑟福（Samuel Rutherford，1600？—1661）等加尔文派改革家在反对世俗权力干预教会事务的同时，进一步提出了上帝通过人民把权力授予君主，因此人民有权反对专制暴政的民主思想，比洛克等自然法

---

① 布鲁斯·雪莱著，刘平译：《基督教会史》（第二版），北京大学出版社 2004 年版，第 294 页。

学派更早地表述了君权民授、主权在民的观点①。从16世纪中叶开始，苏格兰的宗教改革不仅与信仰天主教的玛丽女王进行了艰苦的斗争，而且也不断地抵制英格兰国王们——从伊丽莎白一世一直到詹姆士二世——的君主专制思想和伊拉斯图主义②，从"圣约"根据中发展出一种宪政民主理论，为1640年代的英国清教徒革命、1688年的"光荣革命"、1689年的《权利法案》，以及1690年以后英国国会颁布的一系列宪政法案奠定了重要的思想基础。凯利博士评论道：

> 苏格兰的改教运动以一种很特别的方式来对待上帝、教会和世俗政权，因此在西方现代政治体系的发展史上，构建了一个非常重要的平台。尤其是加尔文的三个理念在改教之后的苏格兰成为了现实：第一，教会作为一个与政府享有平等的法律地位与权利的团体，与之并肩而分立；第二，人民的直接权力在"圣约"的观念下，要求政治机关负有责任，依照超验的律法所赋予的有限权力履行政府功能；第三，政府效法长老会的治理模式建立起一个民主的政体，从而使公民政治权利得到普遍提升。③

1603年，都铎王朝的伊丽莎白一世死后绝嗣，英格兰王位由都铎家

---

① 虽然卢瑟福等加尔文主义者仍然把君主权力的最终根据归结于《圣经》中的上帝，与洛克等自然法学派思想家把君主权力的最终根据归结于自然界的普遍理性的观点不尽相同，但是卢瑟福在《法律为王》一书中已经明确地把世俗权力的直接根据从上帝颁布的圣约转化为人民缔结的法律，从而用上帝—人民—国王的新关系模式取代了上帝—国王—人民的旧关系模式，用人民主权论取代了君主主权论，因此与洛克等自然法学派的君权民授、主权在民思想实际上是殊途同归的。而且，当卢瑟福在威斯敏斯特宗教会议期间发表《法律为王》一书时（1644年），年轻的洛克正在威斯敏斯特上主日学，他显然受到了卢瑟福建立在圣约基础之上的宪政民主思想的影响。

② 伊拉斯图主义（Erastianism）是一种主张国家高于教会并有权干预教会事务的学说，因16世纪瑞士医生、茨温利派神学家伊拉斯图（Erastus, 1524-1583）而得名。伊丽莎白一世统治时期的英国神学家胡克进一步发挥这种观点，他在1593年撰写的《论教会体制》一书中，极力主张国家权力高于教会权力的观点。伊拉斯图主义虽然具有加强国家权力的作用，但是同时也强化了君权神授和君主专制的立场。

③ 道格拉斯·F.凯利著，王怡、李玉臻译：《自由的崛起——16-18世纪，加尔文主义与五个政府的形成》，江西人民出版社2008年版，第69-70页。

族的远亲斯图亚特家族的苏格兰国王詹姆士六世继承，改称詹姆士一世。此后一直到 1707 年苏格兰国会与英格兰国会合并，正式形成大不列颠王国，苏格兰的历史都与英格兰紧密联系在一起，苏格兰宗教改革的成效也在英格兰的清教徒运动中充分显现出来。如果说由亨利八世发起、由伊丽莎白一世完成的安立甘宗改革对英格兰民族国家的发展起到了显著的推动作用，那么受苏格兰长老会影响的英国清教徒运动则为大不列颠王国的宪政民主改革奠定了重要的宗教基础。

（四）宗教改革与大国兴衰

16、17 世纪西欧最强大的国家无疑当数英国、西班牙和法国，这三个近代早期相互对峙的大国都与宗教改革有着密切的联系，它们或者由于成功地进行了宗教改革运动而迅速崛起，或者由于大力推行反宗教改革运动而名噪一时，或者由于巧妙地利用了宗教改革运动而渔翁得利。它们的统治者对待宗教改革的态度迥然而异，由此也造成了三个大国在近代历史发展过程中兴衰泰否的迥异命运。

英格兰自从 13 世纪大宪章运动以来就形成了一种"王在法下"的政治传统，国王与封建贵族之间建立了一种良好的互动关系，同时也在一般民众中间逐渐培养起一种"英格兰属于英格兰人"的民族意识。到 1485 年都铎王朝建立时，英格兰民族国家的雏形已经基本形成。但是此时英国的综合国力仍然比较薄弱，不足以与欧洲大陆的西班牙和法兰西相匹敌，而且在政治上和经济上也深受罗马天主教会的控制。

英格兰国家实力的迅猛发展是在宗教改革运动中实现的。1532 年，亨利八世由于离婚案与罗马教皇克莱门七世反目，愤而在英国采取了一系列宗教改革措施，其中最重要的两项措施就是 1534 年国会通过的《至尊法案》和1536—1540年间对天主教寺院财产的剥夺。前者以法律名义将英格兰国王及其继承者确定为安立甘教会（Anglicana Ecclesia）的最高首脑，从而建立了民族教会和加强了王权；后者则将大量田产从修道院转移到国王和土地贵族手里，极大地促进了英国的资本原始积累。这些改革措施都旨在推进民族国家的发展，恰如剑桥大学英国史专家埃尔顿所指出的，"英格兰宗教改革的真正的主因是政治""亨利的改革的本质在于主权民族国家对在英格兰的教会的胜利"。[①]

亨利八世宗教改革的这种实质，即民族国家对（罗马）教会的胜利，到了伊丽莎白一世时代被进一步发扬光大，从而形成了英国国教会的伊拉斯图主义特色。伊丽莎白将安立甘宗正式确立为英国国教会，颁布了"三十九条教规"，力图协调英国国内各种宗教派别的利益。她一方面防范天主教势力卷土重来的危险，另一方面遏制国内清教徒进一步改革的要求，一切宗教政策的取舍均以对英格兰国家发展有利为唯一准则。这种主张国家主权高于教会权力并且有权干预教会事务的伊拉斯图主义，固然有利于加强英国王权和推动民族国家发展，但是它同时也强化了英国的君主专制。因此它不仅与逐渐式微的罗马天主教的教权至上主义相抵牾，而且也与日益壮大的清教徒的政教分离主张和宪政民主思想相冲突。在这种情况下，从伊丽莎白时代开始，英格兰社会的主要矛盾就逐渐由国教会与天主教之间的矛盾转化为国教会与清教徒之间的矛盾。事实上，恰如著名历史学家基佐所指出的，在英国，从一开始就存在着国王的宗教改革与人民的宗教改革的分歧，前者是保守的，"联系尘世的利益多于教旨的信仰的"；后者则是激进的，"以信仰的名义和热忱从事的改革"[②]。在伊丽莎白执政的晚期，国王与人民在宗教改革目标上的分歧逐

---

① 埃尔顿编，中国社会科学院世界历史研究所组译：《新编剑桥世界近代史》（2），中国社会科学出版社2003年版，第296、314页。

② 基佐著，伍光建译：《一六四〇年英国革命史》，商务印书馆1985年版，第25页。

渐演化为政治立场上的分歧。到了斯图亚特王朝统治时期，这种矛盾进一步激化，最终酿成了 17 世纪 40 年代的英国革命（亦称清教徒革命）。

由于宗教因素与政治因素复杂地纠缠在一起，革命之后的英国又先后经历了斯图亚特王朝复辟和"光荣革命"的坎坷历程，一直到 1689 年国会通过《权利法案》，在确立君主立宪政体的同时开创了宗教宽容的局面。从亨利八世改革和《至尊法案》颁布，到"光荣革命"和《权利法案》颁布，历经一个半世纪之久，以宪政体制为特色的英国现代民族国家在宗教改革运动中逐渐确立起来。亨利八世、伊丽莎白一世等国王推行的宗教改革，使得英国民族教会（安立甘宗或圣公会）得以摆脱罗马教会的羁绊，从而极大地加强了君主权力和国家实力。而人民的宗教改革以及清教徒运动，则在与专制主义的英国国王和国教会冲突和妥协的过程中，最终实现了宪政民主和信仰自由。

如果说英国由于借助宗教改革运动而迅速崛起，那么西班牙则通过领导反宗教改革运动而强盛一时，但是最终却因背逆历史潮流而走向衰落。在 16 世纪，西班牙的强盛主要是通过反宗教改革运动和海外扩张这两条途径来实现的。前者使西班牙承担起将天主教会统一信仰的宗教理想与罗马帝国统一世界的政治理想合二为一的历史重任，在反对信奉新教的德意志诸侯、尼德兰、英格兰以及异教徒的奥斯曼帝国的战斗中，取代了江河日下的教皇国而成为天主教世界的政治领袖；后者则使西班牙通过垄断南美殖民地的银矿资源而成为富甲一方的"白银帝国"，为称霸欧洲奠定了雄厚的经济基础。

16 世纪初，奥地利的哈布斯堡家族通过王室联姻和继承关系同时拥有了对神圣罗马帝国和西班牙的统治权，查理五世从祖父马克西米连一世和祖母玛丽那里继承了神圣罗马帝国皇帝的称号和奥地利、阿尔萨斯、勃艮地、尼德兰等地的统治权，从外祖父斐迪南和外祖母伊莎贝拉那里继承了西班牙、西西里、那不勒斯、撒丁岛以及大洋彼岸的西印度群岛等领地，形成了一个庞大的哈布斯堡帝国。"1500 年后约一个半世纪，哈布斯堡家族中西班牙和奥地利成员治下的王国、公国和行省进行着全大陆的联合，虎视眈眈，一心成为欧洲占统治地位的政治和宗教势力"。[①] 然而，哈布斯堡家族的王朝国家在自然地理上被法兰西、瑞士、德意志各独立邦国和意大利诸自由城市所分隔，属下人民不仅语言不通、文化相异，而且更由于宗教改革的原因而在信仰上处于严重的分裂状态。面对这种混乱不堪的状况，雄心勃勃的查理五世决心用武力来重建一个统一的天主教帝国。他不仅要为捍卫基督教世界的统一理想而与帝国境内的一切分裂势力——新教徒、独立诸侯等——进行斗争，而且还要代表整个基督教世界与异教徒的奥斯曼帝国针锋相对。在坚持理想主义精神这一点上，这位西班牙国王倒是与塞万提斯笔下的西班牙骑士唐·吉诃德有几分相似之处，他们都为了某种崇高却不合时宜的理想在现实面前碰得头破血流。

查理五世和后来继承西班牙王位的腓力二世都是狂热的天主教徒和坚定的帝国主义者，在他们的领导下，西班牙既要追求称霸欧洲的政治目标，又要坚持统一基督教世界的宗教理想。这种双重目标使它在国际上树敌过多，由此注定了一个超级大国由盛转衰的历史命运。从查理五世 1519 年踌躇满志地登上神圣罗马帝国皇帝宝座，到 1659 年西班牙签署《比利牛斯条约》承认在国际竞争中失败，在这将近一个半世纪的时间里，西班牙与欧洲几乎所有主要国家都处于敌对状态。这些敌人包括德意志境内的新教诸侯、要求独立的尼德兰各行省、伊丽莎白一世治下的英格兰、日益崛起的瑞典、一百多年来处处与西班牙明争暗斗的法兰西，以及从陆上围攻维也纳、从海上威胁伊比利亚的奥斯曼帝国。甚至连罗马的教皇们，尽管在反对新教敌人这方面需要西班牙的大力支持，但是仍

---

① 保罗·肯尼迪著，天津编译中心译：《大国的兴衰》，四川人民出版社 1988 年版，第 38 页。

然由于自己在基督教世界里的政教领导权被西班牙国王所僭夺而耿耿于怀，常常暗中对盛气凌人的西班牙使一些挖墙角的小伎俩。这些敌人有的是宗教上的，有的是政治上的，有的既是宗教上的也是政治上的。由于西班牙的国王们顽固地把宗教立场与政治立场纠结在一起，因此陷入了四面受敌的困境。"西班牙犹如掉进泥坑的大熊：它比任何攻击它的狗都强，可以从来不能对付所有的对手，结果是渐渐声嘶力竭"[①]。为了对付这些宗教上和政治上的敌人，西班牙政府每年都要投入巨大的军费开支，曾经富甲天下的"白银帝国"日益捉襟见肘、负债累累[②]。然而就在同一段时间里，当西班牙由于过分痴迷宗教—政治统一理想而逐渐衰落时，英国和法国却巧妙地利用了宗教分裂的事实而迅速走向强盛。

17世纪中叶的法西战争之后，战败的西班牙不得不与法国签订了《比利牛斯条约》，欧洲大陆的霸主地位从此转到野心勃勃的法兰西名下。尽管法国早在15世纪末就开始与西班牙争夺对意大利各邦国的控制权，但是在整个16世纪，法国在欧洲大陆只能屈居二流地位。法国作为一个"新君主制"的近代民族国家，其崛起的历史要从波旁家族的亨利四世执政时期（1589—1610）算起。但是在此之前很久，自从14世纪初"美男子"腓力四世导演了"阿维农之囚"之后，法国王室就牢牢地控制了国内的教会势力，一直让罗马教皇深感头痛。15世纪末叶以来，法国又屡次进犯意大利，对罗马教廷的权威置若罔闻。事实上，随着罗马教会与民族国家这两种对立势力的此消彼长，到了15、16世纪，"上帝"的权柄已经旁落，而法兰西与西班牙之间的长期较量，其实质就在于谁将成为欧洲大陆唯一的"恺撒"。

① 保罗·肯尼迪著，《大国的兴衰》，天津编译中心译，四川人民出版社1988年版，第59页。

② 1556年，查理五世退位时，他留给腓力二世的西班牙政府债务为2000万杜卡；到1598年腓力二世去世时，所欠债务更是高达1亿杜卡，仅每年应付的利息就占政府全部税收的三分之二。参见同上书，第57、58页。

1547年，强悍有为的法国国王弗兰西斯一世去世，此后继位的几位瓦罗亚王朝君主大多软弱无能，国内政治、经济陷入混乱状态。此时宗教改革浪潮已经在法国产生了政治后果，形成了以波旁家族为代表的胡格诺派（Huguenots，意即"结盟者"，指加尔文派信徒）与以吉斯家族为代表的天主教势力之间的对立。双方的宗教—政治利益冲突导致了胡格诺战争的爆发。在断断续续进行了二十多年的内战之后，波旁家族的亨利四世在瓦罗亚王朝绝嗣的情况下继承法国王位。这位新国王原本是胡格诺派领袖，但是为了争取实力强大的巴黎天主教贵族的支持和避免西班牙的军事干预，他放弃了胡格诺教信仰，重皈天主教。亨利的改宗完全是出于政治上的考虑，因此他对以往的胡格诺派兄弟采取了宽容政策。天主教虽然被宣布为法国国教，但是1598年颁布的《南特赦令》却准许胡格诺派贵族继续担任公职，并允许他们在自己的封建领地——主要集中在法国西南部地区——按照胡格诺教的方式进行公开崇拜。当欧洲其他国家和地区的统治者都根据《奥格斯堡和约》（1555年）确定的"教随国定"原则，坚持认为在一个政治实体内只能存在一种合法宗教形式的时候，法兰西国王却赋予不从国教者（胡格诺派）以自由存在的权利。"在一个国家内给予两种宗教以法律承认和合法地位，这种解决方法是欧洲宗教历史的一个转折点，这与同意一国国王在两种宗教之间作出选择的《奥格斯堡和约》有共同之处。"[①] 正是这种宗教信仰上的灵活性，使得法兰西能够在近代欧洲政治舞台上纵横捭阖、尽收渔利。

亨利四世及其继承者之所以没有像斯堪的纳维亚和英国的国王们那样对宗教改革表现出较多的热情，一个重要原因是由于法国王室从"阿维农之囚"时代开始就已经有效地控制了法国境内的教会组织和财产，因

---

① 斯塔夫里阿诺斯著，董书慧等译：《全球通史：从史前史到21世纪》（第7版）（下），北京大学出版社2005年版，第380页。

此他们并不奢望通过宗教改革来从罗马教会手中获得更多的政治经济利益。此外，对南部强大邻居西班牙干预法国内政的担忧，也使法国统治者不愿授人以宗教异端之把柄。更何况面对着信仰分裂的基督教世界，波旁王朝的国王们也和哈布斯堡王朝的君主们一样，妄图登上天主教阵营领袖的宝座。但是法国人不同于西班牙人的地方，就在于他们把政治利益看得比宗教信仰更为重要。西班牙人像唐·吉诃德一样讲究荣誉和信仰，法兰西人却像桑丘·潘沙一样追求利益和实惠，为了"国家的立场"（Raison d'etat，法国首相黎世留常用的术语）不惜牺牲信仰的原则。当西班牙统治者在国内运用宗教裁判所对异端人士进行残酷迫害时，法国统治者却颁布《南特敕令》对胡格诺派教徒网开一面。继亨利四世之后，路易十三的首相黎世留（Duc de Richelieu，1585—1642）和路易十四的首相马萨林（Jules Mazarin，1602—1661）都把法兰西的国家利益置于天主教信仰之上（尽管他们都兼任罗马教廷的红衣主教）。他们对内采取一系列改革措施来削弱贵族势力，加强君主专制，推动法兰西国家实力的发展；对外则联合唯利是图的威尼斯人、德意志新教诸侯、信仰伊斯兰教的奥斯曼帝国，甚至推翻王权的英国克伦威尔政府，共同对付欧洲头号霸主西班牙，企图取而代之。从15世纪争夺意大利开始，一直到17世纪的三十年战争和法西战争，法国人始终站在"国家的立场"上与恪守宗教信仰原则的西班牙人作对。欧洲大陆上这两个最强大的天主教国家之间的激烈抵牾，往往更甚于新旧教国家或诸侯之间的武力冲突。在三十年战争中，当欧洲所有参战国家都根据宗教信仰而形成泾渭分明的两大阵营时，只有法兰西这个天主教国家完全不顾及宗教立场，旗帜鲜明地站在新教阵营这一边。法国这种唯政治利益是图的做法，不仅有效地削弱了它在欧洲大陆的头号对手西班牙，而且也使另一个近邻德意志陷入了长期的分裂状态之中，从而保证了法兰西民族国家的茁壮成长。后来，当法国西南部的胡格诺派贵族势力越来越构成法国"新君主制"

发展的强大障碍时，路易十四再次由于"国家的立场"在 1685 年废除《南特敕令》，借助天主教的信仰专制来加强法兰西王室的政治集权。这种宗教专制与政治集权的高度结合虽然在不久以后激起了法国启蒙运动和法国大革命，但是它同样也有力地促进了法兰西民族国家的长足发展。路易十四时代既是一个信仰和政治的专制时代，也是一个经济蓬勃发展、文化繁荣昌盛、民族意识迅速膨胀的时代。法兰西正是在路易十四时代迅猛崛起，一跃而成为欧洲大陆上最强盛的民族国家[①]。

（五）意大利和德意志的悲剧命运及几点结论

在宗教改革时代，有两个西欧国家的情况比较特殊，一个是天主教的大本营意大利，另一个是宗教改革运动的发源地德意志。这两个国家都由于政治上的严重分裂，不仅未能借助宗教改革的历史契机而崛起，反而变得更加混乱（德意志）和前景暗淡（意大利）。

意大利人曾经在文艺复兴运动中独领风骚，被布克哈特誉为"近代欧洲的儿子中的长子"。但是意大利在政治上却长期分裂为威尼斯、米兰、佛罗伦萨、那不勒斯、罗马教皇国等五个大国和若干小邦，而且从 15 世纪以来不断遭受周边大国的入侵。由于意大利是天主教的大本营，所以它的各个邦国不可能指望从宗教改革运动中获得什么政治上的好处；另一方面，由于西班牙和法兰西这两个天主教大国虎伺在旁，教皇国和意大利也不再有资格成为天主教阵营的政治领袖。从内部情况来看，"教皇国的存在及其赖以继续维持下去的条件是意大利国家统一的永久障碍"，

---

① 伏尔泰对路易十四治下的法国文化推崇备至，认为它是西方历史上最崇高伟大的时代，法国的文化技艺、智能、风尚和政治在这个时代都经历了"普遍的变革"，其辉煌成就激励了英、德、俄、意等国和影响了欧洲文明。参见伏尔泰著，吴模信等译：《路易十四时代》，商务印书馆 1982 年版，第 7 页。

正如一个分裂的德意志有利于法兰西的"国家的立场"一样，一个分裂的意大利也有利于维护教皇国的宗教权威；此外，文艺复兴时期营造的"文学艺术乐趣的享受，生活的舒适和高雅以及对于自我发展的无上兴趣破坏了或阻碍了对于国家的热爱"[1]，个性因素的过分膨胀也影响意大利民族国家的形成与发展。从外部环境来看，法国、西班牙甚至德意志军队的不断侵扰使得意大利各邦国难以实现统一大业。正是由于政治上的积弱不振，意大利的经济优势到了17世纪就被新兴民族国家英国、荷兰所取代，文化辉煌也被异军突起的法国所掩盖。在经历了几百年之久的邦国内讧、政教龃龉和外国占领的屈辱之后，意大利直到1861年才作为一个现代民族国家完成统一，而此时西欧的那些大国早已超越了民族国家的范围，走向世界建立起全球殖民体系。

德意志的情况更加糟糕，当马丁·路德发动宗教改革时，德意志境内存在着三百多个封建邦国和数不胜数的骑士领地，这种高度分裂的政治状况由于宗教改革造成的信仰分歧和《奥格斯堡和约》确定的"教随国定"原则而进一步被加深。到了三十年战争期间，居心叵测的法国一方面通过支持德意志的新教诸侯来打击西班牙，另一方面也运用各种手腕来分化德意志的诸侯们，极力阻止德意志作为一个统一的民族国家在自己身边崛起。对于欧洲大陆的超级大国——西班牙和法兰西——来说，一个支离破碎的德意志是符合自己称霸欧洲的利益的。因此，作为三十年战争的妥协结果，《威斯特伐利亚和约》使参战各国都获得了相应的利益，唯独德意志承受了战争的所有苦难和恶果，它的政治分裂状态变得更加根深蒂固和难以改变了。埃尔顿认为德国君主统治的软弱无力造成了德意志民族国家的"先天不足"：

至少在理论上，德国本该是另一个向适当的统一与有效的国家地位发

---

[1]　雅各布·布克哈特著，何新译：《意大利文艺复兴时期的文化》，商务印书馆1979年版，第123—124页。

展的区域性实体，但是德国君主统治长期以来极其软弱，以至它不得不从头做起，它所面临的问题是任何同时代的其他国家都未曾遇到过的……德国的历史从查理五世到拿破仑甚至到俾士麦的时代，乃是一些独立州郡的历史，这些州郡只是空泛地由共同的语言和共同的历史但很少是由共同的政纲联系在一起的。①

德国历史学家弗里德里希·梅尼克指出，德意志人早在15世纪就开始使用"民族"（Nation）这个概念，但是他们的民族意识长期停留在文化共同体而不是国家共同体的层面。德国作家弗里德里希·卡尔·冯·莫泽（Friedruch Karl v. Moser，1723—1798）在1765年发表的一部著作中使用"德意志民族精神"（deutscher Nationalgeist）一词作为书名，但是这种精神最初仅仅停留在德意志文学层面。在经历了拿破仑战争和狂飙突进时期的启蒙之后，腓特烈大帝在执政晚期试图把这种精神落实到普鲁士的政治生活中。但是直到俾士麦（Otto Fürst v. Bismarck，1815—1898）时代，统一的德意志民族国家才在"德意志民族精神"的感召下形成②。

通过以上的考察，我们可以得出如下几点结论：

第一，西欧社会在经历了中世纪一千年的发展之后，罗马天主教会试图在人间建立基督王国的理想已经变得不合时宜，神圣罗马帝国更是徒有虚名，在这种情况下，16世纪以后的历史潮流是合久必分。这种历史潮流既表现为各个民族教会突破罗马教会的束缚而自立门户，也表现为各个民族国家摆脱罗马帝国的阴影而独立自强。因此，那些顺应宗教改革潮流、建立民族教会以加强国家实力的西欧国家（如荷兰、英国等）

---

① 埃尔顿编，中国社会科学院世界历史研究所组译：《新编剑桥世界近代史》（2），中国社会科学出版社2003年版，第12—13页。

② 参见弗里德里希·梅尼克著，孟钟捷译：《世界主义与民族国家》，上海三联书店2007年版，"第二章：从七年战争以来的民族与民族国家"。

日益崛起，那些抵制宗教改革潮流、试图重振宗教统一和帝国统一理想的国家（如西班牙）则逐渐衰落。

第二，在宗教改革发生的地区，凡是此前已经初具民族国家雏形、实现君主集权的国家（如英格兰），现代民族国家就能够迅速地生长起来；而那些封建分裂状态严重的地区（如德意志），不仅没有能够借助宗教改革而实现民族统一和强盛，反而由于频繁的宗教战争造成了更加悲惨的政治分裂状况，留下了严重的历史后遗症。

第三，法兰西在宗教改革时代是一个特例，它虽然没有改变天主教信仰和建立起民族教会，但是却如同改信新教的英格兰一样让宗教信仰服从于政治利益。它在国际上巧妙地利用宗教分裂和宗教战争的机会为法兰西"国家的立场"服务，纵横捭阖、坐收渔利；在国内则通过宗教专制与政治集权相结合的方式有力地推动了民族国家的发展，加强了经济和文化实力，同时也为日后激烈的宗教批判和政治变革埋下了深深的隐患。

第六章
基督教信仰与乌托邦的变迁

基督教最初脱胎于犹太教，在基督教产生之前，犹太教的弥赛亚主义表现了一个苦难民族期盼社会解放的乌托邦理想。随着基督教从犹太教中脱颖而出，这种关于社会解放的乌托邦理想就逐渐转化为灵魂得救的天国福音，一个幸福美好的"千年王国"也从人间上升到天堂。到了宗教改革时代，托马斯·莫尔、托马斯·闵采尔和再洗礼派又重新提出了在人间建立"千年王国"的乌托邦理想，并且在德国农民战争和闵斯特公社中付诸实施。虽然这些近代乌托邦尝试都以失败而告终，但是它们却构成了从基督教的天国救赎福音向共产主义的社会解放理想转化的重要中介。

（一）"千年王国"从人间上升到天堂

在回溯乌托邦的思想起源时，学者们通常会追寻到柏拉图的《理想国》。柏拉图在《理想国》以现实中的斯巴达国家为范本，设计了一个由"哲学王"来进行统治、在统治阶层内部实行财产公有、以整体性的国家利益作为至上目的的理想社会模型。这种"哲学王"的政治理想国模式是从他的理念论哲学中推论出来的，它典型地表现了柏拉图哲学的唯心主义特点，即注重精神性的理念世界而贬抑物质性的感觉世界的倾向。就此而论，柏拉图的理想国并非表达了一个苦难民族或苦难阶级期盼社会解放的政治理想，而是更多地表现了一个与希腊大众文化潮流背道而驰的失意哲学家的奇思异想①。

从这种意义上说，反映一个苦难社会群体期盼政治解放的乌托邦思想，其最初的孕育地并非柏拉图的《理想国》，而是饱受奴役的犹太民族的弥赛亚主义。与自由自在地生活在爱琴海畔的希腊人相比，犹太民族是一个长期遭受外族统治和欺压的民族。自从他们的祖先希伯来人在公元前14世纪之前越过幼发拉底河来到巴勒斯坦地区定居之后，除了公元前11—公元前10世纪的三王（**扫罗、大卫、所罗门**）统治时期之外，犹太人几乎没有享受过几天自由、独立的日子。从公元前13世纪开始，一直到基督教从犹太教中脱颖而出的1世纪，在长达一千多年的时间里，犹太人先后被埃及人、非利士人、亚述人、新巴比伦人、波斯人、希腊人和罗马人等外族所统治，过着寄人篱下和受人役使的苦难生活。长期不得解放的悲惨状况，使犹太民族产生了强烈的不幸意识或罪孽意识。另一方面，与这种深沉的不幸意识相对应，信仰一神教的犹太民族也产生了一种坚定的选民意识。他们坚定不移地相信，他们的不幸是由于自己的祖先（**亚当、夏娃**）和族人的罪孽所致，但是上帝在惩罚他们、让他们遭受了磨难之后，将会派一位拯救者来解除他们的罪孽和苦难，使犹太人最终过上幸福的生活。这种相反相成、彼此砥砺的不幸意识与选民意识使得犹太民族在苦难的现实生活中顽强地期盼着一位复国救主的出现，

---

① 从苏格拉底（甚至更早的克塞诺芬尼、巴门尼德等人）到柏拉图，都对希腊城邦时代的大众文化进行了深刻的批判。他们对当时流行的奥林匹亚竞技会、表现希腊神话主题的文学艺术，以及城邦民主政治等都采取一种鄙夷的态度，而把眼光投向了感性事物背后的抽象形态，从而构建了一种与流行的大众文化格格不入的、具有阳春白雪特点的形而上学理想。苏格拉底由此而触犯了雅典民众的传统观念，最终被雅典法庭处以死刑；柏拉图则被迫流落他乡，终生难以实现自己的哲学—政治抱负，充满了失意之感。正因为如此，苏格拉底尤其是柏拉图的思想精神在后来以否定姿态来对待希腊文化的基督教文化中得以发扬光大，为具有浪漫倾向和唯灵主义特点的基督教神学奠定了重要的理论基础。

这种对于解放的强烈期盼就逐渐形成了犹太教关于弥赛亚将临的预言。

早在公元前8世纪，犹太人中间就已经出现了关于上帝耶和华将派一位人间救主来解救犹太人的预言。在《圣经》"旧约"的《以赛亚书》《耶利米书》等先知书中，就已经预告了耶和华将派他的儿子来做犹太人的"和平的君""在大卫的宝座上治理他的国"。先知耶利米以上帝耶和华的名义明确宣称："日子将到，我要给大卫兴起一个公义的苗裔，他必掌王权，行事有智慧，在地上施行公平和公义。在他的日子，犹大必得救，以色列也安然居住。""到那日，我必从你颈项上折断仇敌的轭，扭开他的绳索，外邦人不得再使你作他们的奴仆。"[①] 到了公元前6世纪，在新巴比伦国王尼布甲尼撒二世将大批犹太人掳往巴比伦去做苦役期间（即"巴比伦之囚"期间），犹太教的祭司们预言上帝指派的一位复国救主马上就要来临了，他们把这位复国救主称为"弥赛亚"[②]。公元前4世纪以后，在希腊塞琉西王国和罗马帝国相继统治期间，犹太人中间关于弥赛亚将至的预言愈演愈烈。处于被奴役状态之中的犹太人普遍相信，弥赛亚就要降临成为犹太人的王，把犹太人从外族人的统治下解救出来，并带领他们来到流着甜酒和奶的美好地方，过上一千年的幸福生活（即"千禧年"或"千年王国"）。在弥赛亚统治的国度里，不仅犹太人不再受外族的欺侮，而且连自然界中的一切暴戾之事都将终止。"豺狼必与绵羊同居，豹子与山羊羔同卧，少壮狮子与牛犊并肥畜同群；小孩子要牵引它们"。[③] 这样一种"千禧年"的美好状态，就是犹太教的弥赛亚主义所表达的乌托邦理想，它的实质就是一个苦难群体（犹太民族）对于社会解放前景的强烈期盼。

但是到了基督教产生之后，由于基督教脱离了犹太民族的狭隘范围而

---

① 《圣经·以赛亚书》，第9章第6-7节；《圣经·耶利米书》，第23章第5节；第30章第8节。

② "弥赛亚"为希伯来文 Māshiah 一词的音译，意即"受膏者"。古代犹太人拥立君王时，要在受封者头上涂抹羊膏油，以示尊重，所以"受膏者"即君王。

③ 《圣经·以赛亚书》，第11章第6节。

来到罗马帝国的广大疆域中传播，所以它对犹太民族的社会解放理想就不再感兴趣。虽然基督教信仰最初也是在罗马帝国的苦难人群——奴隶、无产者和贫民——中间传播，但是在一个强大的罗马帝国中，这些苦难人群的阶级解放理想比起犹太人的民族解放理想来，要显得更加遥远和渺茫。正是由于这种现实的无望，基督教开始把得救的希望推向了彼岸世界，幸福的"千年王国"也被搬到了天上，于是犹太教的社会解放理想就逐渐转化为基督教的灵魂救赎福音。虽然"基督"就是"弥赛亚"[①]，但是基督教信仰的"基督"与犹太教期盼的"弥赛亚"有着两个根本性的区别：第一，基督已经不再是犹太人的复国君王了，他成为所有信仰者——无论他们属于哪个民族或哪个阶级——的普遍救赎者，这一区别使基督教超越了犹太教的狭隘的民族主义藩篱而成为一种普世性宗教；第二，基督把犹太人追求社会解放的政治理想变成了基督徒盼望灵魂救赎的宗教福音，把得救的希望从人间搬到了天堂，从而完成了从一种政治乌托邦向一种宗教理想的转变。

　　基督教既然源于犹太教，那么它也难免会受到弥赛亚主义"千禧年"理想的影响。在以犹太人为主要成分的初期基督教中，关于苦难的世纪即将结束、"千年王国"即将来临的信念也是非常强烈的。信徒们普遍相信，上帝的国不久就要降临在这个悲惨的世界上，使受苦受难的人脱离灾难，让他们在肉体上和精神上同时获得解放。但是，随着外邦人基督教的崛起，基督徒们对于改善犹太人生存处境的问题已经不感兴趣了；面对无法改变的现实苦难，基督徒开始用一种关于彼岸幸福的信仰来抚慰绝望的心灵。于是，现世解放的政治乌托邦就逐渐被彼岸得救的宗教福音所取代。"千年王国"也被搬到了天上，上帝的国不再在现实世界中出现，而是

①　基督教是从犹太教中脱胎而出的，它坚信出生于伯利恒的耶稣就是犹太教预言中的弥赛亚。当基督教脱离犹太人的范围到外邦人中去传教时，它开始用希腊语和拉丁语取代希伯来语作为传教的主要语言。在希腊语中，"受膏者"或"君王"写作 Christós，音译即"基督"，故而"基督"就是"弥赛亚"。

在另一个世界即彼岸世界中存在，或者作为一种信仰在人们的心中存在。进入上帝之国的将不再是负罪的肉体，而是超脱了肉体的灵魂。耶稣作为基督或弥赛亚，并没有把上帝的国带到人间来，而是把信仰者的灵魂带到了上帝的国中间去。这一"来"一"去"的区别，表明了基督教与犹太教的重要差异，即社会解放理想与灵魂得救福音之间的差异。

这一转化明显地表现在《圣经》"新约"的福音书中，当年耶稣与犹太宗教知识分子法利赛人的主要冲突之一就在于，耶稣是否带来了上帝的国。耶稣被他的门徒们认作弥赛亚，但是掌握犹太教律法解释权的法利赛人却不予承认，反而指责耶稣是一个骗子。法利赛人的理由是，按照先知们的预言，弥赛亚的来临马上就会给犹太人带来一千年的幸福生活，然而耶稣并没有带来上帝的国，因此他只是一个摇唇鼓舌的骗子。而耶稣却反驳道，他带来的只是关于上帝之国的福音和信仰，而不是肉眼可见的现世幸福。《路加福音》记述道："法利赛人问：'神的国几时来到？'耶稣回答说：'神的国来到，不是眼所能见的。人也不得说：看哪，在这里，看哪，在那里；因为神的国就在你们心里。'"[①] 这种对于上帝之国的不同理解，典型地反映了犹太教期盼社会解放的乌托邦理想与基督教向往彼岸得救的宗教福音之间的区别。后来，当罗马总督彼拉多听从法利赛人的诬告，审问耶稣是不是要做犹太人的王时，耶稣明确地回答："我的国不属这世界。"[②] 从这里可以清楚地看到，耶稣并没有像犹太教先知所预言的弥赛亚那样，把上帝的国直接带到人间来。但是他却通过自己的现身说法，昭示了一种关于上帝之国的福音。当耶稣被钉在十字架上时，法利赛人幸灾乐祸地嘲笑道："他救了别人，不能救自己。以色列的王基督，现在可以从十字架上下来，叫我们看见，就信了。"[③] 然而，耶稣并没有从

---

① 《圣经·路加福音》，第17章，第20–21节。

② 《圣经·约翰福音》，第18章，第36节。

③ 《圣经·马可福音》，第15章，第31–32节。

十字架上走下来，而是把自己作为祭品牺牲在十字架上，但是他很快又通过死而复活的奇迹昭示了一种关于上帝之国的全新概念。现在，上帝的国已经不再在人间实现了，而是被搬到了肉体死后灵魂才能进去的天堂。耶稣本人已经通过十字架受难和死而复活的否定辩证法作出了表率，所有信仰基督耶稣的人，都有可能像他一样死而复活，众人的灵魂由于对基督事件的信仰而获得了救赎的福音。

这种关于死而复活的"救赎说"使得基督教具有了一种超越的浪漫色彩。犹太教弥赛亚主义的"千禧年"理想主要是一种现世解放的政治乌托邦，它使人们期待不久将至的人间幸福，上帝之国在人们活着的时候就可以在这个世界上实现。然而，基督教的"救赎说"却通过向死而生的否定辩证法而宣扬了一种灵魂得救的宗教福音。犹太民族期盼社会解放的"千禧年"理想在现实社会中屡遭挫折，数百年来都无法实现，久而久之，就成为一种空洞的乌托邦，逐渐失去了感召力。基督教的"救赎说"却通过耶稣的受难和复活而传播了一种此生受苦、来世享福的宗教信仰，它告诉人们，幸福的"千年王国"不会在有血气的此生实现，而是在肉体死后的灵性世界中。这样一来，基督教信仰就取代了犹太民族期盼社会解放的政治乌托邦，把得救的希望从此生推向了彼岸。

上述转变的发生，归因于基督教的唯灵主义精神。与犹太教关注现实生存处境的取向不同，基督教把眼光从现实生活转向了灵性理想，试图通过一种灵魂得救的福音来超越现世的苦难。基督教的这一特点显然是受了希腊形而上学的深刻影响，正是具有强烈超越倾向的希腊形而上学（尤其是柏拉图的理念论）将基督教从一种社会革命理想提升为一种灵魂救赎神学。在这方面，具有深厚希腊文化教养的使徒保罗发挥了重要的作用，他不仅撰写了《圣经》"新约"中的大部分书信，而且还使基督教摆脱了犹太教弥赛亚主义的政治乌托邦，走上了一条神秘的灵性道路。研究早期基督教思想的著名学者罗伯逊认为，保罗"宣传一种神秘教，把其中有关革命宣传的基督耶稣化成一个能使凡人化为不朽的神灵。他把天国从现世搬到了来世"。[1]

另一方面，1世纪时罗马帝国的强盛状况也使得任何现实革命的企图都不可避免地流于失败，这种此世解放的无望进一步加强了来世得救的信仰。所以在最初发展的那几个世纪里，基督教的信仰者们面对罗马统治者的残酷迫害始终采取一种逆来顺受的谦卑姿态，而拒绝使用任何暴力革命的反抗方式，支撑他们这样做的一个重要心理根据仍然是关于彼岸得救的信仰。现实生活状况越令人绝望，基督徒们就越是对另一个世界抱有希望；而这种关于彼岸的希望越强烈，他们对于现世革命的兴趣就越淡漠。恩格斯在《论原始基督教的历史》一文中指出，由于罗马征服者已经用"荡平一切的铁拳"把那些被征服的弱势群体的现实解放希望砸得粉碎，所以这些具有不同背景的无权者——债务奴隶、破产自由民、战俘奴隶、失去土地的小农等——在罗马帝国的处境中就只能找到一条共同的出路：

这样的出路找到了。但不是在现世。在当时的情况下，出路只能是在宗教领域内。于是另一个世界打开了。肉体死后灵魂继续存在，就渐渐成为罗马世界各地公认的信条。死后的灵魂将为其生前的行为受到某种报偿或惩罚这一信念，也越来越为大家所接受……于是，基督教出现了。它认真地对待彼岸世界的报偿和惩罚，造出天国和地狱。一条把受苦受难的人从我们苦难的尘世引入永恒的天堂的出路找到了。[2]

这样一来，社会革命的乌托邦在希腊形而上学的灵性指引和罗马帝国的强权压迫之下，就逐渐转变为灵魂得救的宗教福音了。

到了罗马帝国灭亡之后的满目疮痍的"黑暗时代"和蒙昧闭塞的中

① 罗伯逊著，宋桂煌译：《基督教的起源》，三联书店 1958 年版，第 133 页。
② 《马克思恩格斯选集》第 4 卷，人民出版社 1995 年版，第 473-474 页。

世纪，面对着连接不断的战乱、灾害和瘟疫，人们更是对现世幸福丧失了信心，焦虑不安地等待着世界末日和最后审判的来临。再加上罗马天主教会逐渐攫取了越来越多的政治、经济权力，形成了铁板一块的专制统治，对于任何可能动摇其权威地位的"异端"都采取赶尽杀绝的手段。在这种情况下，中世纪一切社会革命的乌托邦理想都只能打着复兴早期基督教纯洁信仰的旗帜来进行，把现实的经济、政治诉求掩藏在宗教热情的外衣下。其中最典型的例子如13世纪遭到罗马教会和法国国王联合镇压的阿尔比派、来自法国下层民众的华尔多派，以及15世纪胡斯战争中出现的塔波尔派等。这些主要由穷苦农民和城市贫民组成的宗教派别把取消农奴制度、平分贵族土地甚至废除私有财产的社会革命要求掩饰在反对罗马教会的专制统治和腐败行径的口号下面，试图通过建立自由平等的独立教会，来实现经济平等和政治改革的社会目标。但是这种以宗教变革的形式所表达的社会乌托邦理想最终都被罗马教会打上了"异端"的烙印，遭到了教会和国王的残酷镇压。

（二）"千年王国"从天堂下降到人间

到了宗教改革时代，马丁·路德、茨温利、加尔文等宗教改革领袖们猛烈地批判了罗马天主教会的信仰虚假和道德腐化现象，主张回归早期基督教的纯正信仰。宗教改革运动打破了罗马天主教会一统天下的专制格局，虽然路德等人的主观愿望是要回归早期基督教的淳朴状态，但是宗教改革运动却在客观上推动了自由精神的生长、民族国家的壮大和资本主义经济的发展，为西方现代文明开辟了道路。

在宗教改革时代，随着西欧各国封建王权借助民族教会的力量而摆脱罗马教廷的控制，下层民众追求社会变革目标的乌托邦理想也再度被激活。如果说宗教改革运动把矛头对准了罗马教会的宗教信仰状况，那么乌托邦理想则试图改造封建社会的政治经济格局。在16世纪的西欧，出现了两位近代乌托邦理想的代表人物，他们就是英格兰的托马斯·莫尔和德意志的托马斯·闵采尔。这两个人一个从理论上设计了乌托邦蓝图，另一个则在现实社会中将乌托邦理想付诸实施，从而共同为后世乌托邦的发展演化奠定了基础。

托马斯·莫尔在1516年写成的《乌托邦》(全名为《关于最完善的国家制度和乌托邦新岛的既有益又有趣的金书》)一书标志着近代乌托邦理想的正式产生。在这本书中，莫尔借一位航海家拉斐尔·希斯洛德之口，介绍了南半球的一个岛屿——乌托邦岛——上的社会制度。这个岛国的最大特点就是取消了私有制，全部社会财富都归全体乌托邦人所有，岛上居民遵循共同劳动、按需分配的社会原则过着一种幸福的生活。在乌托邦中，所有的劳动都是生产性的，一切奢侈性的奇技淫巧均属禁绝之列，人们对金银财宝也持一种鄙夷的态度。在乌托邦，所有的生活必需品都放在市区中心的货物市场上供大家自由领取，由于货物供应充足，每个人的需要都能够得到满足，因此没有任何人会领取超出自己需要的东西。"在乌托邦，一切归全民所有……这儿看不到穷人和乞丐。每人一无所有，而又每人富裕"。[1] 由于废除了私有制，所以乌托邦的人民就把所有的聪明才智都用到公共生活方面。乌托邦的政体形式是一种代议民主制，由全体居民通过间接选举的方式产生出国家的领导人。乌托邦人尊重学术，普及教育，提倡公共道德，实行宗教宽容，整个社会风气淳朴纯正，人民生活欣欣向荣。莫尔认为，在任何地方也不会有生活得如此"秩序井然"的人民和治理得如此"幸福繁荣"的国家。

莫尔是英格兰最著名的人文主义者，他与他的挚友、荷兰人文主义巨

---

[1]　托马斯·莫尔著，戴镏龄译：《乌托邦》，商务印书馆1982年版，第115页。

瞾伊拉斯谟一样，一方面对罗马教会的腐败堕落充满了愤慨，另一方面却仍然保持着正统的天主教信仰。这种保守主义的倾向使得他们既不愿意像路德等宗教改革家那样与罗马教皇公开决裂，同时又对病入膏肓的罗马教会束手无策。此外，莫尔本人在仕途方面也历经沉浮，深知宦海之凶险[①]。正是这种宗教上和政治上的双重苦恼使得莫尔只能把希望寄托在一种美好的乌托邦理想上，虚构出一个子虚乌有的世外桃源来抒发自己的政治情怀，就如同伊拉斯谟只能通过《愚蠢颂》的嬉笑怒骂方式来发泄内心的郁闷一样。但是莫尔寄托政治抱负的《乌托邦》一书却开创了西方近代乌托邦理想之先河，重新表达了在人间实现"千年王国"的愿望。从此以后，在西方近代社会中，政治上的人间乌托邦又开始取代宗教上的天国福音而成为苦难群体的心灵抚慰所，成为被压迫者努力追求的现实目标。17 世纪的另一位著名空想家康帕内拉认为，莫尔"之所以描述一个臆造的乌托邦国家，目的是要我们按照它的方式建立自己的国家，或者至少建立这种国家的个别基础"[②]。康帕内拉在莫尔《乌托邦》的基础上，进一步虚构了"太阳城"的理想社会。在"太阳城"中，人们不仅取消了私有制，而且也取消了家庭，一切财产和配偶都实行公有制。在以后的世代里，无论是 17 世纪温斯坦莱和英国"掘地派"所向往的"真正自由平等的共和国"，还是 18 世纪梅叶、摩莱里、马布利等人所构造的理想社会制度，以及 19 世纪圣西门、傅立叶、欧文的"批判的空想的社会主义和共产主义"，都打上了莫尔《乌托邦》和康帕内拉《太阳城》的深深烙印。

在宗教改革时期的西欧社会中流行着这样一句话："伊拉斯谟下蛋，

[①]　莫尔早年曾因反对英王亨利七世的增税政策而遭到贬黜，后来虽然受到了继任者亨利八世的重用，出任位高权重的大法官之职，但是他始终都对官场上的风云变幻心存芥蒂。1535 年，莫尔终因反对亨利八世的离婚和宗教改革措施而落了个身首异处的下场。三百多年以后，他被罗马天主教廷追封为圣徒。

[②]　康帕内拉著，陈大维等译：《太阳城》，商务印书馆 1980 年版，第 63 页。

路德孵出了小鸡。"同样地，英国人文主义者托马斯·莫尔在《乌托邦》一书中所设计的空想共产主义蓝图，也在德意志宗教改革家托马斯·闵采尔领导的米尔豪森农民起义和再洗礼派建立的闵斯特公社中付诸实施。如果说路德的宗教改革旨在重振早期基督教的纯正信仰，那么闵采尔和再洗礼派则走得更远，他们要回到犹太教的弥赛亚主义，在人间重建"千年王国"。路德的改革只是一种单纯的宗教改革，他并不想改变德意志现实的政治经济状况，他追求的只是信仰的自由。然而闵采尔和再洗礼派则不仅要进行宗教改革，而且还要进行社会改革，他们除了信仰的自由之外，还要求经济上和政治上的平等。在1世纪的罗马帝国中，基督教曾经把犹太教弥赛亚主义的"千年王国"从人间搬到了天上。到了16世纪的宗教改革运动中，闵采尔则要通过一场激进的社会革命重新把"千年王国"从天上拉回人间。

托马斯·闵采尔原本是一位天主教神甫，早年受过良好教育。1519年，闵采尔来到维腾堡，受到路德神学思想的影响，投身于宗教改革阵营。后来他先后来到茨威考和波希米亚等地，与胡斯派余党和再洗礼派思想先驱施托赫等人相联系，彼此在关于"千禧年"即将来临的观点方面不谋而合。1522年闵采尔回到图林根地区的阿尔斯特德城出任神甫，开始提出比路德更加激进的宗教改革和政治改革主张。他不仅猛烈地批判了罗马天主教会的宗教理论和宗教实践，而且也从根本上颠覆了基督教的天国理想，把"千年王国"从彼岸拉回到现世。他也像犹太教弥赛亚主义一样，预言作为一个救主的基督即将重新降临到这个世界上。在这个由基督亲自治理的人间天国中，没有私有制和阶级压迫，没有邪恶和欺诈，只有幸福、平等和公义。"闵采尔所了解的天国不是别的，只不过是没有阶级差别，没有私有财产，没有高高在上和社会成员作对的国家政权的一种社会而已"。^① 但是这个美好的人间天国不是等来的，而是要靠信徒们去争取、去建造，在它来临之前，"整个世界必须忍受一次大震荡"。与路德的和平主义基调不同，闵采尔主张暴力革命，他在传道中宣称："基督就说：'我来并不带来和平而是带来刀剑。'……不要有这种浅陋的看法，认为主的力量应当勿需你们刀剑之助就可做到这件事，果真如此，你们的刀剑就要在鞘中生锈了。凡是违背主的启示的人们，都必须毫无慈悲地消灭掉。"^② 闵采尔不仅是一个宣传鼓动家，而且也是一个革命实践者。1525 年 3 月，闵采尔在德国米尔豪森地区发动并领导了农民起义，成立了"永久议会"。他号召人民推翻官府的统治，没收封建贵族的土地归农民所有，实行共同劳动和财产公有制度。同年 5 月，起义军在弗兰肯豪森与诸侯联军决战失利，闵采尔负伤被俘，在受尽严刑折磨之后，慷慨就义，临死前还高呼："千年王国一定会实现！"

闵采尔成为近代乌托邦理想的第一个殉道者，他的失败（**以及德国农民战争的失败**）是由于他的乌托邦理想超出了那个时代所能够承受的限度。16 世纪充其量只是一个宗教改革的时代，而不是一个社会革命的时代；这个时代所呼唤的是一场重振基督教信仰和道德的文化变革，而不是一场彻底颠覆封建制度的政治变革。因此，路德等人发起的宗教改革运动成功了，而闵采尔领导的社会革命却注定了失败的命运。

闵采尔在人间建立"千年王国"的乌托邦思想对再洗礼派产生了深刻的影响。再洗礼派是在宗教改革运动中产生于德意志下层民众的一个教派，该派的信徒们由于苦难的现实处境，所以在宗教问题上采取了比路德派和加尔文派更加激进的态度。他们主张严格地按照《圣经》的教导来生活，要求废除圣像、取消弥撒，尤其是否认罗马天主教会对婴儿

---

① 恩格斯：《德国农民战争》，人民出版社 1975 年版，第 46~47 页。
② 参见张绥：《基督教会史》，上海三联书店 1992 年版，第 306 页。

施洗的宗教效力，主张只有那些自愿追随基督、在个人灵性上经历了重生的成人才有资格接受洗礼（"再洗礼派"因此而得名）。1525年初，以格雷贝尔为首的一批志同道合的虔诚信徒在苏黎世郊外创建了再洗礼派，该派很快就在德意志下层民众中间掀起了一场狂热的群众性的信仰复兴运动。一部分再洗礼派信徒参加了1525年的德国农民战争，在这场战争失败后遭到了教俗当局的联合镇压。

在16世纪席卷欧洲的宗教改革运动中，路德宗由于得到德国诸侯们的支持而获得成功，成为德意志部分邦国和北欧国家的官方宗教信仰；安立甘宗本身就是由英国国王以国家权力为后盾而创立的，所以它从一开始就带有浓郁的高派色彩；加尔文宗虽然是由日内瓦共和国的市民们所创建，但是它仍然与世俗的权力紧密地联系在一起。但是再洗礼派的情况却完全不同，它的信仰者主要来自社会的底层，响应其宗教主张者大多是贫苦的农民和城市平民，它与任何政治权力都无关。因此，再洗礼派不仅受到了天主教势力的残酷镇压，而且也遭到了各个新教教派的共同攻击。特别是在1525年农民战争失败之后，西欧社会的各种教俗力量联合起来，共同以残酷的手段来对付再洗礼派信徒。他们把那些在河水中进行重新洗礼的人投入水中淹死，用这种方式来嘲讽再洗礼派。1529年召开的斯拜耶宗教会议把再洗礼派斥为"异端"，天主教徒和路德教徒都同意要对这些"异端分子"处以极刑，于是成千上万的再洗礼派信徒纷纷死于水淹或火烧。然而，苦难的逆境却进一步加强了再洗礼派信徒的坚定信仰和不屈意志，也使他们把宗教改革的主张与社会改革的要求结合起来，在闵采尔之后继续践行在人间建立"千年王国"的乌托邦理想。英国著名历史学家埃尔顿对再洗礼派的特点总结道：

这些男男女女有一个共同特点：他们与任何国家的宗教都不相符，因此他们无论走到哪里，都会触犯政教同一的原则。他们还有另一个共同特点：再洗礼派运动是在下层群众中传播的，正是由于这一点，他们才如此频繁地遭到迫害。这个运动具有强烈的社会抗议的因素和（像人们所认为的那样）革命的危险。①

早在 1524 年，闵采尔就与瑞士改革派中的一些激进成员——他们中有些人不久以后成为再洗礼派的创始者——有过接触。虽然后者拒绝接受闵采尔的暴力革命主张，但是却认同他关于人间"千禧年"的乌托邦理想。再洗礼派的创始人之一胡布迈尔就是闵采尔的挚友，闵采尔在农民起义军中的一位部下汉斯·胡特后来成为摩拉维亚再洗礼派中大力宣传千禧年主义的领袖之一，甚至连在闵斯特公社中自封"大卫王"的再洗礼派领导人詹·博克尔松，也是闵采尔思想的热心鼓吹者之一。

1525 年德国农民起义失败后，一些悲观失望的农民纷纷到再洗礼派所宣扬的社会平等理想中去寻求安慰，他们放弃了闵采尔的暴力革命路线，转而采取一种和平主义策略。为了躲避西欧教俗统治者的迫害，一些再洗礼派信徒转向了摩拉维亚、匈牙利、乌克兰等偏远之地，在那里实行一种共同劳动和财产公有的制度。1534 年，一些来自尼德兰的再洗礼派移民控制了威斯特伐利亚地区的闵斯特城，他们的领袖是一位名叫詹·马蒂斯的面包师。马蒂斯以先知以诺自居，他像闵采尔一样号召人们起来推翻这个邪恶的世界，宣称上帝已经选择了闵斯特城作为"新耶路撒冷"。不久以后，马蒂斯在与围城的贵族军队作战时身亡，詹·博克尔松成为闵斯特城的新领袖。这位来自莱顿的裁缝自封为"大卫王"，他不仅继续强行推进马蒂斯的财产公有制度，而且根据当时闵斯特城男少女多的现状（男人约 1700 人，妇女人数是男人的 4 倍），公然提倡多妻制。他本人就娶了 16 名妻子，包括马蒂斯的遗孀。此举与基督教历来奉行的一夫一妻制相冲突，因此遭到了许多人的反对，也给再洗礼派的敌人们

---

① G. R. 埃尔顿编，王美秀等译：《新编剑桥世界近代史》第 2 卷《宗教改革：1520–1559》，中国社会科学出版社 2003 年版，第 7–8 页。

提供了镇压的口实。在坚持了 16 个月以后，闵斯特城终于在天主教军队和路德教军队的联合围剿下沦陷，博克尔松和大批再洗礼派信徒惨遭杀戮。闵斯特公社的实践背离了再洗礼派不使用武力的信条，财产公有和多妻制度更是使再洗礼派名声扫地。沃尔克对闵斯特革命的历史后果评论道："对德国再洗礼派来说这是一场灾难，因为人们从此认为这种狂热是再洗礼派的特点，再洗礼派也成为一种耻辱的名称。但对路德派而言，这场革命使他们得益非浅。路德派此后没有再洗礼派和它竞争，但这场革命却使路德派比从前更加成为王侯和中间阶级所同情的宗派。"[1] 从这种意义上来说，再洗礼派的狂热与偏激，加速了温顺而理性的路德教在德意志的合法化过程；社会革命的乌托邦理想的破灭，进一步巩固了宗教改革的既定成果。

闵斯特公社失败之后，再洗礼派遭到了天主教、路德教、加尔文教和英国安立甘教的一致谴责，大量的再洗礼派难民被各地的世俗统治者杀害或驱赶。残存的再洗礼派除了在摩拉维亚、匈牙利等地勉强维持之外，还有一些人聚集到荷兰的门诺派名下。门诺·西蒙斯原是荷兰的一名天主教神甫，就在闵斯特革命失败的那一年他接受了再洗礼派的洗礼。但是门诺与马蒂斯、博克尔松等人最大的差别就在于坚持和平主义原则，他明确表示反对闵斯特公社的暴力手段，同时却四处奔走为再洗礼派的受难者提供帮助。正是通过门诺的努力，再洗礼派的薪火才得以传承，门诺派也成为再洗礼派的直系支脉之一。时至今日，门诺派已经拥有一百多万名信徒，分布于世界各大洲的 65 个国家中。今天人们在美国俄亥俄州、宾夕法尼亚州等地仍然可以看到一些过着集体生活、拒绝现代化交通工具、赶着马车穿过大街的男人和头戴无沿尼帽的妇女，他们就是再洗礼派在现代社会中的传人。

---

① 威利斯顿·沃尔克著，孙善玲等译：《基督教会史》，中国社会科学出版社 1991 年版，第 425-426 页。

16 世纪几乎所有获得成功的新教教派都受到了世俗权力的庇护和支持，唯有再洗礼派始终与国家权力保持着距离。它的信徒们或者像闵斯特派那样试图运用武力来对抗现实的教俗权力，或者像门诺派那样采取和平避让的方式来寻找一片世外桃源。但是他们的改革目标却是相同的，那就是要改变现实社会的不平等状况，在人间建立一个幸福美好的"千年王国"。这个目标由于超越了那个时代的现实的政治、经济条件，因此注定了只能是一个美丽而虚幻的乌托邦理想。但是这种与一切现实的国家权力相分离、甚至相对立的特点，却从闵采尔和再洗礼派的近代乌托邦理想一直延续到科学共产主义的无产阶级革命理论中。

……

西方一些学者（如罗素等）都注意到了基督教信仰与共产主义运动之间的文化相似性，注意到它们之间有着某种一脉相承的精神联系。恩格斯在比较二者的异同时指出："原始基督教的历史与现代工人运动有些值得注意的共同点。基督教和后者一样，在产生时也是被压迫者的运动……基督教和工人的社会主义都宣传将来会从奴役和贫困中得救；基督教是在死后的彼岸生活中，在天国寻求这种得救，而社会主义则是在现世里，在社会改造中寻求。"① 如果说在古代，基督教曾经把犹太教弥赛亚主义的"千年王国"从人间搬到了天上，那么到了近代，正是莫尔、闵采尔和再洗礼派在人间重建"千年王国"的乌托邦理想，成为从基督教信仰到共产主义运动之间的中介，使人们再次把得救的希望从虚无缥缈的天堂转向了实实在在的现实世界。

---

① 《马克思恩格斯选集》第 4 卷，人民出版社 1995 年版，第 457 页。

本章附录一
西方理性精神的崛起与启蒙的历程（演讲录）

我今天给大家讲座的题目是"西方理性精神的崛起与启蒙的历程"，这个问题关系到西方文化在近代所发生的巨大精神变革，正是这场精神变革才使得西方文化真正地实现了向现代化转型。由于西方的启蒙运动是在基督教的文化背景下发生的，而且整个启蒙过程也与基督教信仰有着千丝万缕的联系，所以西方的启蒙进程实际上是传统的宗教信仰与新兴的理性精神之间的一场艰难坎坷的磨合、协调历程。

（一）近代理性精神崛起之前的文化背景问题

大家知道，理性这个概念在今天可以说是一个非常时髦的概念，它是一个褒义词。大家在日常生活中，批评一个人思维混乱时，往往会说他缺乏理性；而在赞扬一个人头脑清晰时，也往往会说他具有很高的理性精神。这些说法都表明，理性是一个很好的东西。但是，我们很少去问一问，理性本身到底是怎么产生的？当然，有数千年文明传统的中国文化，有着自己对于理性的一种理解，研究中国思想史的著名学者李泽厚先生曾经指出，中国人的理性是一种实用理性。所谓实用理性，就是说这种理性更多地是适用于经世致用、建功立业，更多是适用于处理人

说明:《西方理性精神的崛起与启蒙的历程》为笔者 2010 年 5 月在武汉大学的演讲，收入本书时有几处删改。

与人之间的相互关系，但是对于人与自然、人与上帝之间的关系，却很少考虑。因此这种实用理性所产生的结果往往是伦理学和政治学，而不是知识论、形而上学和神学。由于这种实用理性的影响，再加上两千年来儒家思想在中国被定于一尊的统治地位，所以在这种情况下，中国传统文化缺乏真正意义的宗教信仰，现世意识强烈，彼岸精神淡漠。虽然也有一些民间宗教，包括中国土生土长的道教和一些影响更小的本土宗教，以及相继从西域传入中国的佛教、伊斯兰教等，但是总的说来，这些本土宗教或者外来宗教，往往都会受到儒家思想的同化和改造。其结果，这些宗教都不得不按照儒家的一些基本理念来重新诠释自己的宗教理想，把儒家的一些重要思想比如忠孝仁义等东西作为宗教信仰的核心。这样就产生了一些具有中国特色的宗教教派，比如说佛教中的净土宗、禅宗、华严宗等，这些有中国特色的宗教信仰往往具有很强的实用理性精神，入世的功利诉求更甚于出世的理想情怀。正是在这种意义上，我们说中国人信仰的是中国特色的宗教。

西方的情况则不同，大家都知道，自从1世纪以来，在西方文化中出现了基督教，它对西方文化产生了极大的影响。尤其是自从4世纪基督教被罗马帝国统治者承认为合法宗教以来，基督教在西方社会中逐渐成为一种主导性的宗教信仰，其影响一直持续到今天仍未衰落。这种深刻的影响，如果我们不能身临其境的话，可能是很难理解的。我可以毫不夸张地说，西方文化的方方面面都与基督教有着千丝万缕的联系，基督教的影响渗透到日常生活的每一个细节之中。比如说，西方人的节庆基本上都与基督教信仰联系在一起，如圣诞节、复活节、感恩节等，我们中国人过年是过春节，而西方人过年就是过圣诞节。西方人的建筑作品、文学艺术、哲学思想、法律制度等，都或多或少地体现了基督教的文化理念。在西方，我们可以看到最有代表性的文化标志是教堂，而不是商业大楼或银行大厦。尽管今天的西方社会是一个高度世俗化的社会，但是教堂仍然是人们生活中不可或缺的重要场所，每个礼拜天都会有许多人去教堂参加宗教活动。特别是西方社会中的一些"软"的东西，比如思想观念、价值取向、人生理想和情感态度等，更是打上了深深的基督教文化烙印。就此而言，西方人所理解的宗教与我们中国人所理解的宗教是有着很大差别的，在西方，基督教已经超出了单纯的宗教信仰范围，成为一种无处不在的、深入骨髓的、如同汪洋大海一般广阔的文化根基。一个人生活在这样的文化氛围中，从小耳濡目染、潜移默化地接受着基督教的影响。比如一个咿呀学语的孩子，从小就跟着父母一起去上教堂，尽管他对教堂里的那套宗教仪式很陌生，或者完全听不懂牧师所宣讲的内容，但是他却在庄严肃穆的教堂音乐的感染下，在圣洁典雅的赞美诗的熏陶下，逐渐体验到基督教信仰的深邃内涵。等他成人以后，就会自然而然地，以他的整个感情方式和思维方式来实践基督教的文化理想。就此而言，基督教文化在西方社会中已经成为一种从生到死无处不在的教化形式，人们正是在这种教化形式的影响下才完成了他们的文明教养的。

我今天所讲的这个问题，即西方理性精神的崛起，必须在一定的背景下来开始，而这个背景就是中世纪基督教文化的背景。我要引导大家身临其境地进入中世纪基督教文化的背景中，去体验一下那个时代的非理性的精神氛围。大家知道，5世纪西罗马帝国崩溃之后，西欧社会曾经在沉闷而愚昧的中世纪基督教文化氛围中度过了漫长的一千年。近代理性主义的崛起，恰恰意味着那个愚昧、黑暗、落后的中世纪文化终于结束了。但是，这个蒙昧时代是如何结束的？西方文化是如何发生这个根本性变革的？我们今天的讲座就要从这里开始。

我们从小学一直到大学，都要学习历史，我们对于西方历史的大体发展情况应该不陌生。从476年西罗马帝国灭亡，一直到15、16世纪的文艺复兴时代，这整整一千年的时间，西欧社会是在一种黑暗、愚昧、专制、贫穷的状态下度过的。与亚欧大陆上的其他文明社会相比，中世纪西欧社会确实是比较落后的，罗马天主教会的精神专制和基督教所宣扬的罪孽意识使得中世纪西欧社会处于一种积弱不振的状况中，分散而闭塞的封建制度极大地限制了西欧经济、政治和文化生活的发展。如果我们生活在那个时代，我们也会感到很沮丧的。当时旧大陆的三分天下，东边是奉行儒家伦理的大明朝，中间是广大的伊斯兰世界，西边就是基督教世界。在这个三分天下的格局中，基督教世界的情况是最糟糕的。

当时的西方社会确实是比较落后的，但是在15、16世纪，这个积弱不振的西方社会也正在酝酿着一场根本性的变革。中世纪的西欧基督教社会在经济、政治等方面确实落后，但是它在精神方面却培养了一种根深蒂固的信仰，基督教的理想深入人心。在当时的西欧，一个人从出生到死亡，无不是在基督教的影响下度过的。他一生下来就要接受洗礼，成为教会中的一分子；一生中的任何重大事情——受教育、做礼拜、结婚、生子，直到临终忏悔，都是在教会的参与下进行。离开了教会，就等于离开了社会。那时候对一个人最大的惩罚不是杀头，而是革除教门。肉体死了还有来世，灵魂或许还能进入天国；但是一旦被革除教门，就意味着被上帝所抛弃，那就会永沦地狱，万劫不复。这样一种信仰和观念，我们今天的人是很难理解的，因为我们生活在一个开放的、自由的和世俗化的时代，我们很难想象中世纪的西欧人是在怎样一种封闭的环境中生活的。那个时候的欧洲人都坚定不移地相信天国和地狱，相信上帝的恩典和惩罚，相信基督的救赎，那都是千真万确的事情，无可置疑。

正是因为人人都对教会所宣扬的基督教理想深信不疑，所以罗马天主教会就利用自己所拥有的精神特权而成为凌驾于整个社会生活之上的专制机构，教会的神职人员们就利用自己手中掌握的拯救灵魂的权力而恣意肆行、为所欲为，做出许多与他们的神圣身份不相容的邪恶勾当。这是中世纪基督教文化的一个难以克服的悖论——一方面，神职人员承担着引导灵魂上天国的神圣职责，另一方面他们也是有血有肉的凡人，很难抵制物欲的诱惑，尤其是在他们掌握了大量的社会权力和资源的情况下，更是难以保持洁身自好。于是我们在中世纪西欧基督教社会中就看到了一种奇特的现象，既最圣洁的理想与最龌龊的丑行并驾齐驱，主教和神甫们一方面高唱着拯救灵魂的高调，一方面干着最不堪入目的勾当。关于这种矛盾的现象，大家可以去看看薄伽丘的《十日谈》，那里面描写了一些天主教的神甫们，表面上道貌岸然，背地里却干着蝇营狗苟的坏事。这种道德堕落的情况，在中世纪后期的基督教社会中确确实实是大量存在的。

（二）文艺复兴的感觉主义与宗教改革的信仰主义

正是在这样的背景下，西欧社会在 15、16 世纪发生了两场至关重要的文化变革活动。这两场文化变革活动一个在南部，一个在北部，它们的宗旨在某种意义上是不谋而合的，在结果上也是殊途同归的，但是二者的出发点却是完全不同的。这两场文化变革运动就是我们大家非常熟悉的文艺复兴运动和宗教改革运动。当时的西欧基本上根据南北而划分为两大块，阿尔卑斯山以南的世界是传统的拉丁文化圈，以北则是日耳曼文化圈。拉丁文化圈具有较为悠久的文明传统，曾经出现过水平很高的古罗马文化。古代罗马文化曾经是一个非常辉煌灿烂的文化，后来由于各种原因而逐渐衰落，最终在北方日耳曼蛮族的冲击下瓦解了。虽然古代罗马文化衰落了，但是它的文化影响仍然在拉丁语世界中无声无息地延续着，蛮族的大入侵并没有使这种影响消失殆尽。因此，在整个中世纪的一千年时间里，拉丁文化圈相对于北方的日耳曼文化圈来说，仍然具有较高的文化水平。在拉丁文化圈，尤其是意大利地区，早在 13 世纪时就开始出现了一股人性觉醒的潜流，这种人性的觉醒主要表现为一种强烈的个人意识和艺术天才，它们构成了文艺复兴运动的最重要的思想来源。当时天主教会的重心在南部，罗马教廷就设在意大利的拉文那地区。而且当时南部欧洲的经济水平比较高，意大利有一些自由城市与东方通商，所以财源旺盛。此外，意大利人的文化水平也普遍较高，他们继承了古代希腊罗马的文化因素，自由意识比较强烈。所以意大利相对来说是一个自由、开放的地方。尽管意大利就处在罗马天主教廷的鼻子底下，但是罗马天主教廷在当时的西欧社会也代表着最高的文化水平和最富裕的经济状况，所以相对于北方的日耳曼蛮族来说，在思想上和行为上也都要开放得多。正是这种相对自由、开放的状况加速了教会的腐败。所以当时的意大利，虽然是罗马天主教的核心地区，但是人们在思想上都比较自由、开放，对待基督教的圣洁理想普遍采取一种阳奉阴违的态度，说一套做一套似乎是天经地义的事情。在罗马天主教廷这个最神圣的机构的阴影之下，恰恰滋生着最骇人听闻的罪恶和腐败。用19世纪德国诗人海涅的话来说，在地中海温暖的阳光下，人们是很容易走向纵欲主义的。海涅的这段话虽然带有文学色彩，难免有夸张之处，但是基本上说的是事实。正是由于意大利人的个人主义和艺术天才，以及他们对基督教信仰的阳奉阴违态度，使得意大利成为文艺复兴运动的发祥地，成为呼吁人性解放、提倡现世享乐的人文主义思潮的故乡。

当然，意大利文艺复兴还有其他方面的原因，例如君士坦丁堡的陷落，大量希腊逃亡者流归西欧，也给蒙昧的西方社会带来了阔别已久的古典文化，从而推动了文艺复兴运动的发展。但是从根本上来说，意大利人的自我意识、个人主义和艺术天才，这些才是文艺复兴运动的最重要的原因。虽然有人喜欢把西欧文艺复兴的兴起说成是1453年君士坦丁堡陷落后希腊逃亡者带来的一份厚重礼物，但是我还是更加赞同另外一些西方学者的观点，把文艺复兴的主要原因归结于意大利人的文化禀赋和性格特征。当今的中国人或许不了解当时的西欧，那时候的西欧虽然都奉守天主教信仰，但是它并不是铁板一块。在中世纪，天主教的西欧至少可以被划分为两大阵营，一个是南部的拉丁文化圈，一个是北部的日耳曼文化圈。在1500年前后的日耳曼文化圈中，人们的文明教养状况与几百年前相比并没有什么实质性的进展，文化水平凋敝低下，人民愚昧不堪。然而在南部拉丁文化圈尤其是意大利，情况却大不相同，社会经济比较发达，人们的文化水平也比较高。因此，君士坦丁堡的希腊逃亡者们对于意大利人的影响并不是太大，但是文艺复兴却主要是在意大利发生和发展的一场文化变革运动。因此我认为，文艺复兴运动主要不是希腊逃亡者带回来的一份厚礼，它更多的是意大利人的个人主义和艺术天才的结果。当然，希腊逃亡者的流归是一个重要的加速度或者催化剂，它使得已经初具规模的意大利文艺复兴运动更加蓬勃地发展起来。

在意大利的文艺复兴运动中产生了一批提倡人性解放和复兴古典文化的诗人、艺术家和思想家，他们被称为人文主义者。人文主义者们在文学艺术领域开创了一种繁荣兴旺的新局面，展现了一派与中世纪的沉闷气息截然不同的、生机盎然的文化景象。他们所创作的艺术作品，一直到今天仍然是人类艺术宝库中的瑰宝。大家可能看过那个时期的人文主义者们的艺术杰作，如达·芬奇的《蒙娜丽莎》、拉斐尔的《西斯廷圣母》、米开朗基罗的《末日的审判》、波提切利的《维纳斯的诞生》等，这些作品具有不可超越的典范性。但是另一方面，这些作品也充满了强烈的感性色彩，充满了对世俗生活和人性欲望的热爱与赞美。这些作品表现了典型的拉丁文化特点，它是对古代罗马文化风尚的一种发扬光大，却是与中世纪阴郁苦难的基督教文化格调背道而驰的。这种倡导人性解放、主张感性快乐的要求在当时的文学作品中也明显可见，最典型的是彼得拉克的十四行短诗和薄伽丘的《十日谈》等，这些文学作品一方面揭露了天主教的那些主教和教士的荒淫生活和虚假信仰，另一方面却对两性之爱进行了直接而大胆的赞美。

　　虽然文艺复兴时期意大利的人文主义者们热情地讴歌现世生活、提倡人性解放，但是他们对于弘扬理性却缺乏兴趣。原因主要在于，理性在中世纪经院哲学中已经被扭曲为一种刻板的形式主义的三段式逻辑，这种缺乏人性的形式主义理性令人文主义者们非常反感。这样就决定了文艺复兴和人文主义的基本特点就是倡导感性、贬抑理性，正因为如此，所以罗素才说文艺复兴时期在文学艺术上的成果琳琅满目，在科学与哲学方面却是一个少有建树的时代。那个时代是文学家和艺术家的时代，却不是科学家和哲学家的时代。在15、16世纪，我们几乎找不出几个杰出的哲学家，这两个世纪在西方哲学史上差不多是一个空白时期。在科学方面，虽然也出现了哥白尼、布鲁诺这样伟大的人物，但是他们或者只能把自己的科学研究成果带入坟墓，死后才由别人予以发表；或者因为坚持科学创见而被烧死在火刑架上。这种悲惨的际遇恰恰说明那个时代是一个贬抑理性的时代。

　　这种热爱感性、轻视理性的状况既是那个时代的文化特点，也是意大利人和拉丁民族的文化特点。意大利人就是这样的一个民族，他们喜欢一切感性明朗的东西，热爱美的事物，具有卓越的艺术天才，但是他们却对一切形而上学的和抽象的东西、对哲学和神学深感头痛。正是由于这样的时代特点和民族特点，所以意大利的文艺复兴运动和人文主义思潮都带有强烈的感觉主义色彩。这种感觉主义的文化变革运动在沉闷的中世纪文化氛围中吹进了一股清新的气息，也使得意大利人成为欧洲近代最早觉醒的民族，成为"近代欧洲的儿子中的长子"。但是另一方面，这种感性主义也使得意大利和拉丁文化圈中固有的道德沦丧之风变得更加肆无忌惮。人文主义者与罗马教廷之间形成了一种微妙的默契，文艺复兴运动不仅没有消除罗马天主教会的腐败，反而使得这种腐败变本加厉，使得基督教的崇高理想与卑污现实之间的反差变得更加触目惊心。正因为如此，所以当时北部欧洲的日耳曼人对于意大利人都怀有一种宗教上和道德上的厌恶感。他们一方面承认意大利人是有教养的文明人，在经济、文化和宗教地位等方面都高居于日耳曼人之上，另一方面却对意大利人的信仰虚假和道德沦丧状况深恶痛绝。在缺乏教养但是却信仰虔诚的北方蛮子眼里，意大利人就是魔鬼的化身。

与文化较繁盛、经济较发达的南部拉丁文化圈相比，欧洲北部的日耳曼语世界在15、16世纪时仍然处于一种贫穷、愚昧和落后的状态中。可以说，16世纪宗教改革之前德意志的整体状况，与奥托一世建立神圣罗马帝国时（10世纪）的状况相比，并没有什么实质性的发展。日耳曼人仍然生活在一种闭塞而蒙昧的状态中，经济落后、政治混乱、文化凋敝，除了信仰一种统一的宗教（**天主教**）之外，其他方面并不比蛮族状态强多少。中世纪的西欧实行一种真正意义上的封建制度，这种封建制度与我们通常所说的中国古代的封建制度完全不同。我们所谓的中国封建制度，其实只是借用了马克思的社会形态理论的一个概念，具有牵强附会的特点。事实上，中国自从秦朝以来就形成了大一统的君主专制制度，这种君主专制制度与西欧中世纪封土建国、封爵建藩的封建制度是完全不同的政治体制。至于我们通常把"封建"与"专制"这两个概念相提并论，把中国古代社会叫作封建专制社会，这更是一个莫大的误会。因为"封建"与"专制"在西方政治制度的发展过程中恰恰是两个相互对立的概念，其内涵正好相反。"封建"就是要削弱王权，各自为政；"专制"则是要加强中央集权，消除封建状态。西欧中世纪普遍实行封建制度，世俗王权分散虚弱，因此罗马天主教会可以高高地凌驾于整个社会之上。到了近代，一旦欧洲各国开始在宗教改革和民族主义的影响之下实行中央集权的君主专制，封建制度就开始土崩瓦解，而罗马天主教会一统天下的绝对权力也就开始受到严峻的挑战。

西欧中世纪的封建制度，以德意志最为典型。中世纪的德意志，被封建制度分裂为几百个邦国或诸侯领地。每个诸侯领地都是一个拥有充分的经济、政治、司法权力的独立王国，麻雀虽小，五脏俱全。在封建领地或采邑中，一切生活都可以自给自足，与外界完全隔绝。封建采邑之间可以说是"鸡犬之声相闻，老死不相往来"。这样一种闭塞状态极大地限制了德意志经济和社会的发展，所以与自由城市林立的意大利相比，德意志的文化状况是非常落后的。在15、16世纪，南部拉丁语世界的人们掀起了轰轰烈烈的文艺复兴运动，北方日耳曼语世界的人们对这场运动却不感兴趣。原因在于：第一，日耳曼人不像拉丁人那样，有一个辉煌的古典文化传统可以复兴，日耳曼人最初只是一些入侵罗马帝国的蛮族。第二，粗俗的日耳曼人欣赏不了意大利人文主义者的那些雍容华贵的艺术作品，他们同样也对意大利人和罗马教廷的道德沦丧和信仰虚假情况深恶痛绝。在质朴而粗鄙的德意志人眼里，意大利人文主义者的公开堕落与罗马教会的暧昧腐化同样令人憎恶。所以当南方拉丁文化圈掀起了文艺复兴运动和人文主义思潮时，北方日耳曼文化圈却兴起了另一场文化变革运动，这就是宗教改革运动。

在我们的一些教科书里，总是喜欢把文艺复兴和宗教改革相提并论，好像这二者是同一种性质的运动。但是实际上，这两场运动的性质是完全不同的，它们分别是两个不同文化圈中的变革运动。当然，二者都反对罗马天主教会一面宣扬基督教的崇高理想、一面从事各种邪恶勾当的虚伪作风，都试图克服基督教的理想与现实之间的二元分裂状态，但是二者的解决方案却大不相同。针对罗马教会表面上道貌岸然，实际上却蝇营狗苟的普遍虚伪状况，文艺复兴和人文主义的解决方案是公然地伸张人性的要求，满足人的欲望，理直气壮地宣称："我是人，人所具有的我都具有！"而宗教改革则要确立起真诚的信仰和纯正的道德，革除教会的腐败和虚伪，真正地按照基督教的理想和《圣经》的要求去为人行事。无论是哪一种，都是对罗马教会的普遍虚伪状况的一种超越和克服，都具有重要的文化变革意义。但是在文艺复兴与宗教改革之间仍然存在着明显的差异，在某种意义上，它们二者甚至是直接对立的。如果我们把南方拉丁文化圈中的文艺复兴运动称为一场以感觉主义为特色的人性解放运动，那么北方日耳曼文化圈中的宗教改革运动则可以称为一场以信仰主义为特征的道德纯洁运动。

（三）宗教改革运动的重要意义和精神特征

宗教改革运动对于改变北部欧洲的面貌起到了极其重要的作用，从根本上改变了欧洲南北形势的对比。刚才已经讲到，在15、16世纪这个关键的历史分水岭上，欧洲的基本情况是南方富庶、经济发达、文化水平高、个人意识比较强，而北方则相对保守、愚昧、贫穷、落后，在道德上和信仰上却比较严谨。但是北方日耳曼语世界在普遍经历了宗教改革运动之后，在经济、政治、文化等方面发生了根本性变革，乃至于到了17世纪中叶以后，北部欧洲的那些曾经贫穷落后的日耳曼语国家纷纷发展成为后来居上的资本主义工业强国。相比之下，南部欧洲的那些曾经繁荣强盛但是却抵制了宗教改革运动的国家如西班牙、葡萄牙、意大利等，在17世纪中叶以后却几乎无一例外地衰落下去，成为资本主义阵营里的二流角色。这个逆转对于我们了解欧洲的历史变迁是非常重要的，它的发生恰恰是与宗教改革联系在一起的。德国有一位杰出的社会学家马克斯·韦伯，他写了一本很著名的书，叫作《新教伦理与资本主义精神》。在这本书中，他认为宗教改革运动所确立的新教伦理构成了资本主义的重要精神支柱，为资本主义的经济发展提供了合理性的根据。我也曾经在许多场合讲到过宗教改革运动对于西欧近代自由意识的觉醒、民族国家的崛起以及资本主义经济的发展所起到的重要推动作用，在这里，由于时间关系，我对这个问题不再展开。我只想强调一下宗教改革运动的重要历史结果，那就是它在客观上改变了北部欧洲的基本面貌，打破了罗马天主教会一统天下的精神专制格局，开创了一种宗教多元化和宗教宽容的局面，从而极大地促进了近代民族国家、民主政治和资本主义经济的发展。当然，这些只是宗教改革运动所导致的客观结果，对于这种客观的历史结果，宗教改革运动的那些发起者们如马丁·路德、加尔文等人是始料未及的。

这些年来我通过研究发现，西欧社会的整个精神面貌和文化特点在16—18世纪这一段时间里发生了根本性的变化，尤其是北部欧洲，这种变化更加显著。当然，这种变化都并不直接与宗教改革有关，但是宗教改革却构成了最初的一个契机，这是不可否认的。宗教改革运动所导致的一个重要的客观后果，就是使得原来铁板一块的罗马天主教世界分裂了，这样一种宗教分裂的局面恰恰是有助于资本主义发展的。为什么这样说呢？因为过去是罗马天主教会一统天下的专制局面，一个人，不管是贵为王公，还是贱为农奴，其灵魂最终是上天堂还是下地狱，这个决定权都掌握在教会手里。我们今天所处的无神论环境使我们很难理解中世纪西方人的宗教虔诚，很难理解教会所宣扬的那一套观点对于民众的深刻影响。对于当时所有的基督徒来说，人生最重要的问题就是灵魂如何能够得到拯救，而这个问题的解决完全要由教会说了算。这样就使得罗马天主教会不仅控制了民众的精神生活，而且也高高地凌驾于世俗王权之上。君权神授，王权来自于教权，中世纪的这种主流观点使得世俗国家也必须仰承教会的鼻息，从而使民族国家很难突破罗马教会和封建状态的限制而得到真正的发展。但是宗教改革运动却打破了罗马天主教会的一统专制格局，使得各种新教教派从天主教中脱颖而出，并与不同的民族国家结合在一起，使其得以发展壮大。这样一种分裂状况使得罗马天主教会对于北方的那些新教国家不再具有控制力，昔日的那种一个教会、一个教皇和一种宗教信仰的大一统时代已经一去不复返了。宗教改革运动所导致的一个重要政治后果就是"教随国定"原则的确立——一个国家或者诸侯领地的人民信奉天主教还是信奉新教,这件事要由他们的世俗统治者而不是由罗马教皇来决定。这样就使得宗教信仰与民族国家的发展紧密地结合在一起,宗教信仰成为激励民族国家和君主集权发展的重要力量,这种情况在英国表现得尤为明显。近代英国资本主义的发展与英国宗教改革有着密切的联系,英国安立甘宗的确立和国教化使得英国的民族国家和君主集权得以加强,而英国的清教徒革命——即我们通常所说的英国资产阶级革命——则为英国的立宪政治奠定了重要的社会基础。欧洲其他国家的情况也大致相同,在不同的国家,一些不同的宗教信仰都在一定程度上加强了人民的民族意识和国家认同感,加强了民族国家的精神凝聚力。

宗教改革运动的重大意义就在这里,就在于广义的基督教世界的分裂,以及由于这种分裂而必然导致的信仰自由和宗教宽容。16世纪以后,南部欧洲的人民仍然信奉天主教,而北部欧洲的人民则主要信奉新教。天主教是统一的,新教却是分散的,各自为阵的,包括许多不同的教派。例如一些德国人信奉路德教,瑞士人和荷兰人信奉加尔文教,英国人则信奉安立甘教。再往后,情况就更复杂了,在同一个国家里,既有路德教的信徒,也有加尔文教的信徒和安立甘教(圣公会)的信徒,还有天主教徒。"教随国定"原则进一步演变为信仰自由和宗教宽容,宗教信仰已经成为个人的事情,人们再也不会因为宗教信仰方面的分歧而大动干戈了。在信仰自由和宗教宽容的基础上,各种不同的政治观点之间的相互妥协也成为可能,这样就导致了近代民主政治的出现。与此同时,与《圣经》观点相违背的各种关于自然事物的观点也可以自由发表了,这样就为近代科学的发展提供了良好的文化土壤。我们通常视作西方现代文化之特质的民主政治和科学理性,就是这样逐渐从一种宗教气氛浓郁的文化环境中生长起来的。至于宗教改革运动如何为欧洲资本主义的经济发展提供了一种合理性的精神根据，这个问题大家可以去看看马克斯·韦伯的《新教伦理与资本主义精神》。在这本书中，韦伯非常清晰地讲述了加尔文教所强调的"天职"（Calling）观念是怎样成为推动资本主义经济发展的有力的精神杠杆的。那些恪守上帝的"天职"或呼召，一心一意为了增加上帝在世间的荣耀而努力工作的加尔文教徒，却无意间推动了资本主义的经济繁荣。这种吊诡的情形，正如20世纪最伟大的历史学家汤因比所说的那样："世俗世界的巨大成就，往往是圣城工作的意外收获。"

在这里，我要再一次强调，这些结果都只是宗教改革运动的客观结果，在主观动机方面，16世纪的宗教改革家们都是非常保守和狭隘的，他们在反对罗马天主教会的信仰虚假和道德沦丧的过程中，从来也没有预料到宗教改革运动竟然会促使西欧社会发生如此大的变化。从精神气质上来看，16世纪的宗教改革家如路德、加尔文等人仍然属于中世纪的类型，他们满脑子的旧思想和陈腐观念，他们与他们所反对的罗马天主教皇一样缺乏近代意义上的理性精神，一样压制与《圣经》观点相违背的新兴科学思想。正因为如此，所以我认为西方现代文化的精神根基，并不是由16世纪宗教改革运动的领袖们所奠定，而是由17世纪英国、荷兰的一些具有批判意识的思想家们所奠定的。与16世纪盛行的信仰主义不同，17世纪是一个充满了怀疑精神和批判意识的时代，并且在怀疑和批判的基础上确立了理性的权威。这种新兴的理性成为17世纪欧洲大多数具有自由思想的先进知识分子共同信奉的新上帝，并且最终在18世纪的法国启蒙运动中发展成为审判一切旧事物、旧观念的绝对主宰。

16世纪的宗教改革运动既然是针对罗马天主教会的信仰虚假状况而发起的，所以它必然要把纯洁信仰、重振信仰作为它的旗帜。马丁·路德宗教改革的一个核心思想，就叫作"因信称义"。什么是"因信称义"呢？所谓"称义"，就是在上帝面前被称为一个义人，如果一个人被上帝称为义人，他的灵魂当然就得到了拯救；而"因信"则是指凭着信仰、由于信仰。所以"因信称义"通俗地说，就是一个人的罪孽因为信仰而得到解除。同学们都知道，基督教是一种具有深沉的罪孽意识的宗教，按照《圣经·创世纪》的说法，人类始祖亚当、夏娃在伊甸园里不听上帝的话，偷食了禁果，犯了原罪。作为亚当的子孙，我们一生下来就具有了原罪。这个原罪是我们自己无法解除的，只有通过基督耶稣的自我牺牲，为我们全人类背负起罪的十字架，才能使我们的原罪得到救赎。但是基督只是向我们昭示了罪得赦免的希望，我们每个人的罪要真正得到赦免，还需要我们自己主观上的努力。在中世纪，这种主观上的努力被罗马教会规定为一些虚假的、形式化的"善功"，比如说，只要你愿意向教会捐献财产，愿意购买教会发行的赎罪券，愿意参加军队去攻打伊斯兰教徒，你的罪孽就被教会宣布赦免。这样一来，教会就利用自己掌握灵魂进入天堂的钥匙的特权而大发其财，而上帝也变成了一个见利忘义的天国守门人了。正是这种虚伪的现象激起了马丁·路德的愤慨，点燃了宗教改革运动的导火索。针对教会的这种虚伪的"善功称义"观点，路德提出了"因信称义"的神学主张。按照这种主张，一个人罪得赦免的条件不在于他做了什么外在的善功，而在于他内心是否具有坚定虔诚的信仰；得救的条件不在于行为效果，而在于内心动机。所以马丁·路德在"因信称义"的思想基础之上提出了"惟独信仰，惟独《圣经》，惟独恩典"的口号，用真诚的信仰来取代虚假的善功，用《圣经》的权威来取代教会的权威，用上帝的恩典来取代教皇的专断。这三个"惟独"对于打破罗马天主教会的精神专制，是具有非常重要的历史意义的。

但是另一方面，这三个"惟独"也具有很大的消极意义，这种消极意义就在于，把信仰确立为至高无上的东西，把《圣经》确立为判断一切事物的绝对标准，这样一种信仰主义的精神是不利于欧洲现代化进程的。大家知道，西方现代化进程的重要标志就是资本主义经济、民主政治和科学理性的发展壮大，然而信仰主义却构成了理性发展的一个重大障碍。近代理性精神最初是在 15、16 世纪文艺复兴和宗教改革所开创的新时代氛围中悄然崛起的，在这个意义上，我们也可以说，宗教改革构成了西方理性精神崛起的重要历史背景，但是这个背景却具有一种负面的效应。近代理性精神正是通过突破宗教改革所营造的"惟独信仰，惟独《圣经》，惟独恩典"的氛围而逐渐发展壮大起来的。宗教改革所倡导的信仰主义虽然有利于打破罗马天主教会的一统专制，有利于革除教会的腐败虚伪，但是却不利于近代科学和理性精神的发展，我们应该学会辩证地看待这个问题。所以在这个意义上，我们说，尽管宗教改革为西方现代化进程开创了一个新背景，但是西方理性精神的真正崛起却不在 16 世纪，而是在 17 世纪。刚才我已经援引了罗素的说法，15、16 世纪在科学与哲学方面是一个"不毛的世纪"，由此可见那个时代的理性精神是极其贫乏的。15、16 世纪西欧发生的这两场重大的文化变革活动，严格地说都与理性精神无关，甚至具有一种反理性的特点。南方拉丁语世界的文艺复兴和人文主义过分沉溺于感觉主义和肉欲享乐之中，这充其量只是一种感性的解放，而不是理性的觉醒。而北方日耳曼语世界的宗教改革又过分强调信仰主义，对于理性则采取一种压抑的态度，马丁·路德甚至把理性称为"娼妓"，主张把它扔到厕所里去。路德等宗教改革领袖们既反对罗马教会的唯利是图的功利理性，也反对经院哲学的繁琐论证的形式理性，同时还反对哥白尼等人的探索自然的科学理性，却把信仰和《圣经》树立为至高无上的原则。由此可见，15、16 世纪虽然在西方历史上具有划时代的里程碑意义，但是它在精神气质方面却不是一个理性主义的时代。

（四）英国自然神论与理性精神的崛起

理性精神的真正崛起是在 17 世纪，而这种崛起的最初表现就是 17 世纪英国的自然神论。当然，我的这个观点国内许多学者可能不会赞同，他们认为自然神论没有那么大的影响。这种分歧主要是由于国内学者大多都对自然神论的情况缺乏了解，同时自然神论这个概念本身也容易引起歧义。何谓自然神论？这个问题不仅在国内学术界，而且在国际学术界也是众说纷纭的。我所说的自然神论不是指一个宗教教派，也不是指一个学术团体，而是指一种思想倾向。这是一个广义的自然神论概念，大凡 17 世纪英国的那些把理性看作是上帝的本质、用理性来限制或反对奇迹、主张基督教的要义就是道德的科学家和哲学家们，都可以纳入到广义的自然神论范围内。自然神论这个概念的麻烦之处就在于，在 17 世纪传统基督教信仰仍然具有强大势力的英国，一些具有新思想的人往往会被正统派指责为自然神论者。因此在当时自然神论是一个贬义词，许多人尽管都具有上面所说的那些自然神论的思想，但是却不愿意被人称为自然神论者，例如 17 世纪英国著名哲学家洛克就是一个典型，牛顿的情况也是这样，真正敢于自称为自然神论者的人并不多。所以国内的一些学者往往会认为，自然神论只是一个影响甚微的思想流派。事实上，在 17 世纪的英国，具有自然神论的思想观点的人为数颇多。正是在这些匿名的自然神论者的推动之下，理性精神才逐渐取代了信仰主义的权威而在 17 世纪的英国发展壮大起来，并且最终在 18 世纪的法国启蒙运动中登了上权力的顶峰。所以对于自然神论这个概念，我所侧重的只是它的精神内涵，而不是它的外在形式。不久前我主持翻译了一套"自然神论译丛"，所翻译的都是自然神论者的经典著作，这套译丛已经由武汉大学出版社出版了 10 本书。我为这套译丛写了一个总序，对自然神论的情况作了比较详细的介绍。大家如果对自然神论有兴趣，可以去阅读这套译丛。

在 17 世纪的英国，有两位具有自然神论倾向的思想家，他们的思想对于英国乃至整个欧洲的现代化进程产生了极其重要的影响，这两位思想家就是牛顿和洛克。这两位伟大的人物，一位为人们展现了一个遵循普遍必然规律而运用的自然世界图景，另一个则为人们提供了一个遵循法律规范而运用的人类社会图景，从而从根本上改变了人们对于自然世界和人类社会的看法。除了英国之外，自然神论在欧洲其他国家也产生了很大的影响，大家所熟悉的 17、18 世纪欧洲的一些著名的启蒙思想家，如法国的伏尔泰和孟德斯鸠，德国的莱辛和门德尔松等人，都是自然神论者。在西方宗教思想史上，自然神论可以说是构成了这样一个重要的中介，即成为从传统的基督教信仰——无论是天主教信仰还是新教信仰——到 18 世纪法国无神论的一个过渡形态。正是经过了自然神论以及由自然神论所引申出来的泛神论，西方人才从传统意义上的有神论走向了无神论。当然，这只是故事的前半节，后来西方人又从一度时髦的无神论走向了现代意义上的有神论，那是康德和施莱尔马赫等人的功劳。关于这一点，我在后面再讲。

我刚才已经说过，自然神论是理性精神崛起的最初表现形式，自然神论的基本观点可以概括为两点，第一点就是强调基督教的合理性，第二点就是强调基督教的道德性。自然神论并不是基督教之外的一个新宗教派别，自然神论者仍然是基督教徒，他们不同于传统基督徒的地方主要表现在以上这两个方面。对于自然神论者来说，上帝的本质就是理性，这种理性充分体现在上帝的创世活动中，其结果就表现为自然界中普遍性和必然性的规律。同时他们也坚信，基督耶稣所有的言行教诲，无非都是为了向人们昭示一种深刻的道德启示，提高道德乃是基督教信仰的首要之义。

自然神论试图说明基督教并不是一种非理性或者反理性的宗教，基督教信仰恰恰是建立在理性的基础之上。与16世纪宗教改革所导致的信仰主义氛围针锋相对，自然神论极力渲染基督教的理性主义本质。事实上，在基督教发展的一千多年时间里，信仰与理性构成了一对基本的矛盾。在基督教神学中，既有用信仰来贬抑理性的神秘主义者，也有用理性来论证信仰的经院哲学家。就思想倾向而言，马丁·路德、加尔文等宗教改革家更接近于基督教神学中主张超理性的信仰的柏拉图—奥古斯丁主义传统，而自然神论者则更加接近于理性色彩较浓厚的亚里士多德—托马斯主义传统。就此而言，17世纪英国自然神论所体现的精神特质，是与16世纪的宗教改革迥然而异的。

在17世纪的英国和欧洲其他国家，社会生活的各个方面都不约而同地表现出一种理性的迹象，以至于我们可以恰如其分地把理性主义称为17世纪的时代精神。比如说在神学思想上，出现了强调基督教的理性本质的自然神论。在哲学方面，产生了具有强烈的批判意识的英国经验论和大陆唯理论，这两个哲学流派虽然在归纳和演绎这两种方法的重要性方面各执一端，但是它们都把理性的法则确定为哲学的根本法则。在政治学方面，产生了一个非常重要的学派，即自然法学派，它明确地把理性确定为至高无上的自然法原则，将整个国家的法律根据都建立在以理性为原则的社会契约之上。在经济学方面，出现了重商主义，它在17、18世纪成为英国、法国、荷兰等较为先进的资本主义国家普遍奉行的经济政策。重商主义体现了一种理性精神，它把整个经济活动看作是一种理性的行为，将资本增值当作贸易活动的根本目的。最后，在文学艺术方面，古典主义思潮和巴洛克风格风靡一时，古典主义讲究规则，推崇理性，在形式上严格遵循"三一律"，在内容上大力渲染崇高；巴洛克风格同样也体现了崇高典雅、严谨有序的艺术特点，与中世纪神秘诡异的哥特式风格形成了鲜明的对照。由此可见，无论是神学中的自然神论、哲学中的经验论和唯理论、政治学中的自然法学派、经济领域中的重商主义，还是文学艺术领域中的古典主义和巴洛克风格，全部都体现了一种理性的原则。在这些不同领域中不约而同出现的思潮或风格之间，有着一种惊人的一致性，这种一致性恰恰说明，理性主义在17世纪的西欧已经成为一种新兴的时代精神。

除了强调理性法则之外，17世纪所有的新思潮同样也突出了道德的重要性。实际上，道德也是一套理性的法则，用康德的话来说，即理性的实践法则，或者叫实践理性。这种道德主义在当时也是具有理性精神的思想家们的共同主张，在他们看来，基督耶稣的所有教诲，基督教的所有真理，说到底无非就是"道德"二字。基督教所要彰显的基本要义，就是耶稣身上体现出来的崇高德行。自然神论和自然法学派都把耶稣看作是一个乐于助人、为了他人的利益不惜牺牲自己生命的道德圣贤，而对《圣经》中所记载的基督的神迹却避而不谈。他们只突出耶稣的崇高人格，却淡化耶稣的神性奇迹。他们强调基督教是一个道德的宗教，一切不道德的东西都是与基督教的本义相悖逆的。任何不道德的行为，如宗教迫害、血腥杀戮、腐败堕落等，无论打着多么神圣的旗号，都是违背基督教的真精神的。这种强调基督教的道德实质的做法，具有使基督教纯洁化的意义，但是说到底仍然是一种理性精神的表现。

黑格尔在《历史哲学》中表述了一种观点，他认为绝对精神在每一个历史时期都会选择一个民族作为自己的代表。按照这种观点，我们可以说15、16世纪是意大利人和德意志人的时代，那个时代欧洲历史舞台上上演的两场最引人注目的戏剧是文艺复兴和宗教改革，在这两场历史大戏中，意大利人和德意志人分别扮演了主角。但是到了17、18世纪，欧洲历史舞台上的剧目发生了变化，旧主角该收拾下场了，新主角则要鸣锣登台。17、18世纪最激动人心的戏剧就是启蒙运动，这场启蒙运动的历史多幕剧是通过自然神论、经验论和唯理论、自然法学派、重商主义和古典主义等一系列的剧情而逐渐展开的，最后在法国百科全书派那里达到高潮；在剧中扮演主角的分别是英国人、荷兰人和法国人。在17、18世纪的历史舞台上，由于剧目和主角的变化，已经产生了新的游戏规则，如果说15、16世纪的游戏规则是感觉主义和信仰主义，那么17、18世纪的游戏规则就是理性主义。

17世纪理性精神崛起的一个重要前提就是宗教宽容。16世纪的宗教改革运动导致了铁板一块的基督教世界的分裂，导致了南部天主教阵营与北部新教阵营之间旷日持久的宗教对立和暴力冲突。尤其是在分散落后的德意志，由于宗教分歧而引起的流血冲突在一百多年的时间里不断发生，最终酿成了1618—1648年的三十年战争。在经历了残酷的三十年战争之后，欧洲人产生了一种新觉悟，他们意识到为了不同的宗教信仰而流血牺牲是一件不值得的事情。1648年《威斯特伐利亚和约》的签订，以法律的形式确立了信仰自由的原则。从此以后，宗教信仰成为个人的一种基本权利，你愿意信仰新教就信仰新教，愿意信仰天主教就信仰天主教，谁也没有权力来强迫你。这样一种觉悟就导致了宗教宽容氛围的出现，而宗教宽容则是孕育理性精神的温床。当人们终于意识到，你可以信你的天主教，我可以信我的新教，我们谁也不能改变对方的宗教信仰，但是我们却应该彼此尊重对方的选择权利时，不同的宗教教派之间就化干戈为玉帛了。

宗教宽容最初出现在德意志的天主教与路德教之间，不久后就扩大到天主教与各个新教教派之间，继而又进一步扩大到广大的基督教与伊斯兰教以及其他宗教之间，再往后就扩大到有神论者与无神论者之间，最后则从狭义的宗教宽容发展成为一种普遍性的宽容精神，从宗教信仰领域拓展到政治生活、经济生活和社会生活的各个方面。正是在这种宽容精神的发展过程中，欧洲人变得越来越富有理性，越来越尊重他人的权利，越来越具有自由和平等的意识。这种普遍性的宽容精神，借用法国启蒙运动的精神领袖伏尔泰的一句名言来说，就是"我坚决反对你的观点，但是我誓死捍卫你说话的权利"。你可以在政治态度上与我相对立，但是我们却可以和平相处，通过相互妥协来解决我们之间的意见分歧。这种不同政治观点之间的彼此宽容和相互妥协，就是现代意义上的民主政治。你是一个基督徒，但是你不去教堂，每天在一个小房子里搞一些稀奇古怪的科学实验，过去我就会认为你是一个异端分子，要把你送上火刑架；现在宽容了，你是一个基督徒，我也是一个基督徒，我愿意上教堂那是我的权利，你愿意搞你的科学实验，那是你的权利、你的自由。于是，科学就有了自己独立发展的空间。可见，西方的宽容最初是从宗教宽容开始的，最后才发展成为一种普遍性的社会宽容。正是在普遍宽容的基础上，民主政治和科学理性才得以发展壮大。

（五）机械论世界观与社会契约论

如果说宗教改革运动的实质就是用信仰的权威来取代教皇的权威，那么启蒙运动的实质则是用理性的权威来取代信仰的权威，这一点在自然神论的思想中就已经初现端倪。17世纪英国的自然神论者与传统的基督徒一样，相信世界是上帝创造的。但是他们却坚持认为，上帝一次性创造了世界以后，就不再干预世界的运行，而是让世界按照其固有的内在规律——这规律正是上帝的理性的体现——而运行。自然神论坚决反对传统基督教信仰所热衷的奇迹，主张用齐一性的自然规律来限制或者根本取消奇迹。按照传统的基督教信仰和《圣经》的说法，这个世界中经常会有奇迹出现，奇迹体现了上帝的特殊意志和全能，它是理性所无法理解的。但是到了17世纪，人们发现，如果他们要把自然界当作一个独立的对象来加以研究，那么他们就必须杜绝自然界中的奇迹，否则自然界就没法研究了。什么叫奇迹？简单地说奇迹就是自然规律的中断和破坏，就是对自然规律的践踏和违背。比如说，你要研究自由落体运动，一个物体从天上掉下来，落了一半，上帝突然插手，让它又往天上飞去，你怎么进行研究？由此可见，如果自然界中充满了奇迹，科学家就根本没法研究自然，所以在实验科学迅速崛起的17世纪的英国，淡化和拒绝奇迹就成为科学家和哲学家们的一种普遍要求。

在这种普遍要求之下，自然神论提出了一种关于上帝存在的设计论证明。这个证明把上帝与世界之间的关系比作一位钟表匠与他的钟表之间的关系，一方面我们可以从这个井然有序的世界推论出一个作为世界创造者的上帝，正如我们可以从一块钟表推论出一位钟表匠一样；另一方面，这位万能的上帝一次性地创造了世界之后就不再干预它的运行，正如一位高明的钟表匠制造了他的钟表之后就不会再去不断地调校它。如果自然界中老是出现奇迹，恰恰说明上帝是一位缺乏远见的创造者，他需要不断地施展奇迹来对已经创造的世界进行调整，而不能放手让世界按照固有的内在规律运行。这样一来，自然神论者就通过这个设计论证明，一方面论证了上帝的存在，充分表明了自己的基督教信仰；另一方面则把上帝限制在自然界之外，把奇迹从自然界中清除掉，从而使自己可以不受干扰地研究自然规律。

这种设计论证明的水平很高，科学主义的味道很浓厚，它所运用的类比推理是充满了理性精神的。它不仅试图论证一位上帝的存在，而且还试图说明，这个上帝是一位充满了理性精神的上帝，他按照自己的理性本质创造了世界，然后就让自然界按照固有的内在规律而运行，再也不对世界进行任何随意性的干预。而世界固有的内在规律，在当时就主要表现为牛顿的万有引力定律和力学三大定律。因此，上帝所创造的世界实际上是遵循牛顿力学的基本规律有条不紊地运行着。

在17世纪的英国，牛顿在某种意义上已经取代了上帝。当然牛顿本人也相信上帝，他在解释那个在万有引力的作用下运动的机械论世界时，把上帝说成是第一推动力，而且他后半生把大量的精力都用于神学研究中。在17、18世纪英国和西欧的许多科学家、哲学家眼里，上帝就是一位高明的数学家，他所创造的世界充满了秩序与和谐，而这种秩序与和谐就表现为，整个世界都严格地遵循牛顿的经典力学规律而运行。当然，牛顿本人很谦虚，他强调这些规律都是上帝制定的，我牛顿只是发现了它们。上帝早在创世时就已经把法则和规律隐藏在自然界中，科学家的职责就是通过对大自然的研究而发现这些规律。我经常喜欢对我的学生们说，在17世纪的英国，上帝和牛顿分了工，上帝负责世界的创造，牛顿管理世界的运行；整个自然界严格地遵循牛顿力学规律而运动，但是一切荣耀都归功于上帝。牛顿成了上帝的大管家，上帝创造了世界之后，就把世界交给了牛顿，于是牛顿就用经典力学把这个世界管理得有条不紊，使之成为一个井然有序的机械论世界。虽然牛顿在名义上只是一个管家，很卑微，但是实际上他却控制了这个家的管理大权；上帝在名义上是家的主人，很尊贵，但是他却出门远行去了，成为一个永远不在家的主人。在这样的情况下，牛顿实际上已经取代了上帝，特别是牛顿的机械论世界观完全取代了传统基督教信仰的神迹世界观。所以牛顿死后，英国著名诗人波普模仿《圣经·创世纪》第一章前三节的格律为牛顿写了如下一段墓志铭："自然和自然律隐没在黑暗中。上帝说'要有牛顿'，万物俱成光明。"由此可见牛顿在17、18世纪英国人心目中的重要地位。

讲到这里，大家也许会问一个问题：为什么牛顿一定要搬出一个上帝来？为什么牛顿的机械论世界一定要有一个"第一推动者"即上帝呢？在我们这些从小就受唯物主义教育的无神论者看来，自然世界完全可以用万有引力来说明，根本不需要什么"第一推动力"。因为我们从小就深信，自然世界从来就是自己运动的，并不需要一个上帝从外部来推动它。我们的这种看法，与我们所生活的环境以及所接受的教育有关；但是牛顿的时代却不同，那是一个基督教信仰非常浓郁的时代。牛顿虽然是经典力学和机械论世界观的创立者，但是他仍然是一个虔诚的基督徒。对于他以及同时代的欧洲人来说，是不可能接受"世界从来就是自己运动的"这种观点的。那个时代的人们在解释世界的终极原因时，总是会有意或无意地追溯到上帝，把他当作世界的第一推动力或终极原因。当牛顿无法解释世界最初为什么会运动时，他就搬出了上帝，说上帝推了世界一把，于是世界就在万有引力的作用下运动起来。要是在那个时代我们继续追问牛顿："上帝的动力又是什么呢？"牛顿以及他那个时代的人就会理直气壮地回答："上帝是自因的，他的动力就在于他自身。"上帝是不需要原因的，他作为一切事物的终极原因，本身却是无因之因，或者叫作自因。对一个作为一切事物的原因的东西，我们就不可能再追问他的原因了，因为这样的追问可以无限地问下去，所以我们必须停止在某一点。在西方悠久的基督教信仰和文化传统的氛围中，这个最后的终止点只能是上帝。所以后来黑格尔就把上帝说成是一个理论的"大阴沟"，所有的理论问题只要遇到了困难，都可以扔到这个"大阴沟"里，搬出上帝来解决问题，这样人们就不会再追问了。这是一种根深蒂固的信仰，或者是一种文化思维习惯，上帝就是最后的根据，这一点在西方人心中长期以来一直是天经地义的。所以牛顿的世界也需要一个上帝，万有引力定律只能描述事物的运动现象，但是却无法说明事物的终极动因，因此必须要有一个上帝来作为万有引力定律的最后根据。作为一个基督徒，牛顿相信世界是上帝创造的。至于上帝是如何创造出世界来的，这个问题牛顿并不关心，他只须承认上帝是世界的创造者，世界被创造出来以后就在万有引力的作用下运动就行了。所以对于牛顿搬出一个上帝来作为世界运动的最后根据的这种做法，我们不应该太多地责怪他，那是特定的文化环境的产物。正如我们坚持认为世界从来就是运动的观点一样，这也是一种特定文化环境的产物，因为我们同样也无法回答："为什么世界从来就是运动的？"

无论是自然神论的设计论证明，还是牛顿的机械论世界观，都把奇迹从自然界中清除出去了，这是一个伟大的功绩。自然界不再有奇迹出现，这样科学家们就可以不受干扰地研究自然、发展知识了。17世纪英国几乎所有的科学家都是基督徒，但是他们只研究那些可实验、可操作的经验事物，而不研究那些看不见、摸不着的实体、形式、终极原因、第一推动等形而上学的东西。他们只须面对上帝的作品即大自然，而不用面对上帝本身。他们只探讨理性范围内的事物，对于一切超理性的神迹，他们都将其束之高阁，不予理睬。他们承认上帝的存在，但是上帝是一个极其高深神秘的终极实在，远远超出了我们理解的范围，所以只能付诸于信仰。1662年成立的英国皇家学会在章程中明确表示：皇家学会不研究那些虚无缥缈、形而上学的东西，它的宗旨是以一种怀疑和谨慎的态度去检验一切学说、原理、假设和实验，只有那些经过真正的实验归纳，获得了"明确的见证"的观点，才会被当作真理来接受。由此可见，17世纪的英国人已经用理性和经验（实验）取代了奇迹和启示，使其成为真理的来源。

这种新兴的理性主义，在客观世界中表现为普遍必然性的自然规律，在主观世界中则表现为一种严谨有序的思维规则，即形式逻辑。无论是英国经验论者所热衷的经验归纳法，还是大陆唯理论者所热衷的理性演绎法，都表现了一种合乎理性的思维模式，二者的对立只是在推理顺序上，但是它们都是一种理性的逻辑思维方式。自然界严格地遵循普遍必然性的自然规律，我们的思维则严格地遵守严谨有序的逻辑规则，一个合乎理性的客观世界呼唤着一种同样合乎理性的主观思维，这样就在主观世界与客观世界之间建立起了一种同一性。这种主观与客观、思维与存在之间的同一性，使得认识自然成为可能，进而则在认识自然的基础上实现改造自然、征服自然的目的。这样一种在理性的基础上来认识世界和改造世界的宏大理想，早在 17 世纪初期弗兰西斯·培根的"知识就是力量"的口号中，就已经明确地表达出来了。

　　理性主义的原则不仅表现在自然世界和主观思维中，而且也表现在社会生活中，这就是法制规范和宪政民主的出现。在 17 世纪的英国，与自然神论、经验论和实验科学相互呼应的社会政治理论就是自然法学派的社会契约论。我想，虽然在座的同学们对自然法学派的其他观点不太了解，但是大家一定不会不知道社会契约论的基本思想吧！近代西方社会的法制规范和宪政民主，都是以自然法学派的社会契约论作为重要理论基础的，而社会契约论则是一种充满了理性精神的社会政治理论。社会契约论把国家的权力根据从上帝手中转到了民众手中，用"君权民授"的思想取代了中世纪"君权神授"的传统观念，用"天赋人权"和"主权在民"的思想为民主制度取代专制制度奠定了重要的理论基础。格劳修斯、霍布斯、洛克、孟德斯鸠、卢梭等自然法学派的重要代表人物虽然在具体观点上存在着很大的分歧，有些观点甚至直接对立，但是他们都认为，国家和法律得以产生的基础，是人们出于利益关系而订立的社会契约。而且除了霍布斯等极少数人之外，大多数自然法学派的思想家都坚持认为，人们通过社会契约一旦制定了法律，建立了国家，这法律就具有了神圣不可侵犯的性质，任何人都不能以任何理由来破坏法律。如果一个君主独断专行，违背了社会契约，侵害了民众的利益，那么民众就有权力起来推翻他的统治。社会契约论强调君主必须遵守国家法律，正如自然神论强调上帝必须尊重自然规律一样。天上有一个理性的上帝，人间就应该有一个守法的国王，在自然神论的神学思想与君主立宪的政治主张之间，具有一种天然的协调一致性。由此看来，一个由洛克的政治学说来治理的人类社会，与一个由牛顿的经典力学来治理的自然世界一样，都是 17 世纪英国新兴的理性精神的典型表现。自然法学派所强调的一些基本思想，如自然状态、自然权利、社会契约、君权民授、天赋人权、主权在民等，都充满了理性色彩，它们构成了西方现代政治制度的理论根基。

无论是牛顿的机械论世界观，还是洛克等人的社会契约论，都确立了一些基本的游戏规则，作为自然界和人类社会必须遵守的基本规范。这些规则就是理性精神的体现，它们具有普遍必然性。虽然这些规则可能有些刻板、僵化和不可伸缩，但是一个具有刻板规则的世界总要比一个没有规则的世界更好。这种理性的规则意识，不仅明显地表现在17世纪的自然神论、机械论世界观、社会契约论以及经验论和唯理论的哲学中，而且也同样清晰地表现在重商主义经济学和古典主义文艺学中。由于时间的关系，对于重商主义和古典主义文艺学的具体情况，我就不能深入讲述了。我在这里只想强调，在17世纪的英国和欧洲大陆，在神学、哲学、科学、政治学、经济学、文学艺术等各个领域，都不约而同地出现了一些新思潮，而这些新思潮都同样表现了一种新兴的时代精神，那就是理性主义精神。这种在17世纪悄然崛起的理性主义精神，到了18世纪的法国启蒙运动中，终于成长为顶天立地的巨人，以磅礴之势对一切旧思想和旧制度展开了猛烈的批判和颠覆。

（六）理性主义独断论与法国启蒙运动

在17世纪这个重要的转折时代，可以说西欧大多数具有自由思想的社会精英们都对理性精神情有独钟，他们同样也认为基督教的真正基石就是道德。17世纪是近代理性主义萌芽和生长的时代，理性本来只是为了从强大的信仰那里争取一块生存的地盘，并没有想到要取代信仰的权威地位。但是随着理性精神的进一步发展，到了17世纪末叶和18世纪，理性主义就越来越成为一种时髦而强势的力量，大有取代信仰之势了。

如果说，马丁·路德宗教改革的口号是"惟独信仰，惟独《圣经》，惟独恩典"，那么17世纪英国自然神论者们的口号就是"惟独理性，惟独道德"。可见，时代精神已经发生了巨大变化，人们关注的焦点已经完全不同了。理性主义的迅猛生长确实驱散了长期以来笼罩在欧洲人心头之上的信仰主义浓雾，推动了科学与民主的发展，但是它同时也导致了另一个极端，那就是理性的狂妄和暴虐。理性推翻了了信仰这个传统的专制者，但是它自己很快也成为新的独裁者。这一点在18世纪法国启蒙运动中明显地表现出来，在狄德罗、霍尔巴赫等百科全书派那里，近代理性主义已经发展到了无神论的程度。崇尚时髦、爱走极端的法国启蒙思想家已经把三位一体的上帝、神人两性的基督，以及作为圣灵实体的教会统统扫入了历史的垃圾堆，却让理性取而代之，成为全知全能全善的新上帝。

在17世纪的自然神论那里，理性只是上帝本质的一种体现，上帝被说成是一位充满理性精神的创造者，他把他的理性本质赋予了自然界，其结果就表现为万事万物所遵循的自然规律。在这种情况下，理性是打着上帝的旗号来行使自己的权力的，上帝成为理性的坚强后盾，理性则是上帝的有力工具，所以二者可以同舟共济，相互依托。但是随着理性主义的进一步发展壮大，理性就不再能够忍受一个凌驾在自己之上的上帝了，它不再满足于只是上帝的一种本质或者一个工具，它要成为上帝本身。因此到了18世纪法国启蒙思想家那里，理性本身就成为了至高无上的审判者，它要把一切东西，包括神圣的上帝和尊贵的教会和国王，都拉到理性的法庭面前来接受审判。这样一种唯理性主义的独断，就致使17世纪温和的英国自然神论转向了18世纪偏激的法国无神论。在法国无神论者看来，所有与理性相违背的东西都是胡说八道的谬误，都是别有用心的欺骗和愚昧无知的谎言。《圣经》完全是一派胡言，经不起理性的推敲；原罪、救赎、恩典、奥秘之类的东西更是痴人说梦，全然是神秘主义的谵言妄语；信仰本身就是愚昧主义的表现，是无知的结果；至于罗马天主教会，那更是一个骗子和流氓汇聚的藏污纳垢之所，是整个欧洲君主专制主义的精神支柱。以往的一切神圣和崇高的东西都遭到了无情的批判，对西方文化产生了巨大影响的基督教信仰被说成是一场无聊的骗局。上帝死了，理性则取而代之，成为至高无上的审判者和统治者，理性的法则成为唯一的神圣法则。这种理性的独断论容易造成人的自大狂妄，人认为只有自己是理性的，天底下一切东西都必须接受理性的审判，都必须以人的理性法则作为唯一的尺度。人颠覆了上帝，自己却成为新的上帝，成为自然界一切事物的仲裁者。这样一种理性的膨胀和人性的傲慢，必然造成一种新的暴虐和专制，即理性主义的暴虐和人类中心主义的专制。这种偏激的情况典型地表现在18世纪的法国启蒙运动中。

18世纪法国的启蒙思想家们观点激进、文风犀利、机敏灵活、勇气可嘉，但是在思想深度方面却不敢恭维。他们以一种浅薄的理性主义观点来批判宗教，把宗教说成是欺骗与愚昧的产物。法国启蒙运动的精神领袖伏尔泰，是一个"犹抱琵琶半遮面"的自然神论者，他一生中始终都在激烈地针砭、揶揄耶稣，但是他却机智地到处表白自己是信仰上帝的。相对于羞羞答答的伏尔泰来说，法国年轻一辈的启蒙思想家，如狄德罗、爱尔维修、霍尔巴赫、达郎贝等人则态度鲜明地打出了无神论的大旗，公开地向教会和上帝开战。霍尔巴赫甚至表示，自己与上帝有私仇，所以在批判上帝的问题上毫不妥协。法国启蒙思想家的宗教批判确实非常猛烈和犀利，他们嬉笑怒骂、讥讽嘲弄，无所不用其极，对基督教进行了毫不留情的抨击。但是他们的宗教批判仍然停留在一个比较浅薄的层面上，仅仅把宗教看作是欺骗加愚昧的结果。他们认为，宗教作为一种愚蠢的迷信，是在一种蒙昧无知的环境中培养出来的，因此要想摆脱宗教迷信，首先就要改变环境。爱尔维修明确地提出了"人是环境的产物"的观点，这种观点也是百科全书派的一种共识。法国启蒙思想家们认为，只要充分发掘我们的理性，尽力改变我们的环境，尤其是教育环境，人们就会获得越来越丰富的知识，从而就会从宗教信仰的愚昧中走出来。一旦人们摆脱了宗教愚昧，他们也就会向专制制度发起攻击，从而建立起一种自由、民主、平等、博爱的人性社会。按照这种观点，理性的种子不仅可以开出教育和知识之花，而且还可以结出自由和民主之果。

法国启蒙思想家对待宗教的观点，比较容易为我们的同学们所接受。因为我们的教科书上通常也是采取这种观点，即把宗教信仰说成是缺乏理性精神和科学知识，再加上统治阶级的政治欺骗的结果。对于法国启蒙思想家的这种观点，我只想引用后来更加深刻的德国思想家黑格尔的一段批评来说明问题。尽管当时德国的政治经济状态要比英国和法国落后得多，但是德国人的思想水平尤其是哲学思辨水平却要比英国人和法国人深刻得多。黑格尔在评价法国启蒙思想家的宗教观点时一针见血地指出：像基督教这种千百年来无数人为之而生、无数人为之而死的宗教，岂是"欺骗"二字可以说明的？如果基督教确实像伏尔泰等人所说的那样，仅仅是一种不道德的东西，那么我们不禁要问，这种不道德的东西在西方历史上怎么会产生如此深刻而持久的影响？由此可见，如果说伏尔泰、霍尔巴赫等人在基督教信仰这样深刻的历史现象面前大叫欺骗，那么这恰恰说明了他们自己在"理性的狡计"这个历史的骗子面前扮演了一个傻子的角色，恰恰说明了他们自己思想的肤浅性。基督教之类的高级宗教产生的原因，决不是像伏尔泰等人所理解的那样简单，决不只是由于一种道德上的邪恶（欺骗）和认识上的无知。它不仅有着一定的道德原因和知识论原因，而且还有着深层的经济原因、政治原因，甚至还有着更加深刻的人性根源和文化根源。后来，马克思从社会经济的角度分析了宗教产生的重要原因，从而把对宗教的批判转向了对政治的批判和对经济生活的批判，把对天国的批判转向了对人间的批判，把无神论推向了共产主义。另一方面，像施莱尔马赫、齐克果等人又充分发掘了宗教信仰的人性根源，认为人不仅是一种具有理性精神的动物，而且也是一种具有宗教情感的动物，所以宗教信仰乃是人性的基本机能之一。到了现代，人们又开始越来越多地关注宗教信仰的文化背景，把注意力从宗教的起源问题转向了宗教的功能问题，从而凸显了基督教与西方文化之间水乳交融、如影随形的密切关系。

所以从这种高度来看，如果我们的教科书还坚持把宗教信仰说成是一种欺骗加愚昧的结果，那么这恰恰说明我们的水平还停留在18世纪法国无神论者的水平，还停留在西方两个世纪以前的水平，这样的观点是不是太缺乏与时俱进的精神了？！既然我们说实践是检验真理的唯一标准，那么就让我们用当今美国的实际情况来检验一下这种观点吧。我们总不至于说当今的美国人愚昧无知吧，我们同样也不能说他们老是在受欺骗吧，我们更不能说他们比我们贫穷吧，那么为什么绝大多数美国人仍然信仰基督教？为什么他们一方面受过良好的世俗教育，拥有丰富的科学知识，另一方面却坚持要去教堂，去崇拜上帝？这恰恰说明宗教信仰的原因是极其复杂的，除了知识、道德、政治、经济等方面的因素之外，还有人性和文化方面的深刻根源。

由此可见，当理性主义被推向极端的时候，恰恰导致了一种非理性的偏激态度，即把理性看作是万能的，像上帝一样。理性可以批判一切，但是却唯独没有对自己进行批判。一种缺乏自我批判精神的理性并不是真正的理性，正是这种缺乏自我批判精神的片面理性把法国启蒙运动推向了偏激的极端，导致了法国无神论的产生。法国无神论用理性作为武器对基督教进行了猛烈的批判，但是这种理性是片面的理性，这种批判也只是一种表面性的批判。所以法国启蒙思想家的宗教批判并没有导致基督教信仰的毁灭，在不久以后的德国人那里，遭到法国无神论者激烈批判的基督教信仰又以一种更加完善的形式焕发出强大的生命力。

（七）理性的自我批判与基督教信仰根基的转移

18世纪的德国启蒙思想家们不同于激进的法国启蒙思想家的地方，就在于他们主张以一种理性的态度来对待理性本身。什么叫用一种理性的态度来对待理性本身呢？那就是说，我们不仅要看到理性的能力、理性的作用，同时我们也要看到理性本身的限度、理性的局限性。理性不是万能的，它也有一定的适用范围，一旦超出了这个范围，理性同样也会犯错误。如果我们把理性说成是万能的，把理性当作上帝，什么问题都可以解决，那么我们恰恰是以一种非理性的态度来对待理性了。理性如果不能理性地对待自身，它还能称之为理性吗？如果理性只是批判别人而不批判自己，这种理性就不是理性，而只是一种独断论。

在18世纪的德国，出现了一批具有启蒙精神的思想家，但是与激进的法国启蒙主义者不同，德国启蒙思想家们的观点更加深刻，态度更加稳健。他们并不像狄德罗、霍尔巴赫等人那样，要用理性来彻底否定信仰，而是主张在新兴的理性精神与传统的宗教信仰之间建立一种协调关系。这个时代的德国启蒙思想家可以列举一大批人，如莱辛、康德、门德尔松、哈曼、赫尔德、歌德、席勒等。他们在启蒙观点方面不尽相同，甚至在对待理性和信仰的关系问题上形成了泾渭分明的两派。但是他们都主张要协调理性与信仰的关系，而不是用一方彻底否定另一方，差别只在于侧重点有所不同罢了。在这些德国启蒙思想家中，对理性本身进行了深刻批判的人物首推康德。大家知道，康德写了好几本极有影响的书，通常被称为"三大批判"，即《纯粹理性批判》《实践理性批判》和《判断力批判》。这"三大批判"说到底，就是要对理性本身进行批判，就是要弄清楚理性的作用、范围到底有多大，理性到底能解决什么问题，理性的限度在哪里，有哪些对象是理性无法说明的等。这样一种态度才是真正的理性态度。正是由于康德首先对理性本身进行了批判，到了稍晚一些时候的德国哲学中，到了费希特、谢林、黑格尔和施莱尔马赫等人那里，基督教信仰又在理性批判的基础上获得了一个新的发展空间，在一种更加人性化、人道化的根基上开始复兴。在经历了理性对宗教的片面批判以及理性的自我批判之后，宗教信仰与科学理性从以往相互对立的状态，转向了一种相互协调的状态。基督教信仰把它的根须从自然界中抽出来，而将这个根须更深地植入了人的道德要求和情感需要之中，从而完成了从知识论向德性论的转移。

这个转移工作主要是由康德开启的，康德明确地把基督教信仰的根基从知识论领域转向了道德论领域。他既批判了传统神学用理性来证实基督教信仰的做法，也批判了法国无神论用理性来证伪基督教信仰的做法，他的结论是：理性既不能证实、也不能证伪宗教信仰，因为上帝存在、灵魂不朽这些问题根本就超出了理性运用的范围之外。康德在宗教问题上对理性的批判是富有启发意义的，它表明了理性本身的局限性，理性并非万能的，它也有自己不可超越的界限。这种理性地对待理性的态度，在今天对于我们警惕工具理性的暴虐，仍然是大有裨益的。

康德限制了理论理性的适用范围，把宗教问题置于理性认识的彼岸，但是他却把17世纪自然神论所强调的道德因素在宗教问题上的作用突出出来了。如果说理性的片面发展导致了一种暴虐，一种独断论的狂妄，那么，道德的情况却不是这样。自17世纪以来，道德因素在基督教信仰中的作用显得越来越重要，甚至被视为基督教的首要之义。在基督教的三德"信、望、爱"中，爱的重要性越来越得到彰显，基督耶稣的道德意义也越来越受到重视。基督教信仰的重心似乎已经不再是人与上帝的关系，而是人与人的关系，或者是在耶稣的道德启示之下的人与人的关系。基督教信仰的这种重心转移，在很大程度上是与康德的理性批判密切相关的。康德把基督教信仰从理论理性即知识论的领域中分离出来，然后把它重新建立在实践理性即道德论的基础之上。从此以后，道德领域就成为基督教信仰茁壮成长的沃土，另一片沃土则是稍后施莱尔马赫开创的情感领域。

我刚才讲过，康德认为宗教的那些教义，如上帝存在、灵魂不朽等，都不是我们的理性所能认识的，当然也不是我们的理性所能证伪的。所以我们既不能说它是，也不能说它不是，而只能把它放在理性的范围之外，束之高阁、存而不论。在我们理性所能适用的范围内，我们不考虑这些宗教问题，不考虑上帝和灵魂的问题，只考虑那些现象性的经验对象，对这些经验对象的研究构成了我们科学知识的来源。但是另一方面，那些被知识理性束之高阁的宗教问题，在实践理性即道德的领域中却得到了解决。康德在《纯粹理性批判》中，严格地限制了知识理性的运用范围，把宗教信仰排斥在知识论的范围之外；但是在《实践理性批判》中，他却把宗教信仰重新建立在道德的基础之上。上帝虽然被赶出了作为知识对象的自然世界，但是我们内在的道德活动却需要一些信念来作为支撑点，这些信念就是灵魂不朽和上帝存在。没有这些信念的支撑，我们追求"至善"理想的道德实践活动就会失去根据。也就是说，上帝虽然在自然界中销声匿迹了，科学家们在研究自然现象时再也不用考虑上帝了，但是上帝在我们的道德生活中仍然是一个不可忽略的因素。没有上帝，我们追求道德至善的活动就会失去信心，我们通过完善道德来谋求幸福的努力就会失去保证，"好人终有好报"的信念就会失去根据。所以，上帝虽然不再属于外部世界，但是他却在我们的道德良知之中，成为我们的安身立命之本。我们眼睛固然不能在大自然中发现上帝的身影，但是我们的心灵却能够在道德良心的呼唤中聆听到上帝的声音。康德的做法非常聪明，面对着法国无神论者对宗教的猛烈批判，康德把上帝从岌岌可危的自然界中解救出来，然后把他安置在一片恬静的道德沃土上。

对于康德的这种聪明做法，19世纪德国诗人海涅在《论德国的宗教和哲学的历史》一书中有一段非常精彩的评价。海涅说道，康德在《纯粹理性批判》中扮演了一个无所畏惧的大力士，一个古希腊传说中的大英雄赫剌克勒斯，他用他的那一套哲学概念——先天直观形式、先天思维形式等——在现象世界中把上帝杀死了（实际上不是把上帝杀死了，而是把上帝赶出了现象世界）。于是，再也不存在什么天国、地狱了，上帝已经被杀死，天使们倒在血泊中痛苦地呻吟着……

海涅接着说道：你们以为自己可以回家了吗？决不！在一场悲剧之后是需要一场喜剧的。当康德这样做的时候，他突然发现老兰培满脸不安的泪水！老兰培何许人也？他是康德的老仆人，康德一生未娶，老兰培一直忠心耿耿地侍候着康德，每天下午康德在哥尼斯堡街头散步时，老兰培都会挟着一把雨伞跟在康德的身后。海涅说道：当康德杀死了上帝时，他发现老兰培满脸不安的泪水。于是康德意识到，老兰培需要一个上帝，我倒无所谓，我是一个哲学家，但老兰培是一个善良人，他需要一个上帝。如果没有上帝，老兰培就会失去对善良的信心，他这个好人就得不到好报了。所以，为了老兰培的缘故，康德就在他的第二批判、也就是《实践理性批判》里，用道德的魔棍一下子又让上帝复活了。

海涅的最后一段话更加精彩，他对康德首先"杀死"上帝、然后又"复活"上帝的聪明做法这样评价道："难道他毁灭了上帝存在的一切证明正是为了向我们指明，如果我们关于上帝的存在一无所知，这会有多么大的不便吗？他做得几乎像住在威斯特伐利亚的我的一位朋友那样聪明，这人打碎了葛廷根城格隆德街上所有的路灯，并站在黑暗里，向我们举行了一次有关路灯实际必要性的长篇演说，他说，他在理论上打碎这些路灯只是为了向我们指明，如果没有这些路灯，我们便什么也看不见。"

海涅的这段话既风趣幽默，也耐人寻味，从中我们应该了解到基督教信仰在现代西方社会中的意义。简言之，在今天的西方社会中，对于绝大多数经历了思想启蒙的民众来说，基督教信仰已经不再是关于世界存在和运行的知识根基，而成为支撑善良、抚慰情感的心理依据。

本章附录二

科学、宗教与哲学的关系（演讲

我今天讲座的主题是"科学、宗教与哲学的关系"。我一向认为，我们只有把科学、宗教和哲学这三者之间的关系搞清楚了，才会对西方文化产生更加深刻的理解。我们知道，西方文化发展到今天，无论是美国还是欧洲，它的科学技术水平明显领先于中国，这是一个不争的事实，我想没有人会提出异议。但是另一方面，我们又发现了一个非常奇怪的现象，绝大多数西方人仍然相信基督教，这也是一个不争的事实。在美国和西欧的政治生活中，例如在总统竞选当中，没有一个人敢宣称他是无神论者。在日常生活中，基督教的影响更是无处不在。乃至于我们可以说，基督教在今天的西方已经不是一个简单的宗教问题了，它已经成为一种文化，深深地渗透到西方人的日常生活和公共生活中间。从这个意义上讲，我们不能把基督教仅仅当作一种愚昧的信仰。我今天的报告从这里开始，就是想改变同学们的一个观念。我们从小接受的教育就是这样：宗教是一种愚昧、落后的现象，随着科学知识的增长，一个人就会由一个宗教信仰者变成一个无神论者。这样一种传统观念，在面对今天西方社会的现实状况时，是经不起推敲的——西方社会在科学技术高度发达的同时，仍然保持着对宗教信仰的极大热情。在科学技术高度发达的美国，今天仍然有将近80%的人信仰上帝，有40%的人每周都要去

说明：《科学、宗教与哲学的关系》为笔者2006年4月在武汉大学的演讲。

教堂。中国的情况也有相似之处，今天的中国比起改革开放以前的中国，在科学技术水平方面无疑是大大地提高了，但是统计资料表明，目前中国信仰各种宗教的人数也在迅速地增长。面对着科学技术与宗教信仰同步发展而非此消彼长的新现象，我们有必要从根本上来重新思考科学与宗教的关系问题，而不应该采取一种无视现实的自欺欺人的蒙昧态度。

在此，我首先要申明两点：第一，我本人虽然长期研究基督教，但我并不信仰基督教，我既不是一个基督徒，也不是任何一种现存宗教的信徒。从某种意义上可以说，我是一个无神论者，但是我更喜欢把自己称为一个怀疑主义者。第二，我今天讲这些问题，只不过是为了帮助同学们更好地了解西方文化，从价值层面上来讲，我本人从来不认为中国人一定就要接受基督教信仰。我觉得，每一种文化、每一个民族都有它自己的历史传统和发展道路，不同文化传统之间存在着很大的差异性，没有必要在各个方面都追求一致。

（一）罗素关于三者关系的说明

我今天的讲座可以分为理论层面和历史层面两个部分，理念层面的讨论首先从一段关于科学、宗教与哲学之关系的论述开始，这段精彩论述出自20世纪西方伟大的哲学家和数学家罗素，这是他在《西方哲学史》这部名著的绪论中的一段论述。

罗素在《西方哲学史》绪论的第1页中这样写道："哲学，就我对这个词的理解来说，乃是某种介乎神学与科学之间的东西。它和神学一样，包含着人类对于那些迄今仍为确切的知识所不能肯定的事物的思考；但是它又像科学一样是诉之于人类的理性而不是诉之于权威的，不管是传统的权威还是启示的权威。"我现在要对这段话做一些解释。罗素一上来就对科学、神学和哲学三者之间的关系作了一个阐述，哲学是介乎神学与科学之间的东西，它和神学和科学两者都有相同之处，也有不同的地方。它和神学研究的对象相同，都是超出确切的知识范围的东西。大家知道，所谓科学是指已经形成确切的知识或答案的东西。而一旦这样的定论形成以后，它就会影响人们的思想很长一段时间，甚至成为颠扑不破的真理。比如说牛顿的经典力学，今天有谁会对经典力学的正确性提出置疑呢？20世纪创立的相对论和量子力学，只是在更加精密、更加微观的领域里对经典力学的基本原理进行了调整和拓展，并不能说它们就否定了经典力学。今天，我们从中学一直到大学仍然在学习和使用经典力学，它在一个既定的时空条件下，即在宏观世界中，确实是颠扑不破的真理。但是，哲学研究的问题，迄今为止没有一个具有确切性的答案。当然，我今天所谈到的一些观点，也许会极大地冲击同学们的一些定见。我今天讲座的目的，其一是让同学们对西方文化有进一步的了解；其二则是为了让同学们明白，哲学的最高修养就是一种批判精神和怀疑意识。哲学是这样一门学科，它面对任何被称为绝对真理的东西，永远都会高昂起自己不屈的头颅，永远都会无穷尽地追问其根据，而不愿屈从于任何权威。这就是哲学的本性！对于哲学来说，没有什么是绝对的真理。也许同学们马上就会举出一些例子来反驳我，比如说唯心主义和唯物主义的对立等。我们从小接受的都是唯物主义的教育，因此对于这样的问题，即世界究竟是统一于物质还是统一于精神？同学们通常会毫不犹豫地说，世界是统一于物质的。千差万别的世界，包括精神世界，最后都统一于物质。这就是我们从小所受的教育使我们形成的定见。但是，当我们把它当成绝对真理的时候，我们来看看西方人尤其是西方基督徒看待世界的观点，我们就会发现，他们恰恰认为这个世界是统一于精神的，他们认为应该从上帝那里寻找世界的根源。我们不能说那些信仰基督教的西方人没有知识，事实上他们所受的教育以及他们的科学技术水平，可能比我们还要高一些。如果我们盲目地说他们都是错的，那么他们也会得出和我们同样的结论。事实上，我们拿不出一个确凿的证据来证明我们的观点，他们同样也是如此。因为这两种观念之间的对立是一个哲学问题，而不是一个科学问题。信仰唯物主义还是信仰唯心主义，说到底是两种文化习惯或教养方式的结果。因此，我们不能武断地说谁错了，这是两个不同的文化传统的结果。一个文明社会的最重要的标志就是宽容和尊重，而不是专断和粗暴。西方的一个基督教徒和中国的一个无神论者，在经典力学方面的观点都是一致的，都会承认它的真理性。但是对于世界究竟是统一于物质还是统一于精神，那就见仁见智了。这个问题本身就不像经典力学问题那样，可以在实验室里得到验证，它严格地说是一个形而上学问题。

在这里，我首先要改变同学们对于一个概念的成见，这就是"形而上学"。"形而上学"在我们的辞典中是一个贬义词，我们所理解的"形而上学"就是指那种片面地、孤立地、静止地看问题的思想方法，它和辩证法是直接对立的。但是这种理解并不是"形而上学"一词的原意，而是它的一个衍生意义。这个词在希腊语里的原意是"在物理学之后"，它是古希腊哲学家亚里士多德的学生在编纂亚氏著作时所用的一个概念。

我们知道，亚里士多德是古希腊最伟大的哲学家，他把柏拉图的理念论和德谟克里特的原子论结合起来，建立了自己的实体哲学。亚里士多德是一个百科全书式的人物，在物理学、逻辑学、政治学、伦理学、博物学和文学艺术等方面均有建树，创立了一个无所不包的思想体系。但是他也有一部分著作是专门研究上述那些学科以外的东西的，亚里士多德自己把它称为"第一哲学"，这就是研究存在本身的学问，也就是研究事物的最一般的原理和原因的学问。他认为研究事物表面现象的学问只能叫作知识，但是研究万事万物背后最一般的原理和原因的，那才是智慧。"哲学"（philosophy）这个词，在古希腊语中本来就是"爱"与"智慧"这两个词拼成的，即"爱智慧"的意思。所以智慧之学在古希腊是比知识之学更高的东西，知识之学研究事物是什么，智慧之学则研究事物为什么是这样。在亚里士多德去世以后，他的弟子把他的文稿整理归类，他们发现被亚里士多德称为"第一哲学"的东西无法归类，于是就把它暂且编在物理学的后面，称为"metaphysics"，即"在物理学之后"。这本来是一个权宜之计，但是被编入"metaphysics"这部分之中的东西，确实包含了某种比物理学或其他知识之学更深刻的东西。因此，后来当中国人最初翻译西方学术概念时，就把这个词翻译成"形而上学"，是取自《周易》中的一句话，即"形而上者谓之道，形而下者谓之器。""形而下者"即有形的东西，这就是器物；"形而上者"则是无形的东西，这就是"道"。那么，"道"又是什么东西呢？老子《道德经》有一个非常经典的解释："道可道，非常道。"也就是说，"道"如果可以说出来，就不是真正的"道"了。由此可见，"道"是极其高深玄奥的，是说不清、道不明的东西。这个翻译非常确切和恰当，由此我们就可以明白"形而上学"一词的真正含义了，这就是极其高深的学问，是超越于经验现象之上的、关于存在本身或者事物的最一般规律的学问。就这种意义而言，它的对立面就不是辩证法，而是经验，因为经验范围内的东西都是有形的，是形而下的。

所以从亚里士多德一直到18世纪的西欧哲学，形而上学都是与经验相对立的，是关于看不见、摸不着的实体或本质的学问。在传统西方哲学中，形而上学构成了哲学的根，没有形而上学，哲学就丧失了它的阳刚之气。只是到了莱布尼茨—沃尔夫的形而上学独断论体系遭受到德国古典哲学家的批判之后，"形而上学"一词才开始逐渐被理解为一个贬义词。特别是在黑格尔那里，"形而上学"就成为知性的基本特征，黑格尔提出了以辩证法为基本特征的理性来与形而上学的知性相对立。从此以后，形而上学就成为一种孤立地、静止地、僵化地看问题的思想方法，与辩证法形成了直接的对立。黑格尔以后，马克思又进一步强调了这种对立，因此我们就简单地把形而上学理解为辩证法的对立面。实际上，在西方，在黑格尔之前，形而上学一直被看作是一门既高深又高尚的学问。只有具备极高智慧的人，才能够去研究形而上学。从这种意义上来说，尽管当今时代的哲学以解构本质、消除实体相标榜，我仍然坚持认为，形而上学是哲学的根，真正的哲学问题永远都是形而上学问题，即超出经验范围之外的问题。我当然是在"形而上学"一词的原意上来使用这个概念的。

哲学如果只是去解决现实生活中的具体问题，那它就不叫哲学了。自从形而上学在西方成为一门极其高深的学问以来，西方人就培养了一种和我们中国人截然不同的思维方式。我们知道，中国人的思维方式基本上是一种经验式的，事物的真假、对错都可以通过经验来验证。但是形而上学的东西是不可以在经验中进行检验的。所以从这个意义上来讲，我们中国人的思维方式是不太适合于思考形而上学问题的。我在讲中西文化的精神差异时已经指出，为什么宋代的大理学家朱熹要把周敦颐的太极无极之学落实到"日用之间"，把玄奥深邃的阴阳五行之说落实到"仁义礼智刚柔善恶之际"？就是因为中国人总是喜欢把抽象深奥的东西落实到经验具体的日常生活，落实到道德行为和伦常关系中。中国人不喜欢玄而又玄的东西，我们崇尚经验，所以我们有一句话："眼见为实，耳听为虚。"眼见的东西才是真实可靠的。但是西方人却恰恰相反，在西方哲学产生之初，古希腊哲学家毕达哥拉斯就提出，"数"是世界万物的本原。他与当时希腊自然哲学家们关于水、气、火等物质是世界本原的观点之间的差别不仅只是词语方面的，而且更是实质上的。水、气、火等是眼睛可以看到的东西，是经验的对象，而"数"是什么？"数"是只有抽象的思想才能把握到的东西，因此把数说成是万物的本原和把水说成是万物的本原有着本质上的不同，这实际上就是形而上学了。正因为西方人早就有了形而上学的传统，他们往往把形而上学的对象看得比经验的对象更为本质，并且把它当作第一哲学。所以在西方就养成了一种习惯，那就是："眼见为虚，思想为实。"看得见的东西往往是靠不住的，感觉经验总是在欺骗我们，感觉如果与思想发生了矛盾，那么正确的只能是思想，因为思想的对象才是最深刻的本质的东西。这种形而上学的观点，蕴含着唯心主义的可能性，所以，在西方2000多年的哲学史里，唯心主义绝对是主流。在西方，唯物主义至少在相当长的时间里是带有贬义的，说一个人是唯物主义者，通常就是说这个人只注重肉体不注重精神，拘泥于肤浅的经验现象而缺乏深邃的思辨；而唯心主义则往往是高尚的，说这个人是唯心主义者，人们就禁不住会对他肃然起敬，因为他关注的是那些超经验的高深问题。这就是西方思维方式的传统，以往许多西方哲学家们都认为眼睛等感官会欺骗人，而通过思想、推理、逻辑的演算得出来的东西才是真理性的。对于他们来说，哲学研究的真正问题就是形而上学问题，是不可以通过经验来把握的东西。

现在，让我们再来重温一下刚才所引的罗素那段话："哲学……它和神学一样，包含着人类对于那些迄今仍为确切的知识所不能肯定的事物的思考。"神学探讨关于灵魂不死的问题，关于天国的问题，经验不可能对这些问题给出一个确切的答案。哲学也是如此，它所探讨的世界的终极本体问题，以及诸如此类的其他问题，严格地说，都是经验无法给出确定性答案的问题。就此而言，神学和哲学都不同于科学。但是另一方面，哲学又像科学一样是诉之于人类的理性而不是诉之于权威的。神学的一切问题都是以《圣经》为最高权威和最后依据，不得有半点违背。哲学却不是这样，它只服从理性本身，而不屈从于任何权威。这就是科学、宗教和哲学三者的总的关系，我们就从这里切入，来探讨今天的主题。

罗素接着说："一切确切的知识——我是这样主张的——都属于科学，一切涉及超乎确切知识之外的教条都属于神学。但是，介乎神学和科学之间还有一片受到双方攻击的无人之域；这片无人之域就是哲学。"罗素为我们描写了一幅悲惨的状态，哲学既受到科学又受到神学的攻击。受科学攻击的原因是什么？因为哲学研究的问题是科学无法给出确切答案的，因而，科学往往认为哲学研究的都是一些无聊的问题。这个态度在工业革命以后，在工具理性无限膨胀的时代，表现得尤其明显。正是这种态度导致了哲学在当今时代的没落。我们这个时代崇尚科学主义，科学是以经验知识为基础的，它所研究的问题可以在实验室里得到验证，而哲学问题却是无法验证的，因而是无聊的问题。这种说法我个人认为是很浅薄的，因为人是一种有神性的动物，人除了要研究那些可验证的问题之外，总喜欢追问一些永无答案的问题。这就是人之为人的根本，这就是我们称之为"浮士德精神"的东西，就是那永不满足、永不停顿地追求某种形而上的目标的精神。这目标也许永远都不可能达到，但是在追求、追问的过程中，人们却无意之间在身后留下了一串歪歪斜斜的脚印，这就是我们的历史，就是人类的文明历程。所以我老喜欢说，人类就是在追逐一个又一个虚无缥缈的海市蜃楼的过程中走出了原始森林的。正是那些异想天开地去追逐天上那片彩虹的猴子，成为了我们最初的祖先；而那些低着头永远只注意眼前那片树林的猴子，到今天仍然还生活在原始森林里面。我们人类总是喜欢向天上看，人类总是在追求遥远的理想，个人如此，人类社会也是如此。所谓目标、理想、各色各样的彩色光环，它们的意义并不在于它们最后能不能真正实现，而在于它们给予了我们永恒的精神感召，使我们在这种精神感召的引导之下，去创造人类的历史。这就是歌德所极力凸现的"浮士德精神"。浮士德和魔鬼打了一个赌，魔鬼说：如果你永不满足，那么我将尽力满足你的一切欲望；而一旦有一天你满足了，我就将带走你的灵魂。在魔鬼的帮助下，浮士德享受了爱情，获得了权力，增长了知识，但是他却永不满足。无论他得到了什么，他都还在追求。魔鬼毫无办法。最后，浮士德来到海边，看到无数的人在填海造田，他终于意识到全社会的觉悟是一种多么好的景象。于是他感叹到：生活多么美好啊，请停留一下！他终于满足了。而在浮士德感到满足的那一瞬间，他就仆地而死，魔鬼马上带走了他的灵魂。但是上帝出面干涉，上帝认为浮士德并没有失败，他的精神已经使他永远地赢得了这场赌局，这样天使们就簇拥着浮士德的灵魂上升到天国。这就是歌德所赞美的"浮士德精神"，即一种永不停息的追求精神，这种精神就是哲学的本质精神。

事实上，我们说，正是由于对一些超经验的问题的思考，才导致了科学史上的许多伟大革命。爱因斯坦相对论的发现，在很大程度上就是出于一种哲学思考，而不是出于科学思考，他就是基于对"以太风"的怀疑。"以太风"本身就是经典力学中的一个哲学假设，爱因斯坦没有循着经典力学的路子走，而是另辟蹊径，创立了相对论。大家知道，在爱因斯坦创立相对论之前二十年左右，迈克尔逊和莫利这两位科学家已经做了一个关于光的干涉实验，他们得出的结论本来是可以引起物理学中的一场重大革命的，然而遗憾的是他们不敢怀疑经典力学的哲学前提，这一前提就是关于"以太风"的理论预设，它认为光的传播具有超距作用，即光速无限。爱因斯坦就对"以太风"表示了怀疑，否定了光传播的超距作用，从而得出结论：光传播一定的距离是需要一定的时间的。这就是一个根本性的革命，由此才导出了相对论的公式。可见，爱因斯坦的这个革命实质上就是一个哲学革命。开普勒发现海王星同样是出于哲学思考，他认为这个世界应该和谐和平衡，因此在某一个位置应该还有一颗行星，然后通过运算推算出了行星的确切位置。我的一位研究物理学的朋友告诉我，如果没有普朗克，经典力学照样可以发展出量子力学；然而如果没有爱因斯坦的话，可能至今我们都不知道相对论。这说明了什么呢？这恰恰说明了科学发展到关键时刻，更需要的往往是哲学批判。

我们再来看看罗素下面的这段话："思辨的心灵所最感到兴趣的一切

问题，几乎都是科学所不能回答的问题，而神学家们的信心百倍的答案，也已不再像它们在过去的世纪里那么令人信服了。"大家都知道，罗素本人就是一位科学家，是 20 世纪一位非常杰出的数学家，然而他却认为，真正的哲学问题几乎都是科学所不能回答的。为了说明这一点，他在对科学、神学和哲学三者做出界定之后，提出了下面这些哲学问题。让我们来对这些问题进行一番讨论。

（二）几个基本的哲学问题

第一个问题：世界是分为"心"和"物"的吗？如果是，那么心是什么？物又是什么？

这里所说的"心"和"物"都是一些哲学概念。这个问题在我们的哲学教科书中被称为哲学的基本问题，它的答案似乎是确定无疑的。但是当你深入学习了西方哲学史以后，你就会发现问题并不像我们教科书中所写的那样简单，也绝不像哲学初学者们信心百倍地宣称的那样确切无疑。哲学界的一些老前辈，往往在六七十岁高龄以后，达到了知天顺命、大彻大悟的境界，才在这个哲学基本问题上提出了一些颇有启发性的观点。我们武汉大学的著名哲学家陈修斋教授，在去世之前写了一篇名叫《哲学无定论》的文章，他在这篇文章中写道：真正的哲学问题都是没有定论的，不是由于我们今天的知识局限而没有定论，而是这些问题本身永远就不可能有定论。这些问题就包括像上面所说的世界的终极统一性问题。这种见解或许与同学们的常识相悖，在同学们看来，世界是统一于物质的，"心"也最终要统一到"物"，这是一种唯物主义观点，这种且认为整个世界统一于物质的观点是从经验里推论出来的吗？但是关于整个世界的终极统一性问题显然是一个形而上学问题，这样的问题是不可能依据经验来获得答案的。大家知道，从逻辑学上来说，经验归纳只是不完全归纳，它所得出的结论只具有或然性，没有必然性。因此我们依据经验充其量只能说世界很可能统一于物质，而不能说世界必然统一于物质。自然科学研究的是世界各个局部的、细节的问题，我们由此而整合出一个关于世界本身是什么的结论，是不恰当的。也就是说，事物的某一种特性，并不足以构成推论整个事物性质的依据。18世纪英国怀疑主义哲学家休谟曾举例说：假如我们面前有二十颗棋子，我给你讲了每一颗棋子的原因，然后你问我这二十颗棋子的原因是什么，那么，我认为你这是一个假问题。我想，我只能说到这里了，同学们慢慢去领会吧。北京大学的著名哲学大师张世英先生，晚年也在学术期刊上发表了一些极其深刻的哲学反思文章，其中有一篇名叫《说不可说》。他认为：哲学的对象是无法言说的，但是人又有这样一种不屈不挠的探索精神，非要去言说那些不可说的东西。每一代哲学家都要以自己的方式来言说那终极性的实在，这种锲而不舍的探索精神推动了哲学的发展，但是哲学研究的那些基本问题却并没有因此而获得确定性的终极答案。哲学所探讨的那些终极性问题的特点和魅力恰恰在于，对于它们永远都不可能有终极性的答案。就拿这个所谓的哲学基本问题来说吧，大家看看，从古希腊到今天，在世界究竟统一于"心"还是统一于"物"的问题上，哲学始终未能给我们提供一个可以被所有人普遍接受的答案，乃至于两千多年过去了，这仍然是一个争论不休的问题。这正说明了哲学问题是没有终极性答案的，它与科学问题是不同的。

我平时常常对我的学生说：你们在听我的课之前，什么都懂；可是一学期听完以后，就变得糊涂了。这就对了！哲学就是要把你搞糊涂，糊涂就意味着你开始具有批判精神了。以前觉得理所当然的事情，现在觉得未必如此了，你就有了怀疑意识和批判精神，这个时候你才刚刚开始有了哲学的慧根。所以哲学首先是一种独立的批判意识，是永无止境的怀疑和追问，如果哲学拘泥于现成的答案，屈从于现实的权威，那就不是哲学，而是神学教条了。哲学的活的灵魂就是一种永远不断地自我否定、自我批判的自由精神，这才是哲学的根本。由于某种众所周知的原因，当今的中国大学生们对哲学非常反感，有一种强烈的畏惧心理和逆反情绪。然而，我在武汉大学讲西方哲学史，最大的教室通常都被挤得满满的。人们不禁疑惑：哲学有这么大的魅力吗？在我看来，哲学本来就是一门极具魅力的学问。令大学生们反感的其实并不是哲学本身，而是我们的一些哲学教师讲解哲学的方式，他们对待哲学的实用化态度和政治意识形态化理解使得哲学在中国大学生中名声扫地。在日常生活中，我常常会遇到一些学术界之外的朋友，他们问我："你是搞什么的？"我回答说："研究哲学的。"他们马上就会很自然地回应道："哦，搞政治的！"这是我们这个时代所形成的一种普遍误解，实际上哲学与政治完全不是一回事嘛。

第二个问题：宇宙到底有没有目的性？它是不是朝着某一个目标演进的？

人们通常认为，宇宙是有着某种内在秩序的，是不以人们的意志为转移的。但是如果宇宙有着某种秩序性，那么问题就来了：宇宙中的秩序是怎么来的呢？面对这个问题就有两种回答，一种叫创造论，另一种叫进化论。创造论认为：宇宙为什么这么和谐，为什么这么有秩序？就是因为它是某个伟大智慧者的作品，这种和谐和秩序恰恰体现了这位创造主的特殊目的。这个目的性概念是一个哲学概念，它意味着宇宙万物的运动发展都是遵循一种预先设计的程序而行，这种客观的程序体现着某种主观的目的。为了说明这个问题，我就转过来类比一下我们的人工产品。人类制造任何产品都是有目的的，制造钟表是为了报时，我们把杯子造成圆口的是为了喝水方便，灯是为了照明，笔是为了写字等。因为人是有理性的动物，人的任何行为都有目的，目的充分地体现在人造物中。

但是我们如果由人造物推而广之到自然物，我们马上就会发现一个问题，自然界不是我们人造的，它本身有没有目的？如果说它没有目的，那它为什么这么和谐？你看有猫就有老鼠，有青山就有绿水。再来看看我们自己，假如我们还是和我们的祖先一样，不知道进化论的思想，不知道如此美丽的人类是由丑陋的猴子进化而来的，我们就会惊叹于人类身体构造的精美和谐。你看，我们的眼睛是最柔弱的器官，于是就有睫毛为它遮挡风沙，还有眼皮和眉毛对它形成保护；耳朵容易进异物，就生出耳廓来护住它；鼻子有孔，鼻孔就朝下而不是朝上开。大家想想，如果我们的眼睛像蛇的眼睛一样没有眼皮和睫毛的保护，我们该有多么痛苦？如果我们的鼻孔是朝上开而不是朝下开，我们在生活中将会遇到多少麻烦？这一切器官都长得如此和谐，如果我们没有进化论的思想，如果我们像我们的祖先们一样认为，我们长得怎么样，我们的始祖大体上也长得怎么样，那么我们就会很自然地推论出，如此和谐的人类一定是由一个更高智慧的神创造出来的，正如一块精美的钟表一定是由一个手艺精湛的钟表匠制造出来的一样。钟表很精美吧，那是因为人们为了某种目的而创造了它，给它设计了指示时间的功能。同样，大自然的精美程度要千百倍于钟表，你能说如此精美的自然界完全是一个偶然的结果吗？如果大自然的精美和谐完全是偶然的，那么这种偶然性出现的概率要比这样一种概率还要小得多：你到印刷厂随便抓一把铅字往地上一撒，竟然就撒出了一部史诗《伊利亚特》！这可能吗？因此，在进化论思想问世之前，我们往往会很自然地推出上帝创造世界的结论。正是由于智慧和万能的上帝按照一定的目的创造了世间万物，所以整个宇宙才体现出一种普遍的秩序性与和谐性。

进化论问世之后，上帝创造世界的说法当然遭到了沉重的打击。进化论认为，人在最初的时候并不是这么和谐，他们是在进化的过程中，在自然选择和适者生存的过程中，逐渐变得和谐起来了。整个世界也是如此，它也经历了一个从不和谐到和谐的进化过程。进化论否定了世界之外的目的性，它用进化的观点解释了世界的规律性的起源。世界原本是无序的，没有什么规律可言，随着时间的推移，世界在优胜劣汰、自然选择的进化过程中逐渐从一个无序的世界变成了一个有序的世界。这就是进化论的基本观点，这就是我们今天关于宇宙形成和生物演化的科学观点。由此可见，进化论与目的论在解释世界的秩序性的根据方面形成了相互对立的观点。

但是在当今美国的科学界，又出现了另一种试图调和这两种理论的观点，具体地说，即试图用进化论来论证目的论，一些有神学背景的科学家们提出了一种"智能创造论"的观点，他们从宇宙演化和生物进化的方向性中看到了目的论的证据。在这些人中间不乏美国科学界的佼佼者，例如美国前总统的首席科学顾问等人，他们都是在自然科学领域成就卓著的人，但同时他们又有着非常虔诚的基督教信仰。他们有一个共同的愿望，即试图在科学与神学之间寻找一种平衡，从科学中为宗教信仰寻找证据。他们提出了这么一个问题：无论是宇宙界还是生物界，事物都是从低级向高级进化，那么这个方向性是从哪里来的？这是进化论本身不能解释的，进化论只能对一种运动的过程（即进化）进行描述，却无法解释这个过程所具有的方向性。方向性是在事物进化之前就被确定了的，所以才称之为进化，那么这种方向性是不是仍然表明了某种超越性的存在即上帝的特殊目的呢？正是由于上帝把一种从低级到高级的发展方向作为既定目的内在地赋予了自然界，所以整个世界才表现出一种进化的过程？对于这种"智能创造论"的观点，我们固然可以站在唯物主义的立场上来加以反驳，但是我们却不能、也不应无视于它的理论根据。事实上，当我们从研究自然界的秩序而深入到探讨这些秩序得以存在的根据时，我们就已经由单纯的科学问题进展到难以有终极答案的哲学问题了。

第三个问题：究竟有没有自然律，还是我们信仰自然律仅仅是出于我们热爱秩序的天性？

这个问题更加具有颠覆性，它使得那些研究自然科学的人们面临着更加严峻的挑战。自然规律到底是客观存在的，还是像康德所说的那样，只是人类理性给自然界颁布的法则？康德哲学对于现代科学的最重要的挑战意义就在于，他认为自然规律本身就是人在认识自然的过程中赋予自然界的，即"人给自然立法"。我们在认识过程中一边构成对象，一边形成对对象的认识，因此我们所认识的对象已经不是纯粹客观的对象，而是已经被置于人的理性结构和认知形式中的对象，即已经被理性的法则所改造了的对象。这就是康德的观点，从某种意义上说，康德的这种观点，迄今仍然是难以超越的，它对于我们重新反思自然界的规律也具有重要的启发意义。

对于这个问题，我不想做结论，事实上也不可能有结论。我只想举一个例子来帮助同学们理解康德的观点。我们看到一群孩子在玩游戏，玩游戏就要遵循游戏规则，当这些孩子们一丝不苟地遵守游戏规则时，我们大人就会觉得他们很可笑。我们往往会告诉这些孩子，你们完全可以违背规则，可以投机取巧，但是孩子们不会相信你，因为他们觉得这规则是神圣的和客观的。但是我们却知道，那些游戏规则本身只是人为设定的，是一种约定俗成的结果，它完全是可以改变的。事实上，爱因斯坦的相对论在某种意义上也给了我们这样一种启示。相对论所展现的世界，虽然不是由人类约定俗成的，但它却与参照系有关，不同的参照系，连时间、空间都不一样，物体的形状也不一样，因此并不存在牛顿力学所展现的那种绝对意义上的客观性。任何规律都与一定的参照系有关，是相对的。如果我们从物理学的相对论进一步推进到心理学的意识流，我们就会发现，从心理学的角度来看，其实每一个人都是一个参照系，世界永远只不过是你眼中的世界而已。我们谁也无法用别人的眼光来看世界，因此世界的差异说到底只是每个人眼光的差异。

我们常常会发现，不同地区、不同文化圈中的人们在玩类似的游戏时，所采用的游戏规则是不尽相同的，最典型的例子就是中国象棋与国际象棋的差别。当我们面对着自然界的规律时，我们往往也会像孩子一样，把它当成是客观的和神圣的。但是这时，焉知没有一个更高的存在物，看着我们就如同我们看着孩子们玩游戏时一样可笑？在很多场合我老喜欢给同学们讲"苍蝇视野"。17世纪有一个英国哲学家叫洛克，他说一个事物的重量、硬度、广延都是客观的，这是事物的第一性质；而一个事物的颜色、声音、滋味则是第二性质，它们并非事物本身的性质，而是与我们的主观感受有关。以前我们老批判洛克的这种观点是唯心主义，但是现代心理学已经证明，颜色确实与我们的感受能力有关。比如说现在的同学们中间有一位色盲，他看到这张桌子是红色的，而我们所有的人都看到它是黄色的，那么到底谁的感觉正确呢？当然是我们的感觉正确，因为我们是多数。但是万一不巧，今天来听讲座的同学大多数都是色盲，只有一个人不是，那么你说这张桌子到底是红色的还是黄色的呢？那就不好说了吧！当然，在我们人类中，色盲毕竟是少数，所以我们说是他们的眼睛出了问题。但是，当我们正在讨论这张桌子是红色的还是黄色的问题时，从外面飞来了一只苍蝇。大家都知道，苍蝇是复眼动物，它的眼睛与我们的眼睛在结构上完全不同。在苍蝇的眼睛里，这张桌子不仅颜色，甚至连形状都与我们看到的不一样。于是，这张桌子本身究竟是什么颜色、什么形态？这就成为一个难以解决的形而上学问题了。当然，我们是人，我们有绝对的话语霸权，我们说桌子是红的它就是红的，说它是方的它就是方的，而苍蝇没有发言权，因此真理在我们这边。但是从哲学的角度讲，谁也不能否认苍蝇看到的也是一种客观实在呀！更何况它的眼睛比我们的还要复杂一些，我们有什么理由断定，复眼所看到的世界就不如两眼所看到的世界更真实呢？为什么复眼动物看到的就是假象，而两眼动物看到的才是真象呢？反之，如果我们承认苍蝇眼里的世界也是一种真实，那么当这种真实与我们眼里的真实发生矛盾时，我们又何以断定世界本身的客观性呢？或者我们不得不承认，这个世界的客观性，与认识的主体有着密切的关系。当我们不敢独立地运用自己的感觉和理性，完全听命于某个权威对世界的判断时，我们是怯懦的和蒙昧的；当我们固执于我们的感觉和理性，认为只有我们眼中的世界才是唯一真实的世界时，我们是狂妄的和独断的；而只有当我们既坚持运用自己的感觉和理性，同时也尊重他人甚至其他物种的视域时，我们或许才真正地找到了一条通往真理的道路。因为真理往往就呈现在对真理性话语霸权的解构之中。在一千个观众眼里就有一千个哈姆雷特！

早在18世纪，伟大的德国哲学家康德就已经通过对本体界和现象界的划分，给我们以深刻的启示。康德认为，客观世界的规律只不过是我们人给自然立法的结果，无论是时间、空间，还是因果性、必然性，都是我们主观具有的直观形式和思维形式，是作为自在之物的本体世界在我们的感官中所呈现出来的现象，以及我们的思维方式对其进行综合整理的结果。因此，不是自然界向我们颁布法则，而是我们给自然界立法。说到底，所谓的自然现象和自然规律不过是我们主观感觉和思维的结果。这种具有颠覆性的哲学结论，至今对于我们思考客观世界的本性仍然富有深刻的启发性。

第四个问题：人究竟是像天文学家所看到的，由一些不纯粹的碳和水化合而成的一个微小动物，在一个渺小而不重要的星球上无能为力地爬行着？或者他像哈姆雷特所说的那个样子："宇宙的精华，万物的灵长"？

当然，这个问题已经不是一个事实问题，而是一个价值问题了。人到底是渺小的还是崇高的？是一个不堪一击的脆弱生灵，还是一个改天换地的万物主宰？自古以来就有不少争论。在欧洲中世纪，基督教把人看得像虫子一样渺小而谦卑，只有上帝才是崇高的，人在上帝眼里不过是一堆罪孽深重的垃圾，这种自我菲薄的观点导致了人性的扭曲和压抑。

但是到了工业革命以后，人的自尊心又开始无限膨胀，把自己提升到自然主宰的高度。这种自诩为"宇宙的精华，万物的灵长"的狂妄意识，使人类无限地夸大自己在宇宙中的地位，把自己的自然伴侣——其他动物——当作虐杀、摧残和征服的奴隶，把大地母亲当作任意掠夺的对象，其结果就导致了我们今天所面临的严重的生态问题和环境问题。近些年来频繁出现的自然警示——"非典"、禽流感——告诉我们，人类要是过于狂妄地把自己看作宇宙的主宰，就会带来一系列实践上的恶果。我们如何看待我们自身，看待我们在宇宙中的地位，这直接影响到我们与宇宙万物之间的关系，影响到我们与环境之间的关系，最终也会反过来影响到我们自身的生存状态。

第五个问题：有没有一种生活方式是高贵的，而另一种生活方式是卑贱的呢？还是一切生活方式都是虚幻无谓的呢？假如有一种生活方式是高贵的，那么它所包含的内容又是什么呢？

关于这个问题，更是见仁见智。如果时间允许，我可以单就这个问题给大家做一个讲座。但是今天在这里，我只能以最简单的方式告诉大家，正如我刚才给大家讲到的关于世界及其规律的客观性问题一样，在生活的意义方面，相对性的价值标准更是毋庸置疑的。且不说在不同的时代、不同的地域、不同的文化中，关于高贵和卑贱的界定就大相径庭，即使是在同一个时代、地域和文化中，不同的人群中间素来也存在着不同的生活态度。这一点在理想分裂和价值多元化的今天，尤其明显。在一个好莱坞、麦当劳文化流行全球，超女、戏说、恶搞现象盛行一时的当今社会，任何被传统视为高贵的东西都可能在一夜之间成为卑贱的，反之亦然。然而，当这种满足感官快乐的"短平快文化"抹煞了一切尊卑贵贱的差异之后，某些敏感的心灵是否还是禁不住要追问：难道真的就没有一种具有永恒意义的高贵生活方式值得我们向往吗？这种质问会引起无数个心灵相通者的共鸣，毕竟在我们的内心深处是有着某种永远也说不清、道不明的神性的。

第六个问题：善，为了要受人尊重就必须是永恒的吗？或者说，哪怕宇宙是坚定不移地趋向毁灭，我们仍然应该追求某种终极性的善吗？

这是一个伦理学的问题，简单地说，就是有没有一种值得我们去不懈追求的永恒的善？因为我们都知道，生命是短暂的，人生是短暂的，那么既然人生如此短暂，有没有必要去追求一种永恒的、无限的东西呢？有没有必要以我们有限的生命去追求一种无限的价值呢？还是我们更应该去满足有限生命的各种感性要求，及时行乐，得过且过？在很多时候，我们都会发现，人类在本性方面是很自私的，每个人都会尽力去追逐一己私利。但是另一方面，我们又可以看到，千百年来，人们总是被一种崇高的、永恒的、无限的价值体系所感动，人们总是孜孜不倦地追求它。即使是在像我们今天这样一个清醒得令人可怕的世界里面，善似乎仍然有着它的永恒的独立价值，在功利世界背后总好像还潜藏着某些令人热血沸腾和热泪盈眶的道德价值。在西方，许多基督教徒就认为无神论者是很可怕的，因为无神论者不信上帝，不信上帝就可能干任何坏事。当然，这主要是从道德角度来说的。然而事实上，那些被基督徒们称为"无神论者"的人同样也是有信仰的，只是他们的信仰和一般的宗教信仰是不同的，但是二者所追求的终极价值却可能是殊途同归的。1993年在美国的芝加哥召开了一次世界宗教大会，有来自全世界各种不同宗教的6500名代表出席会议，会上通过了一份《走向全球伦理宣言》。面对当今世界这样一个四分五裂、争斗不休的悲惨状态，各个宗教门派的人士共同认为：所有的宗教尽管在具体的教义、教仪、教会组织和教会历史等方面彼此相异，但是其核心价值是一样的，它们共同奉守的一条"金规则"就是："你不愿意别人怎样对待你，你就不该怎样对待别人"，或者正面地表述为："你愿意别人怎样对待你，你就该怎样对待别人"。借用孔子的一句话："己所不欲，勿施于人"，或者"己欲立，立人；己欲达，达人。"各种宗教在最核心的价值观方面都是相同的，所以不同宗教之间都应该彼此宽容。

让我们再回到刚才的问题，人有没有必要追求永恒的善？我们人生在世都会面对两样东西，一个是善，就是道德，另一个则是功利即幸福——这里我们主要是指物质利益方面的幸福。人追求幸福，天经地义，如果一个社会不允许人们追求幸福，例如像中世纪的欧洲和中国"文化大革命"时期那样，那一定是一个摧残人性的异化社会。但是反过来，如果一个社会只鼓励人们一味地追求物质幸福，完全不顾及道德，那么这也一定是一个夏洛克式的冷漠社会。我们总是在这两者之间倍受煎熬，我们既追求幸福，我们又渴望道德。但是我们往往会很遗憾地发现，正如康德所指出的那样，在现实世界中，幸福的人往往不讲道德，讲道德的人往往不幸福，这二者是彼此分离的。很多人道德水准很高，但他一生都过得很悲惨，所以他只能乞求彼岸的幸福，他希望用此生的道德换来彼岸的一种好生活；而那些在现世很幸福的人们呢，他们往往为了达到幸福的目的而不择手段，往往是践踏了道德的原则才在某种意义上获取了幸福。面对二者的分离，该怎么办呢？康德给我们预设了一个未来：在未来的世界里有一个最高的主宰，他将根据人们的道德水平来分配幸福。一个人的道德水平越高，他享有的幸福就越多，这样一个社会才是公平的。正是因为有了这样一个以福配德的理想社会的存在，我们这些生活在现实世界中的人才会坚持道德。由此可见，持之以恒地追求一种终极性的善，是需要一种超验的理想作为基础的。一个人如果真的像路易十五那样宣称："我死以后哪怕洪水滔天！"从而将一切关于善的考虑全部抛之脑后，那么这个人倒是可以像动物一样随心所欲地生活。一个畜牲从来不考虑善的问题，它只追求当下的幸福，正因为如此，它永远都只是一个畜牲！

第七个问题：究竟有没有智慧这个东西？还是看来仿佛是智慧的东西仅仅是一种极其精致的愚蠢呢？

米兰·昆德拉有一句名言："人类一思考，上帝就发笑。"人类总是觉得自己思考得很深刻，然而这种深刻性从另一个角度来看，或许恰恰就是一种浅薄。人类历史已经多次证明了我们称之为理性或智慧的东西的浅薄性，我们曾经长期地陶醉在一种最高智慧里面，后来才发现那不过是一种约定俗成的愚蠢而已。中世纪基督教关于上帝的那些智慧，在今天以科学理性的思维方式来看，不是一种极其精致的愚蠢吗？同样地，在几百上千年以后，谁又能保证不会出现一种完全不同的思维方式，以它的标准来衡量，我们今天不可一世的科学理性又何尝不是一种极其精致的愚蠢呢？谁又能断然否认，在未来的某一天早晨，我们人类会面临着一个极其尴尬的局面：我们赖以建立整个知识大厦的理性根基正面临着被一种全新的公理系统从根本上动摇的危险，正如同支撑着中世纪整个知识体系的基督教世界观在牛顿的机械论世界观面前发生根本性动摇一样？

上面列举的这些问题，每一个都是超出了确切性知识范围的哲学问题，诸如此类的问题还有很多。对于这一类的问题，任何信心十足的肯定性或否定性的回答都只能说明我们的武断和轻率。诚如罗素在提出了这些问题之后所说的："对于这些问题，在实验室里是找不到答案的。各派神学都曾宣称能够做出极其确切的答案，但正是他们的这种确切性才使近代人满腹狐疑地去观察他们。对于这些问题的研究——如果不是对于它们的解答的话——就是哲学的业务了。"

（三）古希腊文化中科学与宗教的同一关系

讲到这里，我想我已经从理论层面阐述了科学、宗教与哲学之间的关系。下面我们再从历史的层面来看看科学与宗教之间的辩证关系。需要说明的是，在下面的讨论中，我们的关注点更集中地落在科学与宗教的关系上，而哲学则始终在二者之间扮演了一个微妙的角色。

毋庸置疑，科学与宗教在西方曾一度处于水火不容、你死我活的对立关系中，但是这种对立状态并非科学与宗教的全部关系，而只是二者在一定历史阶段中所呈现出来的一种特定关系，正如它们曾经也在其他的历史阶段中呈现为一种水乳交融的同一关系一样。在西方历史的长河中，科学与宗教的关系是一种动态的、随着时代的发展而不断调整和变化的关系。我们只有用这种辩证的眼光来看待二者的关系，才能真正理解科学理性与宗教信仰在当今时代所表现出来的那种复杂的共生关系。

在西方文化摇篮时期的希腊时代，科学、宗教和哲学三者是难分彼此的。希腊最早的一批科学家和哲学家都具有很深的宗教情结。例如被我们称为第一个唯心主义者的毕达哥拉斯，他既是一个伟大的哲学家，又是一个杰出的数学家，更是一个奇怪的宗教团体的创始人。他的宗教团体有着十分奇怪的戒律，比如说，不许吃豆子、不许在大路上行走等。据说，他在一次被异教徒围困的时候，很不容易逃脱了，可是由于他不愿意践踏一片豆子地，最后还是被敌人抓住并烧死了。也许我们觉得他很愚蠢，可是我们不要忘记了，这个宗教神秘主义者本身却是伟大的数学定律——毕达哥拉斯定律（即勾股定律）的发明者。他在哲学上提出了数是万物本原的重要思想，由此奠定了西方形而上学（传统意义上的）之根基。在希腊的数学知识中，几何学是从埃及人那里学来的，而代数则是希腊人的创造。几何与代数的区别在于形与数的区别，形是具体的，数却是抽象的。古代埃及人由于丈量土地的需要，很早就发明了几何学，但是埃及人的抽象思维能力远远比不上希腊人，因此古代埃及人没有从几何学里抽象出代数定律（如毕达哥拉斯定律），没有完成从几何学到代数学的跨越。但是毕达哥拉斯定律的创立不久就引起了西方数学史上的第一次危机，即无理数的危机。按照毕达哥拉斯定律，一个两直角边分别为 1 的直角三角形，其斜边却无法用一个分数式来加以表现（古希腊人尚不知道无理数）。这样就导致了一种把数看得比形更加神秘、把思想的对象看得比感官的对象更加真实的倾向，罗素认为，这种倾向在西方哲学史上直接导致了形而上学和神学的产生，并且蕴含着中世纪基督教神学关于上帝存在的一系列逻辑证明。自从无理数危机出现以后，数与形就一直处于彼此分离的状态，直到 17 世纪笛卡尔创立了解析几何，才在数和形之间重新建立起对应关系。在这个漫长的分离过程中，形变得越来越不重要了，而数则发展演变为形式化的逻辑系统，成为西方哲学和神学的重要根基。这套逻辑系统对于感官现象不感兴趣，但是对于那些看不见、摸不着的东西却极尽证明之能事，并且往往得出与感性常识正好相反的结论，例如古希腊哲学家芝诺关于阿喀琉斯追不上乌龟的证明、飞箭不动的证明以及智者高尔吉亚关于无物存在的证明等。这样就培养了西方传统哲学思维的一种基本倾向，即"眼见为虚、思想为实"，与中国人强调"眼见为实"的经验主义正好相反。这种倾向使得唯心主义在西方哲学史上成为主流思想，同时也培养了西方人重逻辑、重形式（即本质）的思想传统。

我经常强调，西方的这种重思维而轻感觉、重逻辑而轻经验、重本质而轻现象的哲学倾向既是古希腊数学思想发展的结果，也与当时的宗教观念，特别是希腊宗教中的命运观念密切相关。在柏拉图的哲学中，对理性知识（理念）的强调是与对灵魂不朽的信仰密不可分地联系在一起的；即使是亚里士多德的审慎的理性主义，其形式与质料的理论最终也引出了作为"不动的推动者"和一切存在的终极目的因的宇宙之神。在这一点上，中世纪著名神学家托马斯·阿奎那深受亚里士多德哲学的影响，他在进行上帝存在的证明时认为：从机械论的推动—受动关系来看，一个事物总是被另一个事物所推动，而这个推动者又被第三个东西所推动，在整个推动—受动系列里，总会有一个原始的第一推动者（不动的推动者），上帝就是这个第一推动者。或者从一个作为结果的经验事实出发，由结果追溯原因，而原因还有原因，如此推下去，总得终止于某一点，这最后的原因就是上帝。这种论证方式所遵循的基本原则或公理，按照罗素的数学语言来描述，就是"没有首项的级数是不可能的"。虽然我们也可以设定另一种与之正好相反的基本原则或公理，即设定世界无论是在推动—受动系列、因果系列还是完满性系列上都不存在一个首项（唯物主义就是这样设定的），但是我们却不能不承认亚里士多德—阿奎那的论证方式也是一种理性的论证方式，不同之处仅仅在于，它与唯物主义的预设公理正好相反。如果说唯物主义的公理系统必然导致无神论的结论，那么亚里士多德的这种理性论证方式却由于其预设的公理而必然走向神学。

由此可见，无论是柏拉图所代表的神秘主义，还是亚里士多德所代表的理性主义，都并未在科学与宗教之间划出一条泾渭分明甚至截然对立的界限。在古希腊文化中，正如现实与理想、人间与天国都处于一种相互融通的状态中一样，科学理性与宗教信仰也仍然处于一种原始的同一关系之中。

（四）西方中世纪文化中宗教对科学的压制

到了中世纪，基督教信仰成为凌驾于整个西欧社会之上的唯一意识形态，在这种情况下，神学也就成为至高无上的学术，而科学和哲学都成为神学的奴婢。基督教本身是在一种苦难的社会环境中生长起来的，它曾经长期地忍受了罗马帝国统治者的残酷镇压，德国著名诗人海涅曾把基督教说成是一朵"用鲜血浇灌出来的苦难之花"，正因为如此，在基督教的历史根基中浸透了对骄奢淫逸的希腊罗马文化的刻骨仇恨。在这样的情况下，基督教一旦羽毛丰满，成为一种占统治地位的宗教，它就必然要表现出一种与希腊罗马文化截然相反的价值取向和文化姿态。古典文化（即希腊罗马文化）是物质主义的、享乐主义的和现世主义的，中世纪基督教文化则是唯灵主义的、禁欲主义的和彼岸主义的。古典文化将科学理性和宗教信仰融为一体，中世纪基督教文化则极力用宗教信仰来贬抑科学理性。在中世纪，科学被当作巫术和邪教一类的东西，完全没有独立的地位，必须仰承宗教信仰之鼻息，从而被扭曲得面目全非。比如说，中世纪的宇宙论主张"地心说"，其原因固然有希腊化时期天文学家托勒密的影响，但是最重要的原因却是由于《圣经》中的说法。在《圣经·创世记》中，上帝创造了宇宙万物，最后以自己的形象为模型创造了人，并且把人置于宇宙的中心，让他管理宇宙万物。这种宗教信条成为科学必须遵守的基本圭臬，中世纪的科学完全把经验抛在一边，仅仅依靠神学教条和逻辑推理作为根据。在这种情况下，科学当然只能是徒具虚名，发展水平惨淡可怜。在知识水平普遍低下的文化环境中，具有一点粗陋的科学知识的人们往往把精力放在点金术等巫术式的研究上，其目的在于创造奇迹，点石成金，完全是一种异想天开的伪科学。而人们的理性精神则被引向那些繁琐无聊的经院哲学问题，深深地沉沦在关于上帝存在、灵魂不死等宗教信条的形式论证之中。

传统基督教神学中有一种神秘主义的观点，即坚持用信仰来反对理性。拉丁教父德尔图良有一句名言："正是因为其荒谬，所以我才信仰。"基督教所宣扬的基本信条，如道成肉身、童贞女怀孕、死而复活等，对于理性来说是难以接受的，然而正因为如此，它们才值得信仰。信仰的东西本身就是不合理的，是理性所无法理解的。人们不禁要问，为什么这些理性无法理解的东西反而成为基督教的真理呢？德尔图良的回答是，我们的理性就像一个狭小的器皿，而基督教的真理则如同浩瀚无边的大海，如果一个狭小的器皿装不下大海，我们难道能够指责大海的浩瀚吗？

同样，如果我们的理性不能理解《圣经》中所记载的那些奇迹和基督教的奥秘，那么应该受到指责的并不是这些奇迹和奥秘，而是我们的理性本身。这种神秘主义观点其核心就在于强调基督教的真理是比我们的理性更高的东西。这种神秘主义构成了中世纪基督教文化对于科学理性与宗教信仰之关系的基本观点。大家都知道，科学技术是建立在经验和理性的基础之上的，而经验和理性恰恰是与奇迹相对立的。中世纪的基督教信仰把奇迹置于理性和经验之上，奇迹的根据是上帝的启示，这些启示分明地记载在《圣经》之中。因此，如果理性与《圣经》相违背，那么错误的肯定是理性，而《圣经》是绝对不会出错的，因为那是上帝的语言，上帝的语言怎么可能错误呢？所以我们说，在这样一种观念的绝对支配之下，中世纪西欧的基督教文化确实是非常愚昧的，而科学则完全处于宗教信仰的压抑之下，处于奄奄一息的濒危状态。

（五）西方近代文化中科学理性对宗教信仰的反叛与批判

到了西方近代文化中，科学与宗教的关系开始发生逆转，科学理性日益壮大，宗教信仰则不断萎缩。但是二者仍然处于一种对立关系中，只不过双方的地位发生了转变，现在轮到宗教信仰在科学理性越来越猛烈的攻击下为自己存在的权利进行辩护了。

从 15、16 世纪开始，随着文艺复兴和宗教改革等文化运动的开展，以及航海活动的蓬勃发展和经济领域中的重大变化，在仍然被基督教信仰所笼罩的西欧社会内部，科学理性精神开始逐渐崛起。宗教改革运动的一个重要后果，就是打破了罗马天主教一统天下的思想专制格局，基督教（广义的）内部发生了分裂，不同的宗教教派纷纷产生，并且与正在崛起的民族国家相互激励。这种宗教分裂的后果首先是引发了长达一个世纪之久的宗教战争，到了 17 世纪中叶，当人们终于发现为了宗教信仰而打仗流血是一件愚蠢的事情时，在西欧思想领域中就产生了一种宗教宽容的氛围。正是在这种宗教宽容以及随之而来的普遍宽容的精神氛围中，科学理性开始逐渐壮大，而宗教信仰则日益衰落。

但是在 17 世纪，虽然科学理性在怀疑主义和经验主义的保驾护航之下有了长足的发展，但是基督教信仰在西欧毕竟有着一千多年的历史传统，它的影响在西方文化的土壤中是根深蒂固的。在这种情况下，科学最初只能采取一种妥协的方式来谋求自身的发展，而不可能公然地与宗教信仰相对抗。诚如著名科学史家丹皮尔所言："十七世纪中叶所有的合格的科学家与差不多所有的哲学家，都从基督教的观点去观察世界。宗教与科学互相敌对的观念是后来才有的。"17 世纪的伟大科学家们，像伽利略、牛顿、惠更斯等人，都并非无神论者。他们所创立的科学理论虽然在客观上颠覆了宗教的传统观念，但是在主观上他们仍然是虔诚的基督徒。大家都知道，牛顿后半生在科学方面没有什么建树。后半生他干什么去了？他把精力都用于去证明上帝的存在了。那个时代的科学家们根本就不敢、也不想去怀疑上帝的存在。科学要想获得一席之地，获得独立的权力，就必须与宗教信仰保持一种协调的关系。正是在这样的精神文化背景下，在科学发展最快的英国产生了一种被具有自由思想的科学家和哲学家们普遍推崇的信仰形式，即自然神论。自然神论构成了从上帝到牛顿、从宗教信仰到科学理性过渡的一个重要中介。自然神论的核心思想说到底就是突出理性的至高无上意义，认为连上帝也要服从理性的法则。上帝按照理性法则创造了世界，然后他就不再干预世界，让世界按照自然规律（即理性法则）来运行。这样科学家们就有事干了，他们就可以放心大胆地研究自然规律了。以往的宗教信仰总是用《圣经》作为根据、用上帝的奇迹来任意干预自然界的运行。传统的上帝是绝对的自由意志，他可以随心所欲地让奇迹发生。何谓奇迹？奇迹就是自然规律的中断和破坏。人死之后化为黄土朽骨，这是自然规律，然而上帝却可以使人死而复活，这就是奇迹。然而，对于以研究自然规律为己任的科学家来说，自然界必须杜绝奇迹，否则任何研究工作都是不可能的。为了让上帝一次性创造了自然之后，不再任意地干预自然，聪明的自然神论者提出了一套非常精致的理论，即上帝存在的设计论证明。这套理论一方面证明了上帝是世界的创造者，另一方面却把上帝束之高阁，赶出自然之外，使他再也不能随心所欲地在自然界中产生奇迹。自然神论的设计论证明把上帝比作一个高明的钟表匠，他所制造的钟表即大自然越是精美和谐，就越能说明这位创造者的智慧和全能。上帝一次性地创造了自然界之后，就不再对它进行调校，任其遵循内在固有的法则运行下去。因此，自然界越是有序、越是严格地遵循齐一性的规律，就越能充分证明它的创造者的智慧和全能。反之，一个经常出现奇迹的自然界，正如一块需要不断调校的钟表一样，恰恰说明它的创造者是一个蹩脚的钟表匠！

自然神论的这种理论要求上帝也必须按照理性法则出牌，必须遵守自然规律，而自然规律在当时典型地表现为牛顿的万有引力定律和力学三大定律。因此，上帝实际上也必须服从牛顿。上帝虽然在名义上是世界的主人，但是他却是一个长期不在家的主人，他把世界交给他的大管家牛顿，因此世界就按照牛顿的法则运行起来。这个理论不仅在自然界中适用，在17世纪英国的政治生活中也同样适用。1688年，英国发生了光荣革命，1689年国会通过了《权利法案》，确立了君主立宪政体。在君主立宪政体中，国王也必须遵守宪法，就像上帝也得遵守自然规律一样。这种宪政制度是理性精神在政治生活中的典型体现。

继自然神论之后，又出现了泛神论者，泛神论把上帝等同于自然，自然万物中都显示出上帝的神性，这神性就是自然规律。这样就把上帝和自然完全等同起来了。在经历了这两个环节以后，到了18世纪后半叶，法国启蒙运动中涌现出一批无神论者，即百科全书派思想家。他们公然宣称：只有自然，没有上帝；只有理性，没有启示和奇迹，主张把一切都拉到理性的法庭面前接受审判。法国启蒙思想家激进、机智，但是却比较浅薄。他们喜欢标新立异，公开树起了无神论的大旗，彻底否定上帝。他们把宗教信仰解释为愚昧和欺骗的结果（**在这一点上，中国人对于宗教的一般理解深受法国启蒙思想家的影响**）。例如法国启蒙运动的精神领袖伏尔泰把上帝说成是第一个傻子遇到的第一个骗子。梅叶和霍尔巴赫等人认为：宗教是被别有用心的骗子杜撰出来，被江湖术士加以宣传，被统治者加以利用，然后被愚昧的老百姓加以信仰。宗教真的就是愚昧加欺骗、傻子遇到骗子那么简单吗？法国启蒙思想家的这种简单化的观点不久就遭到了更加深刻的德国思想家（如康德、黑格尔等人）的批判。德国虽然比法国贫穷、落后、保守，但是德国人在思想方面却比法国人深刻得多，在宗教信仰方面也比法国人虔诚得多。黑格尔在批判伏尔泰等人的观点时说得非常精辟：基督教这种千百年来无数人为之而生、无数人为之而死的宗教信仰，岂是"欺骗"二字所能概括的！

（六）西方现代文化中科学与宗教的共生和互补

经过启蒙运动，我们发现，上帝在西方人的信仰中并没有被彻底摧毁。在法国相信无神论的大多是贵族和知识分子，而老百姓仍然相信宗教。法国大革命时，罗伯斯庇尔就曾发表演讲，认为无神论是不名誉的，它是为贵族的特权和社会不平等现象作辩护的，而平民百姓却需要一个上帝来慰藉受苦受难的心灵和惩罚不公正的社会现象。在这方面，法国启蒙运动阵营中的一匹黑马——卢梭代表了平民的宗教态度。卢梭虽然也是一位激烈地反封建和反教会的启蒙思想家，但是他却一方面抨击天主教会的专制暴虐，另一方面也攻击无神论者的麻林不仁。他的理想是建立一种新宗教，他心中的上帝既不是天主教的上帝也不是新教的上帝，而是道德良心。他曾经说过：一颗真诚的心，就是上帝的真正殿堂。卢梭在科学理性已经凌驾于一切之上的启蒙时代里，勇敢地承担起拯救宗教信仰的历史重任。在这一点上，他成为西方宗教信仰内在化和道德化的一个开端，成为康德和施莱尔马赫的精神导师。

法国启蒙运动标志着科学理性在经历了长期的委曲求全之后，终于开始扬眉吐气地对宗教信仰进行全面的清算。科学理性取代了宗教信仰而成为生活的主宰，成为唯我独尊的新上帝；而基督教信仰则在理性的法庭面前被攻击得遍体鳞伤，似乎已经虚弱到了朝不保夕的程度。在这种情况下，康德作为科学与宗教之关系的一个调节者应运而生。

众所周知，康德无疑是近代西方最伟大的思想家，他的全部工作都指向一个终极目标，即自由，而自由只有在科学与宗教的协调中才能真正实现。康德曾经说过，在他一生中有两个人对他影响最大：牛顿让他看到了井然有序的宇宙中的自然规律，而卢梭则让他看到了人心深处的道德良知。大家都非常熟悉康德的一句名言：有两样东西使我们感动，那就是头顶的星空和心中的道德律。康德豪迈地宣称：人给自然立法。同样地，人也给自己立法，这就是我们心中的道德律。康德承认，正是卢梭使他学会了尊重人，而尊重人说到底就是尊重人心中的良知或道德律。虽然康德在性格情操、生活方式和行为准则等方面都与卢梭大相径庭，但是他们两人的思想却非常一致，都强调良知或道德律，强调行为的善良动机，把宗教的根基建立在道德之上。康德既是一个伟大的科学家和理性主义者，同时又具有虔敬主义的宗教底蕴。他的著名的三大批判所要解决的根本问题，就是调解认识与实践、科学与宗教之间的矛盾。在《纯粹理性批判》中，他最大的功劳就是把上帝从自然界中驱逐出去，自然界中只有理性颁布的自然规则，没有上帝的立锥之地。因而，科学家们就可以心无旁骛、高枕无忧地直接面对大自然，而无须考虑任何与上帝相关的问题。但是，康德让科学在宗教面前获得独立地位的前提是为宗教也保留了独立的地盘，他把自然界交给了科学，却在人的内心世界中为宗教信仰留下了场所。在《实践理性批判》里，康德从道德的角度把上帝重新确立起来。他认为，我们每个人都有内在的道德律，都可以做到自己立法、自己遵守。但是这种道德律只是一种应然状态的法则，人追求道德完善的过程是一个极其漫长的过程，而且道德与幸福在现实世界中也往往处于相互分离的状态之中。因此，康德就在自由意志的根据之上做了两点假设：第一，人追求道德完善的过程不是此生此世可以完成的，必须假定灵魂不死；第二，现实世界中幸福与道德相分离的状况在未来的理想世界中可以通过以福配德的方式得到解决，在那里，一个人的道德水准越高，他就会享受到越多的幸福。这样就需要一位保证以福配德的绝对公正性的执行者，这就是上帝。这就是康德关于上帝存在的道德证明（虽然康德本人否认这是一个证明，而强调它只是纯粹实践理性的一个悬设），这个证明直到今天仍然让西方人非常信服。康德调解科学与宗教之关系的最重要的意义在于：上帝存在的场所从外在的大自然转向了人们内在的道德世界，成为人们道德生活的重要支柱。一个人要遵守道德法则，他总是需要一个理由的，这个理由就是心中的上帝。在这个意义上，上帝实际上就等同于我们中国人所说的良心——这就是我们的道德根基，没有一种超越性的信仰，是很难坚持道德追求的。与康德相似，另一位德国思想家施莱尔马赫从内心情感的角度说明了上帝存在的必要性。他认为，对上帝的信仰既不属于知识，也不属于道德，而是属于情感。也就是说，上帝只是我们心理上的情感慰藉，他源于我们心中的绝对依赖感。人在情感方面都有软弱的时候，这时他需要一种依托。当我们遭受灾难的时候，我们都难免会惊惶失措，我们在心理上都感到自己需要一个支撑。这使我们想起了"9·11事件"，当恐怖主义分子对美国进行袭击时，美国人民在心理上的第一反应就是：上帝保佑美利坚！由此可见，上帝实际上已经从自然界的创造者转化为道德行为的根据和内心情感的慰藉者。他存在的场所已经不在外部世界，而在每个信仰者的心中。

自从康德和施莱尔马赫之后，在科学与宗教之间似乎达成了一种妥协，二者形成了一种各司其职和相互补充的关系：科学研究自然界，解决物质生活问题；宗教关注人的道德情感世界，解决精神生活问题。二者既不像古希腊时那样合二为一，也不像中世纪和启蒙运动时期那样相互对立，而是尽量保持一种井水不犯河水的共存关系。我们对自然界研究得越深，就越会发现，自然界并不提供解决灵魂终极关怀问题的答案。科学的范围无论伸展到哪里，它都会在这个范围之外面对着一个无限的领域，这个领域不属于工具理性的对象，而属于信念、情感和道德的对象。把有形世界的问题交给科学理性，把无形世界的问题交给宗教信仰，这就是康德和施莱尔马赫所做的重大贡献。这也是我在开头所谈到的，拥有现代科学知识的西方人为什么仍然会信仰宗教的根本原因。一个西方的科学家，一周五个工作日在实验室搞科学研究，这并不妨碍他周末到教堂去做祈祷，因为他面对的是不同的对象，解决的是不同的问题。在当今的西方社会，基督教信仰已经成为一种基本的生活习惯和价值形态，深深地渗透于西方文化的土壤之中。

上帝在现代西方文化中的意义已经与中世纪时不可同日而语，对上帝的信仰已经不再是一个理论问题，而是一个实践问题；它并不涉及世界实际上是什么样的，而只涉及我们应该怎么样。简言之，基督教的意义已经不在于外界，而在于内心；不在于有形的物质世界，而在于无形的精神世界；不在于自然科学理论，而在于道德情感实践。正因为如此，我们才可以理解为什么那些有科学知识的西方人今天仍然会虔诚地信仰基督教。

第七章
后殖民时代基督宗教的全球发展态势

在后殖民时代，基督宗教在全球范围内展现出一种由北向南的运动轨迹，它的未来发展热土将不再是发达的欧洲和北美，而是文明化历程与殖民化历程同步的、欠发达的拉丁美洲和非洲。然而在有着深厚文明根基的亚洲，基督宗教的发展却面临着伊斯兰教、印度教等传统宗教信仰的巨大阻力，其塞滞状况与它在拉丁美洲、非洲的顺利情景形成了鲜明对照。在中国，基督宗教在经历了改革开放初期的"井喷"式发展之后，同样也面临着文化保守主义——表现为方兴未艾的"国学热"——的强劲挑战，基督宗教在未来中国的发展前景将受到政治、经济、文化等诸多因素的深刻影响。

（一）"上帝在南下"

2002 年，美国宾州大学教授菲立浦·詹金斯（Philip Jenkins）在其新著《下一个基督王国》（*The Next Christendom*）中指出，在 20 世纪，除了法西斯主义、女权运动、共产主义、环保运动等之外，另一个重大事件就是宗教的变迁，特别是基督宗教在非西方地区的爆炸性扩张。詹金斯将基督宗教的重心从发达的资本主义世界向贫穷的发展中国家转移的这个过程称之为"上帝在南下"，他写道："过去一世纪以来，基督宗教世界的重心却坚定地向南转移，移到了亚洲、非洲和拉丁美洲。世界上最大的基督徒社群也是在非洲和拉丁美洲。"西方基督宗教的时代已在我们有生之年逝去了，南方基督宗教的时代正值黎明"。[1] 他还援引权威的《世界基督宗教百科全书》（*World Christian Encyclopedia*）的数据资料表明，到 2000 年，全世界基督徒（各种教派）总人数约为 20 亿，其中最大的人群仍然居住在欧洲，为 5.6 亿；其次分别为拉丁美洲 4.8 亿，非洲 3.6 亿，亚洲 3.13 亿，北美洲 2.6 亿。根据基督宗教目前的发展趋势，到 2050 年，这些数据将会出现戏剧性的变化，拉丁美洲和非洲的基督徒人数将分别达到 6.4 亿和 6.33 亿，成为基督徒人群最多的两个洲，而欧洲则以 5.55 亿退居第三位。这种变化表明，人们对于基督宗教的传统观念，即基督宗教是一个西方的（欧洲和北美地区的）、白人的和发达国家的宗教的看法，正在面临着严峻的挑战。今天的基督宗教正如其最初在地中海东部地区的发展情况一样，越来越成为一种非西方世界的、有色人种的和发展中国家的宗教信仰。

　　无独有偶，在世界基督宗教研究中心（Center for the Study of Global Christianity）2009 年出版的最新宗教统计资料《世界基督宗教图集：1910—2010》（*Atlas of Global Christianity, 1910—2010*）一书中，也以大量数据说明了近百年来基督宗教重心南移的趋势，从下表中可见一斑[2]：

	1910 年			2010 年		
	总人数（人）	基督徒（人）	%	总人数（人）	基督徒（人）	%
非洲	124,228,000	11,663,000	9.4	1,032,012,000	494,668,000	47.9
亚洲	1,028,265,000	25,123,000	2.4	4,166,308,000	352,239,000	8.5

① 菲立浦·詹金斯著，梁永安译：《下一个基督王国》，台北立绪文化事业有限公司 2003 年版，第 4-5 页。
② 参见 Todd M. Johnson and Kenneth R. Ross Editor: *Atlas of Global Christianity*, 1910—2010, Edinburgh University Press, 2009, p.9, 本表只保留各大洲数据，减略了原表中各大洲内不同地区的数据。

欧洲	427,154,000	404,687,000	94.5	730,478,000	585,739,000	80.2
拉丁美洲	78,269,000	74,477,000	95.2	593,696,000	548,958,000	92.5
北美洲	94,689,000	91,429,000	96.6	348,575,000	283,002,000	81.2
大洋洲	7,192,000	5,650,000	78.6	35,491,000	27,848,000	78.5
总计	1,759,797,000	612,028,000	34.8	6,906,560,000	2,292,454,000	33.2

从上表中可以看出，近一百年来，欧洲和北美基督徒在人口中的比例出现了下降趋势，拉丁美洲和大洋洲变化不大，而非洲的比例却迅猛增长，亚洲也有所上升。作为西方研究基督宗教的权威机构，该中心公布的上述数据无疑具有相当的可靠性，但是在这些量化的数据背后，我们还需要对世界各地区宗教信仰的具体状况进行定性分析。

在传统的基督宗教主流地区，即欧洲和北美，虽然基督徒占人口比例大体相当，但是基督宗教在社会生活中的实际影响却有所不同。欧洲由于受本土人口下降、老龄化加深、世俗化潮流冲击以及亚裔移民日益增长等因素的影响，在年轻一代人群中，基督教信仰的热情急剧下降。据2000年所做的一项调查表明，有44%的英国人声称自己不信仰任何宗教（*尽管他们中的大部分人被统计为基督徒*）；在德国，这个比例也达到了25%。在以天主教信仰为主的法国，只有8%的信徒经常参加教会的宗教活动；而在天主教核心地区意大利，虽然教会统计的天主教徒占人口总数的97%，但是平时去教堂的人数还不到这个比例的1/10[①]。另一方面，亚裔移民的大量涌入又使穆斯林和印度教等东方宗教信徒的比例不断上升，乃至于一些传统的欧洲人不无夸张地预断，随着基督宗教向非洲和

---

① 参见菲立浦·詹金斯著，梁永安译：《下一个基督王国》，台北立绪文化事业有限公司2003年版，第140—142页。

亚洲的转移，伊斯兰教将会在 21 世纪填补欧洲的宗教空白。

如果说老欧洲已经在汹涌的世俗化潮流冲击下日益表现出对基督教信仰的淡漠化，那么北美尤其是美国至今仍然承担着弘扬基督教信仰的神圣使命。美国的基督徒占人口比例虽然与一百年前相比有所下降（这是世俗化潮流的必然结果），但是一般民众的宗教热忱仍然较高，基督教信仰在人们的日常生活乃至政治生活中继续发挥着重要的作用。究其原因，除了美国现代宪政体制与基督教的"圣约"传统之间有着千丝万缕的历史联系，以及美国在当代世界经济、政治和军事中的霸主地位不断强化着清教式的圣徒意识——这种清教式的圣徒意识使得许多美国人坚信自己承担着为上帝在人间行使公义的神圣职责——等因素之外，美国也没有像欧洲那样由于人口的衰减和老化而影响基督教信仰的强度。由于基督教传统家庭观念的深入影响以及大量具有基督教信仰背景的移民涌入，美国人口不仅没有出现下降的趋势，反而一直保持着较快的增长势头①。在近几十年进入美国的移民中，最大的族群是具有天主教信仰（其中一部分人也开始改信新教）的拉美裔移民，即所谓的西班牙裔美国人；其次是来自于中国、韩国、菲律宾、越南等地的亚裔移民，这些人群或者是在进入美国之前就已经信仰了基督宗教，或者由于缺乏既定的信仰根基，到美国之后很容易就皈依了基督宗教。至于信奉伊斯兰教的中东民族，在美国移民中所占比例很少，尤其是在 9·11 事件发生之后，情况更是如此。这样就使得美国在当代世界中始终保持着一个主流的基督宗教国家的身份，在未来几十年中美国的基督徒人数仍会稳居世界第一②。

拉丁美洲和大洋洲作为西方列强在近代建立的殖民地，其宗教信仰毋庸置疑地打上了浓郁的西方色彩。在今天，大洋洲的国家（澳大利亚、

---

① 1910 年美国人口为 8 千多万，2010 年为 3 亿 1 千万，预计在 2050 年将达到 4 亿。

② 根据美国政府发布的《国际宗教自由年度报告》（*Annual Report on International Religious Freedom*），2000 年美国的基督徒（各种教派）人数为 2.25 亿，预计在 2050 年将达到 3.3 亿。

新西兰等）已经无可争议地属于西方世界的范畴；而拉丁美洲诸国仍然处于西方世界的边缘地带，它们在宗教信仰和价值观念等方面与西方国家颇为相近，但是在经济水平和社会制度等方面却与西方有着较大差距。如果说拉丁美洲是在殖民化过程中实现了对西方宗教信仰和价值观念的文化认同，那么非洲大多数地区则是在殖民时代结束之后才开始自觉地接受西方文化。从历史上看，北非地区（历史上称为马格布里）曾经是基督教诞生的摇篮之一，在使徒和教父的时代，北非在基督教世界中扮演着远比欧洲更为重要的角色。但是自从 7 世纪阿拉伯帝国将北非地区纳入自己的势力范围之后，基督教信仰在这个地区就逐渐被伊斯兰教信仰所取代，后来虽经西方殖民化的插曲，北非地区今天依然是伊斯兰教的重要堡垒。然而非洲的其他地区却在近几十年来迅速地基督教化，尤其是作为非洲腹地的中非地区，其基督徒占人口比例从 1910 年的 1.1% 猛增到 2010 年的 81.7%；在南非和东非，基督徒在人口中的比例也分别达到了 82% 和 64.7%。在西非，基督教与伊斯兰教正处于激烈的争夺过程中。以非洲人口最多的国家尼日利亚（Nigeria，又译奈及利亚）为例，其基督徒与穆斯林在人数上平分秋色[①]，不同的宗教信仰与不同的族群集团混杂在一起，引发了持续不断的暴力冲突和血腥杀戮。由于大多数非洲国家的国界是殖民时代留下的结果，人为的边界划分与传统的种族地理之间存在着深刻的矛盾。再加上"冷战"时代美、苏两个超级大国对非洲国家和族群的争夺利诱，后"冷战"时代两大宗教势力——基督教与伊斯兰教——之间的激烈抗争和相互消长，以及经济贫困、政治专制、军事独裁和官僚腐败等现象日趋恶化，使得非洲的种族矛盾、宗教矛盾、阶级

---

① 2010 年，尼日利亚的基督徒人数为 72,302,000 人，穆斯林人数为 72,306,000 人，在它的三大种族中，北方的毫萨族（Hausa）信仰伊斯兰教，东方的伊格博族（Igbo）是基督徒，而约鲁巴族（Yoruba）则是两种信仰参半。以上非洲的数据资料均引自：Todd M. Johnson and Kenneth R. Ross Editor: *Atlas of Global Christianity*, 1910–2010, Edinburgh University Press, 2009。

矛盾非常复杂地纠结在一起，其社会状况远比拉丁美洲糟糕得多。但是仅从文化的角度来看，由于非洲大部分地区与拉丁美洲一样具有文明化与殖民化同步的历史特点，即它们的文明历程是在殖民化过程中开始的，因此在它们的宗教信仰和价值观方面难免打上了西方的深深烙印。德国著名政治学家哈拉尔德·米勒评价道：

在这两个大陆，最近 20 年来，"西方的价值观"都深深扎下了根。对于非洲来说，完成这种根本的转变比较困难，发展中出现的财政赤字相当沉重。拉丁美洲在这条发展的道路上要顺利得多，成绩是显而易见的，处于领先位置的拉丁美洲国家有意识地在政治上向西方国家靠拢……在更多意义上，这种"西化"表达的是作为社会中坚力量的中产阶级在价值观上的一种稳定的定位。①

然而，盲目地采纳西方的价值观可能会产生一种"文化溶血"的可怕后果，并导致畸形的社会发展。20 世纪伟大的历史学家汤因比曾经警告过非西方世界的人们："采纳世俗的西方文明恰好是陷入了始料莫及的 20 世纪西方精神危机。西方真诚地对世界开了一个无意的玩笑。西方在向世界兜售它的文明时，买卖双方都相信它是货真价实的，结果却不然。由于这一不幸，20 世纪的精神危机使西方化的人类多数，比少数西方人更为苦恼；这种苦恼可能导致苦难。"②因"文明冲突论"而受到米勒批评的亨廷顿在《文明的冲突与世界秩序的重建》一书中展现了西方化与现代化之间的关系模式，在以西方化为纵轴、现代化为横轴的坐标上，非洲国家（以及部分拉美国家）正在经历着一个"没有技术现代化的文化西方化的痛苦过程"。然而对于那些早在殖民化之前就有了悠久文明传统的非西方国家——这些国家几乎都在亚洲——来说，一种"不使文化过分

① 哈拉尔德·米勒著，郦红、那滨译：《文明的共存——对塞缪尔·亨廷顿"文明冲突论"的批判》，新华出版社 2002 年版，第 248 页。

② 汤因比著，晏可佳、张龙华译：《一个历史学家的宗教观》，四川人民出版社 1990 年版，第 168 页。

西方化的技术现代化"的道路是完全可能的，这样就在西方化与现代化构成的坐标系上呈现出一条抛物线运动轨迹。亨廷顿对这条运动轨迹解释道："原先，西方化和现代化密切相联，非西方社会吸收了西方文化相当多的因素，并在走向现代化中取得了缓慢的进展。然而，当现代化进度加快时，西方化的比率下降了，本土文化获得了复兴。于是进一步的现代化改变了西方社会和非西方社会之间的文化均势，加强了对本土文化的信奉。"[①]

下面我们就来看看具有古老文明传统的亚洲在后殖民时代的宗教信仰情况和文化发展前景。

（二）上帝在亚洲的尴尬处境

1993 年，美国哈佛大学国际政治学教授塞缪尔·亨廷顿因发表《文明的冲突？》一文而声名大噪。在他所列举的当今世界四个主要文明体系中，除西方基督教文明之外，其他三个都存在于亚洲，它们分别是以西亚为核心地带的伊斯兰教文明、南亚次大陆的印度教文明，以及中国的儒教文明。在这篇引起国际思想界轩然大波的文章中，亨廷顿断言，各传统文明体系之间的文化和宗教冲突——特别是西方基督教文明与东方伊斯兰教文明和儒教文明之间的冲突——将取代"冷战"时代的政治意识形态冲突而成为 21 世纪人类冲突的主要形式。"如果真有下一次世界大战，它将是文明之战"。[②]面对来自国际学术界的普遍质疑，亨廷顿在三年后出版了《文明的冲突与世界秩序的重建》一书，站在后殖民时代的角度解释了"文明冲突论"的历史依据：

① 塞缪尔·亨廷顿著，周琪等译：《文明的冲突与世界秩序的重建》，新华出版社 1998 年版，第 67 页。
② 亨廷顿：《文明的冲突？》，载《二十一世纪》（香港）1993 年 10 月号。

20世纪伟大的政治意识形态包括自由主义、社会主义、无政府主义、社团主义、马克思主义、共产主义、社会民主、保守主义、国家主义、法西斯主义和基督教民主。它们在一点上是共同的，即它们都是西方文明的产物。没有任何一个其他文明产生过一个重要的政治意识形态。然而，西方从未产生过一个主要的宗教。世界上的伟大宗教无不是非西方文明的产物，而且，在大多数情况下是先于西方文明产生的。当世界走出其西方阶段时，代表晚期西方文明的意识形态衰落了，它们的地位被宗教和其他形式的以文明为基础的认同和信奉所取代……西方所造成的文明间的政治思想冲突正在被文明间的文化和宗教冲突所取代。①

　　不论人们是否赞同亨廷顿的"文明冲突论"，人们都无法否认20世纪下半叶以来亚洲各大文明地区不约而同出现的传统宗教文化复兴浪潮，这股文化保守主义浪潮与此前曾经同样席卷过亚洲各大文明圈的"全盘西化"浪潮是背道而驰的。与拉丁美洲和非洲的情况不同，亚洲各文明地区早在西方殖民时代之前就已经确立了稳固的高级宗教——伦理价值系统②，一旦当它们在后殖民时代获得政治独立和经济发展之后，曾一度被"西化"潮流所削弱和边缘化的本土文化就必然会出现强劲的复兴趋势。在这种情况下，基督宗教在亚洲的发展前景就与它在非洲的情形大相径庭了。

　　从前面所引的数据资料中可以看到，2010年亚洲的基督徒人数虽然

----

① 塞缪尔·亨廷顿著，周琪等译：《文明的冲突与世界秩序的重建》，新华出版社1998年版，第40页。

② 汤因比曾对"高级宗教"进行了解释："我所说的高级宗教，它的意思就是使每个人自己直接地接触到'终极的精神之存在'。就是说，同样是接触'终极的精神之存在'，但不是通过人以外的自然力量，也不是通过人的集体力量所具体化的制度等媒介间接地去接触"（汤因比、池田大作著，荀春生等译：《展望二十一世纪：汤因比与池田大作对话录》，国际文化出版公司1985年版，第383页。）当今世界主要的高级宗教包括基督教、伊斯兰教、印度教、佛教等。我认为，中国的儒家思想并不能归于宗教之列，毋宁称其为一种高级的伦理价值系统，但是它对于中国文明所产生的文化影响，与基督教、伊斯兰教、印度教等各种高级宗教对于各自文明体系的文化影响是相当的。

为 3.5 亿，但是由于亚洲的总人口高达 41 亿之多（占世界总人口的 60% 以上），因此基督徒在亚洲人口中的比例不过 8.5%。如果我们具体分析一下亚洲各个地区的宗教变化情况，就更可以看出基督宗教面对亚洲传统宗教势力时的尴尬处境。20 世纪基督宗教在亚洲的发展主要集中在传统宗教信仰比较薄弱的东亚地区和东南亚地区，这两个地区的基督徒占人口比例分别从 1910 年的 0.4% 和 10.8% 上升到 2010 年 9% 和 21.8%。但是在伊斯兰教的大本营西亚地区，基督徒占人口比例反而从 1910 年 22.9% 下降到 2010 年的 5.7%；在印度教与伊斯兰教相交织的中南亚地区，一百年来基督徒的比例仅仅从 1.5% 略微上升到 3.9%。然而另一方面，与基督宗教在亚洲的缓慢发展形成鲜明对照，伊斯兰教和印度教等传统宗教在亚洲仍然保持着强大的优势地位：

1910—2010 年世界三大宗教在亚洲的信徒人数和占亚洲人口的比例为：[1]

	1910 年		2010 年	
	信徒（人）	%	信徒（人）	%
伊斯兰教	171,084,000	16.6	1,082,537,000	26.0
印度教	222,912,000	21.7	941,485,000	22.6
基督宗教	25,123,000	2.4	352,239,000	8.5

在亚洲，伊斯兰教已经成为第一大宗教，尤其是在西亚地区，穆斯林占人口的绝对大多数（88.8%）。从全球范围来看，伊斯兰教作为世界第二大宗教，在一百年的时间里其信徒人数从 2.2 亿剧增到 15.49 亿，直追基督教的发展步伐（同时期内全球基督徒人数从 6.12 亿增长到 22.92 亿）。

---

[1] 以上统计数据和本表均源于：Todd M. Johnson and Kenneth R. Ross Editor: *Atlas of Global Christianity, 1910-2010*, Edinburgh University Press, 2009, p.136。

由于高生育率和高皈依率的双重影响，穆斯林的增长速率显然要高于基督徒。亨廷顿甚至断言，伊斯兰教人口在 2025 年将会超过基督教人口而成为世界第一大宗教[①]。这种预测虽然有待商榷[②]，但是伊斯兰教在当今世界的迅猛增长现象却是不容忽视的。

伊斯兰教在亚洲的强势地位对于基督宗教传播上帝福音来说，是一个十分棘手的问题。在历史上，这两个宗教曾经结下了深刻的仇恨。从 7 世纪穆斯林西侵，到 11 世纪基督教军队东侵，再到 1453 年君士坦丁堡陷落后奥斯曼帝国对西欧的数番攻掠，而后则是西方列强对中东地区的殖民统治，一千多年来双方抵牾不断，积怨日深。二战以后，西方国家不得不顺应民族解放运动的时代潮流，承认中东国家的独立。但是英、美等西方大国却采取了两项居心叵测的措施，其一是将中东国家化整为零，根据石油输运管道把前奥斯曼帝国治下的阿拉伯地区划分为二十多个国家，以便让其相互掣肘，从中渔利；其二是支持犹太人在巴勒斯坦地区复国，从而埋下了阿以冲突的隐患。这些措施固然有助于防止一个统一强大的伊斯兰教国家的崛起，但是同时也加深了中东穆斯林对西方基督徒的仇恨。尤其是以色列这个锲子深深地插入伊斯兰教的心脏地带，使得穆斯林与基督徒的关系变得更加敏感了。众所周知，在以色列这个蕞尔小国背后，站立着一个强大的西方基督教世界；而穆斯林与犹太教徒之间的每一次新冲突，都进一步撕裂了伊斯兰教与基督教之间的旧伤疤。

---

① 亨廷顿认为："从长期来说，穆罕默德会占上风。基督教主要是通过使人皈依来传布，而伊斯兰教则通过使人皈依和人口繁殖来传布。"到 2025 年，基督教占世界人口比例可能会降到 25%，而穆斯林的比例则会上升到 30%。参见塞缪尔·亨廷顿著，周琪等译：《文明的冲突与世界秩序的重建》，新华出版社 1998 年版，第 55 页。

② 詹金斯指责亨廷顿只注意到了穆斯林的人丁兴旺现象，却忽略了非洲和拉丁美洲的基督徒同样存在着人口爆炸的情况。他断言，即使到了 2050 年，世界上每有两个穆斯林，就会有三个基督徒与之对应，伊斯兰教仍然难以超过基督教。参见菲立浦·詹金斯著，梁永安译：《下一个基督王国》，台北立绪文化事业有限公司 2003 年版，第 9 页。

9·11事件发生之后，双方的关系变得更加紧张。尽管美国和一些中东国家政府都明确表示，反对恐怖主义的斗争并不等于基督教文明与伊斯兰教文明之间的全面战争，但是在一般民众心中，相互之间的隔膜和反感都极大地加强了。

虽然今天的中东充满了各种动荡不安的因素，但是政治和经济的变化都不会影响该地区的伊斯兰教文化特色，一个亲西方的政府也无法改变社会大众对于真主的宗教虔诚。以在国际反恐活动中为美国提供了许多帮助的巴基斯坦为例，虽然官方对基督宗教采取了一种宽容态度，但是巴基斯坦的法律却仍然明文规定："任何以直接或间接方式污蔑神圣先知穆罕默德的人，得处死刑或终生监禁。"这就意味着一个人如果在巴基斯坦传播福音或者放弃伊斯兰教而改信基督教，就有可能面临死亡的危险。这样的情况不仅普遍存在于西亚的伊斯兰教国家中，而且也在东南亚的穆斯林地区广泛存在。20世纪90年代初苏哈托在印度尼西亚推行更加穆斯林化的政策，将伊斯兰教法律纳入世俗法律体系中；马来西亚则采取两套相互独立的法律体系，穆斯林必须遵守伊斯兰教法律[1]。在21世纪，伊斯兰教世界的原教旨主义复兴运动正在从文化领域扩展到社会和政治领域。这场运动旨在确立伊斯兰教对于现代生活的指导地位，它并不反对现代化，但是却反对西方化，包括基督教化和世俗化这两种相反相成的西方化倾向。在这样的情况下，基督宗教要想在伊斯兰教文明圈取得实质性进展，恐怕比登天还要困难。

如果说基督宗教在伊斯兰教文明圈碰到一颗"硬钉子"，那么它在印度教文明圈则碰到了一颗"软钉子"。与伊斯兰教文明不同，南亚印度教文明一向与西方基督教文明保持着比较良好的关系。在历史上，大凡两

---

① 　参见塞缪尔·亨廷顿著，周琪等译：《文明的冲突与世界秩序的重建》，新华出版社1998年版，第118页。

个文明在地理上被第三个文明所隔开，它们各自与这个第三者的关系往往会比较紧张，但是它们二者之间在情感上却能够相互认同。印度教文明与基督教文明的历史关系就是如此。根据基督教会的传统说法，耶稣十二门徒之一的多马在耶稣受难之后就来到印度传播福音并殉道，因此印度的基督教会迄今已有近两千年的历史。大航海时代葡萄牙、西班牙等西方天主教国家大举向海外扩张，除了觊觎东方的财富之外，另一个重要动机就是想到印度等东方国度来寻找早年从欧洲流散出去的基督徒，以便建立前后夹击穆斯林的联合阵线。葡萄牙人在亚洲建立的第一个殖民贸易据点就是印度的果阿，耶稣会向亚洲地区传教的总部也设在果阿。到了18世纪，英国人利用信奉印度教的印度土著与信奉伊斯兰教的莫卧儿王朝统治者之间的矛盾，逐步实现了对印度的殖民控制。从此以后，英国殖民当局就开始实施对印度文明进行西方化改造的宏伟计划。英语成为印度的官方语言和有教养者的标志，高级种姓普遍接受了西方式教育，这种教育成为他们日后担任各种英印公职的必要前提。1834年就任英印政府公共教育委员会主席的麦考利博士在其制定的教育备忘录中写道："用我们有限的手段，我们不可能试图教育全体人民。我们现在必须尽力培养出可以在我们和我们统治的无数人之间充当译员的一批人；这批人就血统和肤色而言是印度人，但就爱好、见解、道德和才智而言是英国人。"[1] 在这种观念的影响下，英印殖民当局和那些深受西方教育的印度政治领袖们极力想按照西方模式建造一个新型的英属印度。然而，印度根深蒂固的文明传统却使它很快就表现出对西方文化的离心作用。到了20世纪，在从西方教育温室里孵化出来的印度知识分子的精神世界中，越来越不可遏制地出现了一种文化返祖现象。新一代印度知识分子痛苦

①　斯塔夫里阿诺斯著，吴象婴、梁赤民译：《全球通史——1500年以后的世界》，上海社会科学院出版社1992年版，第449—450页。

地感受到，他们在时髦的西方化潮流中所扮演的角色是与他们世代相袭的宗教情感相矛盾的，这样就不可避免地产生了一种"灵魂分裂"的尴尬和苦恼。汤因比评论道："这个由英属土邦培养起来的印度知识界，在他们的感情中仍是超然于他们头脑已熟悉的西方方式的；而这种不调和产生了一种根深蒂固的精神上的抑郁，这种抑郁是不能为按照西方式样组织一个印度民族国家而得到独立的这种政治上的灵丹所治愈的。"[①] 这种"灵魂分裂"的苦恼导致了印度教的大复兴。

从 20 世纪初圣雄甘地号召人们对西方文化进行和平抵制起，印度教的复兴浪潮就开始出现。到了 20 世纪末叶，随着具有保守主义倾向的印度人民党（Bharatiya Janata Party）在大选中获胜，一种要求在印度教而非西方模式的基础上来建构印度现代化的"文化民族主义"成为印度社会的主流趋势。与伊斯兰原教旨主义运动相对应，印度教民族主义（Hindu Nationalism）的呼声近年来也日益高涨。印度教教派组织"国民志愿服务团"（Rashtriya Swayamasevak Sangh，简称 RSS）极力主张要建立"印度教国家"，反对走美国和俄国的道路，并提出了"穆斯林印度化"和"基督教堂本土化"的策略。在印度教复兴浪潮的影响下，自 20 世纪末叶以来印度的宗教冲突不断爆发，印度教徒的矛头不仅指向世代为仇的穆斯林，而且也指向态度友善的基督徒。在奥里萨邦（Orissa State）、古吉拉特邦（Gujarat State）等地，激进的印度教徒袭击了基督教会，殴打或杀害传教士，并把一些教堂改造为印度教神庙。詹金斯指出："正是因为印度教徒担心基督宗教会继续坐大，才会在印度各地反复出现排斥基督徒的暴动，而这些暴动通常是受到地方警察和政府默许的。情况从 1997 年起急剧恶化，因为印度的民族主义者在当年的选举中大举胜出……近年来印度反复出现要求政府立法歧视基督徒的呼声，而这种诉求，也是印

---

① 汤因比著，曹未风等译：《历史研究》下册，上海人民出版社 1964 年版，第 197 页。

度人民党一类印度原教旨主义政党的卖点。"[1]

今天，印度与西方世界仍然保持着良好的关系，它也是美国在亚洲的主要盟友之一。印度人接受了西方的现代科技、市场经济和政治制度，但是却抵制了西方的宗教信仰和一些价值观念。近年来印度虽然和中国一样作为亚洲的现代化大国迅速崛起，但是在文化上它仍然保持着鲜明的印度教特色，印度教徒在印度人口中占有绝对的优势。到 2010 年为止，印度人口已逾 12 亿，其中印度教徒为 8.9 亿，占人口总数的 73%；基督徒仅为 5800 万，占人口总数的 4.8%[2]。在与西方基督教世界长期对立的伊斯兰教世界里，基督徒人数的弱小是可以理解的；但是在与西方长期友好并有盟友关系的印度，基督教力量也如此的势单力薄，这就只能归因于文明之间的相互抵触与隔膜了。由此可见，在 21 世纪，基督宗教在南亚印度教文明圈中也很难获得长足的发展。

类似的"硬钉子"和"软钉子"也或多或少地存在于东南亚的那些信奉伊斯兰教的国家（如印度尼西亚）和信奉佛教的国家（如泰国、柬埔寨等）中。与在西亚和中南亚的情况相比，基督宗教在东南亚的处境相对宽松一些，这是由以下两点原因造成的：其一，东南亚的一些地区（如菲律宾、帝汶等）从大航海时代起就被西方国家所殖民，受基督宗教的影响比较深；其二，东南亚处于亚洲三大文明体系的边缘地带，分别受到源于西亚和南亚的伊斯兰教、佛教、印度教等高级宗教和中国儒家思想的交互影响，其宗教根基远不如这些文明体系的核心地带那样根深蒂固，因此基督宗教在该地区的传播相对来说较为顺利。然而即使如此，21 世纪基督宗教在东南亚的发展前景也不容乐观。事实上，基督徒虽然在东南亚人口中占了 21.8%，但是他们却主要集中在菲律宾这一个国家里。早在 1595 年，

---

① 菲立浦·詹金斯著，梁永安译：《下一个基督王国》，台北立绪文化事业有限公司 2003 年版，第 268 页。
② 数据来源：Todd M. Johnson and Kenneth R. Ross Editor: *Atlas of Global Christianity*, 1910–2010, Edinburgh University Press, 2009, p.12, p.144。

马尼拉就成为罗马天主教会的一个大主教教区，在其后一个世纪里，菲律宾人民被彻底基督教化了。到 2010 年，东南亚地区的基督徒人数为 1.29 亿，其中菲律宾一国的基督徒就有 8300 万（**占菲律宾人口的 89.4%**）[①]；在东南亚的其他国家，除了与菲律宾历史背景相似的东帝汶之外，基督徒人数一般都不超过总人口的 10%。

相对于东南亚而言，东亚地区受伊斯兰教、印度教等高级宗教的影响要小得多。佛教虽然曾对东亚一些国家（中国、日本等）产生过重要影响，但是毕竟未能成为国教，在国民精神和社会生活中始终处于辅弼地位。然而另一方面，东亚尤其是中国自古以来就有着根深蒂固的高级伦理价值系统（儒家思想）和民间宗教信仰，它们在后殖民时代同样出现了全面复兴的趋势。今天的东亚虽然只有 5 个国家，但是各自的政治、经济状况却差异极大，既有日本和韩国这样的发达资本主义国家，也有朝鲜和蒙古这样的贫穷落后国家，更有中国这样的向现代化迅速崛起的国家。基督宗教在东亚各国的发展情况也迥然不同，在日本、蒙古国和朝鲜，由于受到传统的神道、藏传佛教意识形态的有力抵制，基督宗教对这些国家民众的影响极其有限，至 2010 年基督徒占上述三国人口比例分别仅为 2.3%、1.7% 和 2.0%。然而在韩国，基督宗教却找到了茁壮成长的热土，由于种种历史原因和现实原因，韩国的基督徒人数从 1910 年的 5 万（**占人口比例的 0.5%**）激增至 2010 年的 2000 万（**占人口比例的 41.1%**）[②]。至

① 数据来源：Todd M. Johnson and Kenneth R. Ross Editor: *Atlas of Global Christianity*, 1910–2010, Edinburgh University Press, p.148。

② 数据来源：Todd M. Johnson and Kenneth R. Ross Editor: *Atlas of Global Christianity*, 1910–2010, Edinburgh University Press, p.140。从历史原因来看，韩国缺乏像中国、日本等国那样根深蒂固的伦理价值系统和宗教传统，而且自近代以来长期受到外族（日本、美国等）的统治和占领，其文化可塑性较强；从现实原因来看，在韩国人民反对朴正熙、全斗焕专制统治的斗争中，基督教会曾经发挥了重要的作用，在韩国产生了独具特色的"民众神学"。当韩国在 20 世纪 80 年代后期开始效法西方国家进行政治民主化改革时，基督宗教作为西方民主社会的主流宗教信仰，自然受到了韩国领导人（金大中等）和普通民众的热情欢迎。

于在当代中国，基督宗教既不像在日本、朝鲜那样举步维艰、一筹莫展，也不像在韩国那样一帆风顺、前景光明，而是处于一种扑朔迷离的谜局之中，未来的凶吉泰否将取决于许多悬而未定的变数。

（三）上帝在中国的微妙前景

在后"冷战"时代，强劲的文化保守主义浪潮在亚洲不仅表现为伊斯兰教和印度教的蓬勃发展，而且也在中国大地上掀起了一场名曰"国学热"的传统文化复兴高潮。随着改革开放以来中国经济的腾飞、综合国力的加强和大国意识的觉醒，建设中国特色的现代文化的问题正在受到越来越多朝野人士的共同关注。在这种情况下，在政治意识形态主导时代曾经被当作"封建糟粕"而遭到猛烈批判的中国传统文化，又开始急剧地升温。一些大学争先恐后地设立了国学院、国学所、国学班或国学大讲堂，并且在政府的支持下，在海外 90 多个国家开办了 300 多所孔子学院，大力弘扬中国儒学和传统文化。中央电视台"百家讲坛"等电视栏目持续播出各种形式的国学普及讲座，在初中教育水平以上的草根阶层中掀起了一股热衷于帝王身世和宫闱秘史的文化热潮；政府官员和商界领袖们也踊跃参加名目繁多的各种国学讲习班，津津乐道于儒释道经典和传统智慧。1919 年北京大学的学生在"五四"运动中公开打出了"砸碎孔家店"的旗帜，把中国落后挨打的原因归于"孔门之学"和"孔门之政"；"文化大革命"期间，"孔孟之道"再一次被当作反动思想遭到了无情的摧残。然而到了 2011 年初，高达 9.5 米的孔子塑像却一度被堂而皇之地树立在摆有革命领袖巨幅画像的天安门广场之侧（虽然不久以后该塑像又被从天安门广场之侧移入国家博物馆雕塑庭院中），明确昭示以孔子为代表的儒家思想仍然是当代中国文化的活水源头。在弘扬民族文化、振兴民族精神的神圣名义下，各种旧习俗和方兴未艾的新事物也纷纷打着国学的旗号以壮声威，祭孔庙、拜黄帝陵之类的祭祀活动搞得声势浩大，风水、占卜、星相之术也大行其道。这种内容纷繁的"国学热"具有极强的精神感召力，从国内背景看，它与中国当前高速增长的经济实力和日益复苏的大国理想同气连枝、相互砥砺；从国际背景看，它与伊斯兰教世界和印度教世界的原教旨主义运动具有内在的文化相似性，都表现了一种文化保守主义的大趋势。

自从利玛窦在明万历年间将天主教传入中国后，基督宗教在华已有持续400多年的历史，但是它在中国发展的黄金时代却是在近三十年间。从明朝末期一直到鸦片战争，天主教作为蛮夷之地的旁门左道，始终在朝廷时紧时松的政策夹缝中求生存；19世纪初新教传入中国后，逐渐打破自闭心态开始学习西方文化的中国知识精英又受到西方启蒙思想的影响，把基督宗教看作是与现代科学相对立的旧时代残余而加以摈弃。据统计，1700年中国的天主教徒就已经达到20余万，但是到1900年中国的基督徒总数仍不过120万，1949年上升到500万[①]。中华人民共和国建立之后，尤其是在"文化大革命"期间，由于政治原因的影响，基督徒在中国几乎销声匿迹。但是在改革开放以后，基督宗教在中国出现了"井喷"式的发展，随着中国人对西方文化的一度热衷和崇拜，基督宗教也受到人们越来越多的青睐和皈依。关于当今中国基督徒人数的问题，是一个众说纷纭的迷局，詹金斯认为，"亚洲统计数字最成谜的国家是中国"[②]，不同的统计结果之间差异巨大。根据中国宗教蓝皮书2010年的报告，中国现有基督徒为2305万人，约占全国人口总数的1.8%[③]；但是按照美国

---

① 参见菲立浦·詹金斯著，梁永安译：《下一个基督王国》，台北立绪文化事业有限公司2003年版，第49–50、57页。

② 同上书，第105页。

③ 金泽、邱永辉主编：《宗教蓝皮书：中国宗教报告（2010）》，社会科学文献出版社2010年版，第10页。

国务院发布的"世界宗教自由"年度报告和一些西方研究机构的统计资料，目前中国基督徒人数已经超过 1 亿之众。大多数研究者倾向于在这两种差异巨大的数字之间取其中位数，认为中国目前的基督徒人数（包括建制内和建制外各种教会的基督信徒）大约为 6000 万～8000 万。从绝对数字来看，中国基督徒的这个数字比英国和法国的基督徒人数总和还要多，但是从相对数字来看，6000 万～8000 万基督徒在中国人口（13 亿）中的比例只不过 5% 左右，尚不及基督徒在亚洲人口中的平均数（8.5%）。近年来，研究者们较多地关注改革开放以来中国基督教发展的暂时"井喷"现象，却往往忽略了"井喷"现象之后的"高压阀效应"，即基督徒人数增长速率在达到某一最高值之后开始出现的递减现象。可以预测，随着国际文化保守主义浪潮和国内"国学热"的不断升温，这种"高压阀效应"会变得越来越明显。

与近百年来基督宗教在中国的发展动态相对应的是中国民间宗教的变化情况，根据《世界基督宗教图集：1910—2010》的统计，中国民间宗教信徒在 1910 年为 3.8 亿，占当时中国人口总数的 79.7%；到 2010 年，中国民间宗教信徒为 4.3 亿，占人口总数的 32.6%[①]。虽然近百年来中国民间宗教信徒占总人口比例有所下降，但是考虑到它与基督宗教在中国政治意识形态主导时代同样遭受到了毁灭性的打击，在"文化大革命"期间二者都几乎销声匿迹，因此比较中国民间宗教与基督宗教在中国改革开放之后的发展趋势，可能会更加具有现实意义。很明显，与近三十年来中国基督徒人数增长的"井喷"现象相比，中国民间宗教信徒的激增可谓是"大爆炸"。即使按照同一统计资料对中国基督徒人数的估计，2010 年中国基督徒为 1.15 亿人（这一数据明显有夸大之嫌），占人口总数的

---

① Todd M. Johnson and Kenneth R. Ross Editor: *Atlas of Global Christianity*, 1910–2010, Edinburgh University Press, 2009, p.16。

8.6%[①]，基督徒与中国民间宗教信徒相比仍然处于绝对的弱势地位。而且随着近年来"国学热"的升温和民族意识的强化，中国民间宗教信徒与基督徒占人口比例的差距可能会进一步扩大，至少会在相当长的时期内保持一种相对稳定的强弱对比格局[②]。

与民间宗教信仰在普遍民众中的复兴趋势相呼应，"国学热"也使儒家思想在知识分子中越来越受到推崇。从海外思乡学人的新儒学复兴呼声到国内风靡一时的尊孔读经活动，儒家思想在中国文化中的正统地位正在重新被确立起来。与西方历史上基督教会与世俗权力之间相互制衡的二元格局不同，在中国历史上儒家一向遵循"政主教从"的基本规范，而且强调权威、秩序、社会和谐和集体高于个人的价值观念，这些观念都非常符合中国的政治需要。在当今时代，中国一方面面对着全球化的横向影响，另一方面又受到文化传统的纵向驱策；一方面要实现现代化转型，另一方面又要建设中国特色的文化。与伊斯兰教文明和印度教文明一样，中国也试图开创一条现代化而不西方化的发展道路，在这种情况下，儒家社会主义可能是一条比较合适的发展道路。亨廷顿在谈到中国等亚洲文明时说道："或许正像弗里德伯格所说的那样，欧洲的过去就是亚洲的未来。但更为可能的是，亚洲的过去将是亚洲的未来。"[③]这句话如果是仅就文化而言，还是具有一定的道理的。牛津大学教授约翰·达尔文在其新近出版的被誉为"帝国史的大师级著作"《帖木儿之后：1404—2000 年全球帝国史》一书中表述了一种更加中肯的观点：

最重要的是，欧洲迈向现代世界之路，不该再被视为天经地义或"正

---

① 同上书，p.140。

② 中国大陆民间宗教与基督宗教之间的这种强弱对比格局在台湾也大体相当，据统计，台湾目前的基督徒占人口比例约为 4% 左右，而佛教徒和道教徒则高达 35%（二者之间重叠性较高）。即使是在曾经被殖民化的香港和澳门特别行政区，黄大仙、妈祖崇拜等中国民间宗教信徒也远远超过了基督徒。

③ 塞缪尔·亨廷顿著，周琪等译：《文明的冲突与世界秩序的重建》，新华出版社 1998 年版，第 266 页。

264

常"之路，不该再被视为衡量世界其他地区历史变迁的标准。欧洲人已打造出自己的现代性，但世上还有其他现代性，事实上，还有许多现代性。①

在这种"现代化而不西方化"的社会发展定位下，基督宗教在未来中国的发展将面临着极其微妙的前景。从历史上看，中国文化与基督宗教之间并无太多的过节，儒家思想体系既不像伊斯兰教那样与基督教有着很深的历史仇隙，也不像印度教那样具有强烈的排他性，而是对异域文化采取一种礼尚往来、兼收并蓄的开放胸襟（虽然这种开放胸襟往往带有一种"以夏变夷"的文化优越感）。虽然基督宗教在中国曾一度被妖魔化，但是到了改革开放时代，基督宗教又被当作先进的西方文化的精神支柱而受到推崇，由此导致了基督宗教在中国发展的"井喷现象"。由于中国缺乏根深蒂固的国教信仰传统和强大的本土教会组织，它曾一度被乐观地预示为基督宗教在东方发展的未来热土。然而，随着近年来中国国际地位的提升和传统文化的复兴，基督宗教在未来中国将面临着巨大的制约，这些制约可以概括为以下几个方面：

首先是政治方面的挑战。随着中国经济的发展和综合国力的加强，中国逐渐以大国姿态出现在国际舞台上。2011 年中国 GDP 总值超过日本而跃居世界第二，中国与世界其他大国在各领域中的竞争也必将日益激烈。面对作为西方基督教文明之代表的美国，迅猛崛起的中国必然要树立起自己的文化形象，这种"中国特色"的文化形象只能通过返本开新的方式，从以儒家思想为主的传统文化资源中去进行熔铸，而不可能步美国和其他西方国家的后尘使中国基督教化。在这种情况下，以往那种将基督宗教看作是西方国家对中国社会进行文化渗透的观念又开始复苏。尽

① 约翰·达尔文著，黄中宪译：《帖木儿之后：1405-2000 年全球帝国史》，台北野人文化股份有限公司2010 年版，第 43 页。

管这种观念在当今一般民众和知识分子心中已经大大淡化，但是在主流意识形态中仍然具有强大的惯性。而且在国学复兴的文化背景下，这种观念很容易与中国传统的"夏夷之辨"意识合流，从而将基督宗教看作是一种非我族类的洋教或旁门左道。此外，在大力强调科学发展观的今天，深受无神论教育和科学主义影响的中国人往往倾向于把基督教看作是一种与科学水火不容的迷信[①]。这些因素都在客观上阻碍了基督宗教在未来中国的发展。

其次是文化方面的。如果说基督宗教以往在中国遇到了政治意识形态的"硬阻力"，那么今后它将在中国更多地面对传统文化复兴的"软阻力"，后者往往比前者更加难以突破。由于历史背景方面的差异，以儒家思想为主的中国传统文化与基督宗教之间有着许多抵牾之处。从思想内涵上来说，在儒家关于人性本善和为仁由己的道德取向与基督宗教关于人性本恶和基督救赎的信仰维度之间存在着难以调和的矛盾[②]。两千多年来，中国知识分子和士大夫专注于内在的道德修为和外在的经世致用，对于"六合之外"的鬼神通常采取"存而不论"的漠然态度和"神道设教"的实用立场；而民间百姓对于宗教信仰则抱着一种功利主义态度，任何宗教都必须具有立竿见影、有求必应的效能，否则就会遭到冷落。近年来风靡一时的"国学热"，使得传统的儒道释思想和各种民间宗教枯木逢春，从而造成了当今中国社会中佛教寺庙、道观、关帝庙、妈姐阁等宗教场所与基督教堂相互并存和激烈竞争的现象。中国一些家庭教会也由于过

---

① 这种成见在中国从事自然科学研究的知识分子中很普遍。一个非常有趣的现象是，从事自然科学研究的中国知识分子一旦到美国留学或定居，往往比从事人文研究的人更容易皈信基督教；但是他们在国内时却对基督教有一种本能的抵触。

② 虽然近年来有一些学者认为在儒家的性善论与基督教的性恶论之间并不存在根本矛盾（参见赵敦华：《性善与原罪：中西文化的一个趋同点》，载罗明嘉、黄保罗主编：《基督宗教与中国文化：关于中国处境神学的中国—北欧会议论文集》，中国社会科学出版社2004年版），但是对于一般民众来说，这两种观念始终是格格不入的，老百姓毕竟不是哲学家。

分强调功利性和灵验性而越来越明显地表现出一种巫术化特点，打上了独特的文化烙印，并因此受到西方基督徒的普遍质疑。事实上，在基督宗教对中国社会进行改造之前，它首先必须面对被惯性强大的中国传统文化所改造的可能性。换言之，在实现中国社会的基督教化这个理想目标之前，首先必须面对基督宗教的中国化这个现实问题。

最后是世俗化潮流。世俗化潮流是使 20 世纪西方基督宗教信仰减弱的重要原因之一，在全球化时代它已经在世界范围内形成了一股势不可挡的狂潮。在伊斯兰教世界和印度教世界，由于有着根基牢固的传统宗教信仰的抵御与中和，世俗化潮流的影响被限制在一定范围之内。但是在当代中国，一来由于缺乏强大的宗教信仰根基，二来由于儒家等传统价值观念还处于起死回生阶段，尚未真正成为当代中国人的精神砥柱，因此世俗化潮流的效应在今天的中国正在以几何倍数得以放大。由于中国目前正处于社会转型时期的价值多元和道德失范状态，因此世俗化潮流和快餐文化尤其能够引起中国年轻一代的强烈兴趣。这股浪潮不仅解构着传统的政治意识形态，而且也使深沉的宗教信仰变得娱乐化和浅薄化（这一点从当今中国大学生过圣诞平安夜时的狂欢场面即可见一斑）。正是这种消费主义取向使得带有异域文化色彩的基督宗教在中国年轻人群中激发起一种时髦的文化热潮。但是如果我们把这种基督教文化热简单地等同于基督教信仰热，那就大错特错了，因为它充其量不过是一种时尚性的消费热潮罢了（故而中国商家也对此表现出强烈的兴趣）。

但是，在上述挑战之外，基督宗教在当今中国同样也面临着良好的发展机遇。除了中国不存在伊斯兰教和印度教这样统一而牢固的传统宗教信仰之外，中国目前正在经历的社会转型过程也为基督宗教在中国的发展提供了良机。中国经济在迅猛发展的同时，也产生了贫富分化、信用缺失、道德失范、信仰缺失等社会问题，在这种情况下，基督宗教信仰及其价值理念很容易在中国的弱势群体中得到认同和传播（正如它在古罗马帝国的情况一样）。目前中国基督教人群就存在着所谓的"四多"现象（即农民多、文化水平低下者多、妇女多、老人多），恰恰说明了它所具有的弱势特点。在未来几十年里，中国社会是否会在信仰方面出现明显的分化趋势，即上流社会更多地转向儒道释等传统文化，而下层民众则更多地皈信基督宗教？目前尚难以断定，但是这种可能性却是存在的。此外，国学的复兴也不同于伊斯兰教和印度教的原教旨主义运动，由于缺乏信仰方面的强大动力，它可能持续的时间和强度都无法与后者相比，而且还要面临着自身是否能够成功地进行现代化转型的严峻考验。正是由于这个原因，基督宗教在未来中国的发展前景仍然处于扑朔迷离之中，它既不可能像在非洲和拉丁美洲那样一帆风顺，也不可能像在伊斯兰教世界和印度教世界那样举步维艰。有许多变数都可能影响基督宗教在未来中国的发展前景，特别是政治和经济方面的因素，在短时间内往往会比文化方面的因素影响更大。

　　近两千年前，基督宗教的上帝从西亚的耶路撒冷出发，首先向西进入希腊罗马世界，以柔克刚地战胜了不可一世的罗马帝国；而后他又向北深入，潜移默化地慑服了剽悍野蛮的日耳曼各民族并将它们带入文明教化之中；他也曾飘洋过海，与启蒙运动中新兴的自由、民主观念一同打造了美利坚合众国。不久之前，上帝开始南下，在贫穷落后的非洲大陆（此前也在欠发达的拉丁美洲）受到了热烈欢迎。但是上帝何时以及是否能够掉头向东，重新回到曾经孕育他的亚洲大地上大放光彩，至今仍然是一个难解之谜。

本章附录一
当代国际格局的宗教背景（演讲录）

......

走向理性

当今世界充满了各种不稳定的因素，导致了一些地区不断发生暴力冲突。在不同族群的政治冲突和经济冲突的背后，隐藏着深刻的文化背景。当今国际社会中此起彼伏的抵牾与冲突，绝非单纯的经济因素可以解释，而且也超越了一般意义的政治权力之争，它们的根基深深地埋藏在千百年来形成的宗教文化土壤中。与20世纪的政治意识形态冲突不同，一种被美国著名国际政治学家亨廷顿称为"文明的冲突"的新时代主题正在21世纪的世界舞台上呈现出来。

（一）从政治意识形态的冲突到文明的冲突

大家知道，在20世纪的80年代末，在世界范围内发生了一些重大的变化，尤其是在80年代末90年代初，苏联和东欧社会主义阵营解体，我们一般把它叫作苏东剧变——也就是苏联和东欧社会制度的剧变。一些前社会主义阵营的国家，或者说华沙条约的成员国，纷纷发生了政治上的蜕变，退出了社会主义阵营，而且改变了社会主义制度，转向了西方式的民主制。在这样的情况下，自从第二次世界大战以后就已形成、并且持续了近半个世纪之久的世界两大政治阵营之间的对垒，两种

说明：《当代国际格局的宗教背景》为笔者2013年3月在东南大学的演讲，收入本书时有个别字词改动。

政治意识形态之间的冲突，以及北大西洋公约与华沙条约这两个军事组织之间的竞争，到了1989年以后，随着苏联和东欧社会主义阵营的解体，也就结束了。大家知道，自从二战结束，一直到80年代末叶，经历了将近半个世纪的时间，这段时间，我们通常把它叫作冷战时期，这一时期的特点主要是两大政治阵营之间的对立。这两大阵营，一个是以美国为首的资本主义阵营，一个是以苏联为首的社会主义阵营。当然除了这两大阵营之外，还有一个第三阵营，也就是第三世界，一些不结盟国家形成的松散阵营。当然，中国也属于这个第三世界阵营。但是可以说，从1945年第二次世界大战结束，到1989年苏联和东欧社会主义国家解体，在这40多年的时间里面，世界的主要角色是由苏联和美国这两个超级大国来扮演的。而且，以它们两者为首的两大政治阵营，各自奉守不同的政治意识形态，一个是资本主义的意识形态，一个是共产主义的意识形态。这样就形成了一种尖锐的对立。大凡年龄大一点的人都知道，那个时代整个世界都处于一种冷战的氛围之中，第三次世界大战随时都可能爆发。一些局部性的冲突很容易演变为全球性的危机，比如说古巴的导弹危机、美国发动的越南战争和柬埔寨战争，以及苏联入侵阿富汗，这些局部的冲突一触即发，很可能导致世界大战。但是到了1989年以后，这种政治意识形态的对立由于其中一个阵营的突然瓦解，从而变得不复存在了。

在这种情况下，1993年7月，一位名叫萨缪尔·亨廷顿的美国国际政治学专家、哈佛大学教授，同时也是美国国际战略的重要智囊人物，在美国的权威性杂志《外交事务》上发表了一篇名为《文明的冲突》的长篇论文。在这篇文章里面，亨廷顿指出，由于两大阵营的对垒不复存在了，苏联已经解体，社会主义阵营也已经瓦解了，在这样的情况下，在未来的世纪，也就是21世纪，将会出现一种新的冲突格局，即文明的冲突。大家知道，美国这个国家是一个比较讲究实际的国家，它是一个非常务实的实用主义国家。因此，美国在国际政治问题上总是具有一种前瞻性，它总是在思考未来若干年里，世界的格局将会发生怎样的变化，哪些国家将会成为美国的朋友，哪些国家将可能成为美国的潜在敌人。美国国家安全部门和情报部门根据这些战略预测而制定的国际政策都带有一定的前瞻性。亨廷顿这个人，本来就是为美国国际政治出谋划策的重要智囊成员，他的这篇文章，在某种意义上，代表了美国国家的一种战略导向。这种战略导向就是，在苏联和东欧社会主义国家解体以后，随着两大政治阵营对垒的消解、两种意识形态冲突的结束，美国将如何对未来世界的基本格局做出判断，以及美国将制定什么样的国际政策来对付可能出现的新威胁。

在这篇文章里，亨廷顿就认为，在21世纪，两大政治阵营的对垒显然已不复存在，也就是说，社会主义和资本主义的斗争已经结束了。当然，亨氏的言辞之中也充溢着一种明显的踌躇满志，在他看来，社会主义阵营和资本主义阵营在经历了近半个世纪的对立和冲突以后，最终还是以苏联的解体而告终。因为最后是苏联和东欧社会主义国家解体了，而不是西方资本主义阵营解体了。而且大家知道，从这篇文章在1993年发表，到今天已有20多年过去了，在这20多年的时间里，那些以苏联为中心的东欧社会主义国家，或者说华沙条约的成员国，纷纷都转向了西方的政治制度，一些国家被接纳进入北大西洋公约组织和欧盟。在1993年，亨廷顿在那篇文章中就预料到了这种变化，当时他明确地指出，在未来的世界里，人类冲突的主要形式将不再是政治意识形态的冲突，甚至也不再是以经济利益为主要动机的冲突。那么未来世界的主要冲突形式将会是怎样一种冲突呢？亨廷顿认为这将是一种文明的冲突，就是东西方不同的传统文化之间的冲突，因此他这篇文章的主题就是"文明的冲突"。

那么什么叫文明呢？亨廷顿在这篇文章里认为，所谓的文明，就是我们人类各个不同的族群和团体相互认同的一个最大的单位。比如说，我们在座的各位同学都是同一个班级的同学，那么这个班级就是你们彼此认同的一个整体。再往上，我们还可以以某个专业、某个院系、某个学校、某个省市来相互认同，例如我们都是华南师范大学的学生，我们都是广东人等。再往上，就是以民族国家来认同了，我们都是中国人，都是炎黄子孙。而这种心理认同的最大的一个单位或团体，就是亨廷顿所说的"文明"，它比民族国家的范围更大，是人类在心理上彼此认同的一个最大群体。亨廷顿明确表示，文明是不同的人类群体相互认同的最大共同体，再往上就是人与动物的差别了。在人类这个种之下，我们就以文明来划分；在文明下面再按国家来划分，国家下面当然可以再按各种各样的方式来划分。所以文明就是划分人类群体的最大单位。那么，各种文明内部相互认同的最重要的纽带是什么呢？亨廷顿强调，那就是传统的宗教。在政治意识形态对垒和冷战的时代，人们彼此认同的主要纽带是政治立场，是姓"资"还是姓"社"。随着政治意识形态对垒的消解和冷战时代的结束，传统的宗教信仰和价值观念又将重新成为世界各区域人民彼此认同的基本纽带。

亨廷顿指出，在过去的两千年里，世界各大宗教之间，或者以各大宗教为轴心或纽带的各大文明共同体之间，始终存在着一种紧张的关系，存在着一种张力，它酿成了各大文明体系之间旷日持久的矛盾和冲突。这种文明之间的冲突一直延续到西方殖民主义全球体系形成、两大政治阵营对峙出现时才结束，并一度被社会主义与资本主义之间的政治冲突所取代。但是到了20世纪末叶，随着苏联和东欧社会主义国家的解体和政治意识形态对垒的消解，这种传统的文明冲突将重新呈现出来，并将成为21世纪世界冲突的主要形式。

在这篇文章里，亨廷顿考察了各大文明之间的传统分界线，他认为，这些传统文明之间的分界线或者断层线，很可能成为未来世界的战斗线。最激烈的文明冲突，将发生在那些传统文明的断层线上。比如说，在 1993 年前后，那个时候世界上的两个热点问题，一个是由来已久的巴以冲突，就是巴勒斯坦与以色列的冲突，当然在巴勒斯坦与以色列的冲突背后，还有一个更加广阔的中东伊斯兰教世界与西方基督教世界之间的冲突，正如中东的穆斯林在情感上都是支持巴勒斯坦人一样，美、英等国的基督徒们在心理上更加倾向于犹太人。巴以冲突，这是当时世界的一个焦点，这个焦点已经冲突很长时间了，到今天还在持续着。当时还有一个冲突的焦点，那是在 20 世纪 90 年代初期爆发的，这就是波黑的冲突。由于东欧剧变，苏联或者以苏联为中心的东欧集团里面就出现了离心力，在南斯拉夫的范围内，就出现了波黑冲突的问题。南斯拉夫解体以后，波黑作为南斯拉夫的一个加盟共和国，本身也陷入了内讧之中。由于波黑共和国是由三个信仰不同宗教的主要族群组成，这三个族群，一个是克罗地亚，一个是塞尔维亚，还有一个是波斯尼亚。南斯拉夫解体以后，波黑的这三个族群之间就发生了激烈的冲突。当时冲突的双方主要是克罗地亚和塞尔维亚，这是两个不同的族群，在这两个族群背后，又涉及很复杂的宗教教派问题。克罗地亚人是信奉天主教的，塞尔维亚人是信奉东正教的，而波斯尼亚人则是信奉伊斯兰教的。在这三个信仰不同宗教的小族群背后，又分别站着西方基督教世界、俄罗斯东正教世界和中东伊斯兰教世界这三个强大的实力集团。

从地图上来看，无论是巴以冲突，还是波黑冲突，都发生在传统的文明断层线上，这两个冲突的地方，都是自古以来不同文明之间冲突的焦点地区，都是世界的火药桶，也恰恰就是亨廷顿所说的传统文明的断层线。为什么这样说呢？我们首先来看看巴以冲突。今天的巴勒斯坦或者以色列这个地方，曾经就是世界几大宗教共同的发源地，犹太教，基督教，以及稍晚产生的伊斯兰教，都与这个地方有着极其密切的关系，这个地方对于当今世界的这几个重要宗教来说都是神圣的发源地或者圣地。大家知道，耶路撒冷这个城市，对于犹太教来说是发源地，对于基督教来说是耶稣的圣寝，即使对于穆斯林来说也具有神圣性，虽然穆斯林最大的圣地是在麦加，但是据说穆罕默德曾经夜行登霄从麦加来到耶路撒冷，因此耶路撒冷被穆斯林看作是仅次于麦加和麦地那的第三圣地。由于世界上的三个重要宗教都与耶路撒冷有着不解之缘，因此这个城市就成为各种宗教，尤其是犹太教和伊斯兰教冲突的焦点，这个地方自古以来就是一个多灾多难的兵家必争之地。

然后，我们再来看看波斯尼亚、塞尔维亚和克罗地亚这三个族群组成的波黑地区，这个地方可以说是在近代，甚至从中世纪以来，就是伊斯兰教文明和西方基督教文明（**包括天主教和东正教两个亚文化体系**）的接壤地。自从伊斯兰教在 7 世纪产生以后，地处亚欧大陆交汇点的君士坦丁堡就成为西方基督教世界抵御咄咄逼人的穆斯林的前沿阵地，曾经不止一次地遏制住了穆斯林西侵的兵锋。到了 14 世纪以后，巴尔干半岛和东欧的许多地区都被信奉伊斯兰教的土耳其人占领，1453 年，屹立在亚欧大陆接壤处达一千年之久的君士坦丁堡终于被强悍的土耳其人攻陷。土耳其的穆斯林把君士坦丁堡改名为伊斯坦布尔，它从此成为奥斯曼帝国的政治、文化中心。巴尔干半岛和东欧地区，在近代始终是信奉伊斯兰教的土耳其人、信奉东正教的希腊人和俄罗斯人、信奉天主教或者基督新教的西欧各国争夺的焦点，在这个地区，基督教与伊斯兰教之间的冲突一直处于白热化的状态。希腊与土耳其之间的矛盾根深蒂固，难以调和；从北方新崛起的俄罗斯也为了争夺高加索、阿塞拜疆、亚美尼亚和巴尔干北部地区的控制权而与土耳其人打了两百多年的俄土战争。正是由于长期的宗教冲突和文化抵牾，所以在这个地区既有东正教徒，又有天主教徒，而且还有许多穆斯林，南斯拉夫所在的巴尔干半岛北部地区一直就是基督徒与穆斯林冲突最激烈的地区。大家都知道，第一次世界大战和第二次世界大战，都与这个地区有着极其密切的关系。第一次世界大战爆发的直接导火索是德国皇太子在塞尔维亚被刺杀，当时塞尔维亚在政治上隶属于奥匈帝国，德国皇太子作为统治者来这个地方视察的时候，被一帮爱国的塞尔维亚青年们刺杀了，这样就导致了第一次世界大战的爆发。同样的，第二次世界大战，虽然不是直接由这个地方引起的，但是这个地方在二战中一直是兵家必争之地，是一个敏感地区，被称为"欧洲的火药桶"。大家可能看过一个南斯拉夫电影《瓦尔特保卫萨拉热窝》，萨拉热窝就是这个地区的一个城市，关于它的重要性，在这部电影中我们已经领略到了。正因为它一直是一个多宗教、多文化的交汇点，所以当南斯拉夫解体、两大政治阵营的对垒消解之后，这个地区的传统宗教和文化矛盾又重新暴露出来，从而酿成了波黑的危机。

亨廷顿所说的那些传统文明的断层线，就是指这几个敏感的地区，而在 20 世纪 90 年代，这些地区正好处于动荡不安的状态中。因此亨廷顿就断言，这几个地方的矛盾冲突，恰恰说明了未来文明冲突的战斗线，很可能就发生在传统文明的断层线上。我刚才说过，在 1993 年前后，波黑地区的这三大族群之间的矛盾，不仅仅只是南斯拉夫共和国内部的三个族群的冲突，它不像索马里、埃塞俄比亚等非洲国家的族群冲突那样单纯，而是具有更复杂的背景。在这三个小族群的冲突背后，分别站立着三个强大的宗教—文化集团。在波黑的冲突中，俄罗斯是明显地支持塞尔维亚人的，原因很简单，因为塞尔维亚人是东正教徒，与俄罗斯人有着共同的宗教信仰；而在克罗地亚人的背后，站着西方天主教和新教世界。大家可能还记得，在当时西方世界老是指责塞尔维亚领导人进行种族屠杀，塞尔维亚人当时确实屠杀了很多克罗地亚人。但是另一方面，克罗地亚人也同样在进行着种族屠杀，他们也杀了不少塞尔维亚人，但是西方世界从来不谈这个问题，原因很简单，因为克罗地亚人是天主教徒。而在第三个族群波斯尼亚人的背后，则有着一个广大的穆斯林世界。在波斯尼亚人与塞尔维亚人的冲突中,伊朗派出了一支18000人的部队,随时准备支持波斯尼亚人。当时,在波斯尼亚人与塞尔维亚人的冲突问题上,伊朗与俄罗斯之间也发生了一些磨擦。由此看来,在波黑这几个不起眼的小族群的冲突背后,实际上分别站着西方世界、东正教世界和伊斯兰教世界。正是在这个意义上,亨廷顿断言,这些地方都是最危险的地方,它们将会成为未来文明冲突的战斗线。基于这种判断,亨廷顿在《文明的冲突?》一文中追溯了不同文明之间冲突抵牾的历史根源,从历史的角度来分析不同文明之间的矛盾关系。然后,在历史分析的基础上,他得出了这样一种结论:即文明的冲突将会取代政治意识形态的冲突和经济的冲突而成为21世纪人类冲突的主要形式。他因此告诫西欧各国,不要为了一些经济上的蝇头小利而与美国发生隔阂,大家应该联合起来,尤其是在大的原则上,应该拧成一股绳,共同对付可能来自东方伊斯兰教文明和儒家文明的严峻挑战。亨廷顿认为,这种文明的冲突将取代社会制度和政治意识形态的冲突,在东欧剧变之后,俄罗斯不再是美国未来的主要对手。那么未来的主要对手是谁呢?潜在的敌人是谁呢?他预料那将是伊斯兰教文明和儒家文明的联合体。这就是亨廷顿在那篇著名文章中的预言。这种预言无疑带有浓重的"西方中心论"色彩,其目的无非是为了保住西方文明尤其是美国的霸主地位;此外,亨廷顿关于在未来世纪伊斯兰教文明将与儒家文明联合起来共同对抗西方基督教文化的预测,也确实具有危言耸听之嫌。但是,在亨廷顿的"文明冲突论"中,也不乏对人类文明历史的深刻了解和对世界未来格局的天才预见。

（二）华人学术界对"文明冲突论"的回应

　　亨廷顿的"文明冲突论"很快就在全世界范围内，尤其是在国际华人文化圈中引起了强烈的反响。特别是亨廷顿关于儒家文明将与伊斯兰教文明联合起来共同对抗西方基督教文明的观点，招致了中国学者的极大愤慨。大家如果对这个问题感兴趣，可以去看看1994、1995年中国的一些重要杂志，在上面连篇累牍地发表了中国学者包括海外华人学者批判亨廷顿的文章。一些中国学者纷纷指出，我们中国儒家文明从来就是讲究和而不同，在21世纪我们决不可能与伊斯兰教文明联合起来，去对付西方基督教文明。而且，还有一些新儒家的知识分子们，他们针对亨廷顿的"文明冲突论"指出，在政治意识形态对立消解和冷战时代结束以后，未来世纪将会是儒家的普世和谐理想盛行于全世界的时代，全世界各国人民都会自觉或不自觉地接受儒家的普世和谐观念，大家都会以和平与发展这两大主题作为基调，共同创建一个充满和平的未来世界。事实上，在20世纪末叶，联合国就已经明确地把和平与发展确定为人类未来世纪的主题。正是基于这种乐观主义的预测，所以当时回应亨廷顿的大多数中国学者都断定，未来世界将不可能出现什么大的冲突，人类激烈冲突的时代已经结束了。21世纪的人类将会变得越来越理智，人们将会越来越清醒地认识到，儒家的普世和谐观念对全人类都是有利的，因此它必将成为全世界人们共同奉守的价值观。

　　对于亨廷顿的"文明冲突论"，我当时也发表了自己的看法，我的看法与上面说到的那些乐观主义的回应不太相同。1995年春季，我在香港的《中国社会科学季刊》上发表了一篇15000多字的长文，专门回应亨廷顿的《文明的冲突？》一文。在这篇文章中，我提出了自己的观点。我认为，我们应该把亨廷顿文章中的事实判断和价值取向区分开来。所谓价值取向就是说，亨廷顿作为一个西方国际政治学专家，又是为美国国际战略提供咨询的重要智囊，他的脚跟肯定是站在西方立场上的。他必定会希望美国能够继续保持一个强大的国际霸主地位，必定希望欧洲能够团结在美国周围，继续对整个世界发生至关重要的影响力。这一点是毫无疑问的。所以从这个意义上来说，亨廷顿的观点无疑具有"西方中心论"的浓重色彩，这一点没什么话可说，因为作为一个美国的国际政治学家和政府智囊，他有义务要为美国和西方世界的未来战略出谋划策。所以，他的价值取向虽然不能为我们所接受，但是我们应该理解他的立场。但是另一方面，我们也应该冷静地看一看他文章中的一些事实判断，而不要因为反对他的价值取向而忽视这些事实判断中所包含着的合理因素。我们应该冷静地思考一下他基于历史经验和现实分析而对未来世界格局的走势所做出的基本判断，在这里，我们不涉及价值取向的问题，不管他到底是站在西方还是东方的立场上，不考虑他个人的感情和希望，仅仅从一种客观的事实分析的角度，来看看他的文章中是不是包含着一些发人深省的道理。所以，我在这篇回应文章中，基于人类历史发展的大趋势，为亨廷顿文中的事实判断提供了一些支持。我认为，亨廷顿关于文明冲突的预测是有一定道的，他提出的很多问题都带有前瞻性，他很敏感地看出了未来世界的基本走势。

从主观愿望上来说，我们每个人都是希望和平的，而且几千年来，世世代代的人民都在期盼着和平。但是在人类发展的历史中，几乎没有哪一个世纪没有战争、没有冲突、没有相互之间的仇杀或虐待。从许多华人学者回应亨廷顿文章的乐观主义中，我想起了19世纪末叶的一件事情，我觉得可以作为一个借鉴。这件事记载在20世纪伟大的历史学家汤因比生前的最后一部著作《人类与大地母亲》一书中。在该书的开端处，汤因比谈到了1897年英国维多利亚女王执政60周年的庆典盛况。他写道，在维多利亚女王执政60周年的庆典上，欧洲人踌躇满志地认为，世界历史终结了。在他们看来，过去的历史充满了惊涛骇浪，充满了各种各样的仇恨、争斗、战乱，但是到了1897年，历史似乎已经进入了这样一个时代，人们终于可以高枕无忧地宣布，未来世界肯定会按照理性的方向发展，再也不会出现任何不文明的战争和暴力冲突，以后的历史就是全世界人民在文明、有教养的西方人的引导之下进入一个普世幸福的前景之中的历程。为什么在1897年时西方人会如此地踌躇满志呢？原因很简单，因为在19世纪末叶，由西方建立起来的全球殖民主义体系已经达到了顶峰，那个时候的整个亚、非、拉世界，不是西方的殖民地，就是西方的半殖民地。西方人不仅成功地用经济、政治和军事征服了那些非西方世界，而且他们也认为自己非常成功地将西方的价值观念和宗教信仰输入到那些非西方世界中，从而不仅在器物层面和制度层面，而且在精神层面也对非西方世界进行了脱胎换骨式的改造。因此到了19世纪末叶的时候，这种全球殖民化的局面确实在西方人的心理上引起了一种极强的自豪感，而且这种殖民化在客观上也确实给那些非西方世界的国家和地区带来了一些现代化的因素，使它们从过去的传统社会逐渐走向一个现代社会。所以在这种意义上，1897年的英国人和西方人当然有理由认为，世界历史终结了，以后的世界再也不会发生冲突和战争，以后的国际争端就是由他们这些"文明"的西方人，坐在谈判桌前通过一种和平理性的方式来加以解决。但是，刚进入20世纪不久，就爆发了第一次世界大战，第一次世界大战恰恰是在西方的那些"文明人"之间发生的战争，有"教养"的西方人并没有在谈判桌前以理性的方式来解决争端，而是彼此之间以一种不文明的方式相互残杀，甚至把非西方世界也裹挟进去了。大家知道，第一次世界大战是因为西方新老列强之间争夺殖民地的问题而引发的，那些新崛起的西方国家，如德国等，要向老牌的殖民主义国家英、法等国争夺殖民地，由此导致了战争。第一次世界大战打了好几年，到1918年才结束，战胜者与战败者之间签订了《凡尔赛条约》。在《凡尔赛条约》签订以后，作为战胜国的英、法等国又开始乐观起来了。英国首相张伯伦公开宣称，西方内部的矛盾冲突由于《凡尔赛条约》的签订已经得到了根本性的解决，《凡尔赛条约》和《洛迦诺公约》至少将给世界带来50年的和平。《凡尔赛条约》和《洛迦诺公约》明确地规定了欧洲各国的边界，规定了战胜国和战败国的一些基本权益，而且战败国都签了字，因此欧洲内部的争端从此一劳永逸地解决了。正是基于这种考虑，张伯伦满怀信心地宣称，这些条约和公约将成为世界和平的有力保障。

但是曾几何时，20年以后，比第一次世界大战更加酷烈的第二次世界大战又爆发了。第二次世界大战对人类的摧残是空前的，这场空前残酷的全球性战争最后是以一个更加残酷的事实——广岛和长崎的两颗原子弹的爆炸——而结束的。据统计资料，第二次世界大战中直接或间接死于战争的人数，超过了人类有史以来一直到第一次世界大战所有死于战争的人数的总和。可以说这是人类最大的一场噩耗，而且那两颗原子弹也在全世界人民心头笼罩上了一层深重的阴影，这个噩耗的发生距张伯伦所津津乐道的《凡尔赛条约》也不过20多年。到了第二次世界大战结束以后，为了防止类似的噩耗发生，在西方大国的主持下，建立了联合国组织，它的主要宗旨就是以和平的方式来解决国际争端。这时候，西方又有一些人开始乐观起来了，他们认为，希特勒法西斯已经被消灭了，联合国已经建立起来了，从此以后世界不会再有战争冲突了。但是，第二次世界大战刚刚尘埃落定，铁幕就落下了，冷战就拉开了帷幕，两大政治阵营之间的对垒和军事竞争就开始了。这种随时都可能引发第三次世界大战的冷战一直持续到20世纪80年代末，有几次（**如古巴的导弹危机等**）差一点就触发了核大战。到了20世纪90年代以后，随着冷战的结束，我们有些哲学家又开始像19世纪末叶的西方人一样唱起了普世和平的高调，断定未来世界不会再有冲突了，儒家的普世和谐观念将成为未来世界的主导。这样一种观点，其动机无疑是良好的，但是无视国际冲突的新的危险性而一味高唱普世和平的旧调，却有可能麻痹自己的意志和警惕性。我觉得，我们那些儒学思想家的意愿是非常好的，我同样也期望世界和平，但是我们却不应该闭着眼睛，不看事实，不能把自己的希望当作判断未来世界格局的一种充分理由。所以从这个意义上来说，我认为，亨廷顿文章中所说的文明冲突的可能性确实是存在的，我们正视这种危险性的目的，恰恰就是要把它限制在最小的范围内。

亨廷顿在他的文章中，还提出了另一个引人注目的观点，这个观点当时也遭到很多人的反对。他提出，在当今世界中，西方文明无疑仍然是一种强势文明，在苏联解体以后，面对着以美国为首的西方世界这样一种强势文明，非西方世界会采取怎么样的应战姿态呢？他认为可能会有三种应战姿态。第一种应战姿态，就是关起门来，跟"邪恶的"西方世界一刀两断，我不理你，我不加入你的世界。亨廷顿认为，这种应战姿态是死路一条。因为在一个全球化的时代，在世界经济一体化的时代，你把国门关起来，不就是自绝于世界吗？所以当然是死路一条了。第二种应战方式，就是采取各种方式，加入到西方文明的体系中，成为西方世界大家庭中的一员。亨廷顿认为，这种应战姿态固然动机不错，但是代价太大，而且事实上是很难做到的，几乎是不可能的。为什么呢？原因也很简单，因为像中国，像伊斯兰教世界，像印度教世界，这些有着几千年文明传统的国家和地区，是很难彻底背离自己的传统，完全融入到西方世界中去的。况且，西方世界是否会接纳你，这本身也是一个问题，因此，这种应战姿态几乎是不可能的。这种做法，用一句比喻的话来说，就是全身性的大换血，从 A 型血换成 B 型血，它将会导致文化溶血这样一种严重的后果，可能会给这些国家和地区带来全局性的灾难。因此亨廷顿认为，只有第三种应战姿态，才是非西方文明唯一可行的现实之路，那就是非西方文明通过内在的文明认同，努力发展自己的经济和军事力量，并且彼此联合起来，共同对抗西方基督教文明。正是出于这种看法，亨廷顿才预言，未来世界将有可能出现儒家文明和伊斯兰教文明联合起来，共同对抗西方基督教文明的前景。亨廷顿的这种观点引起了中国学者的普遍反对，理由很简单。在这一点上，亨廷顿的判断确实是有问题的。但是亨廷顿关于非西方文明（**中国儒家文明、印度教文明、伊斯兰教文明等**）将会加强内部的凝聚力，发展自己的综合实力的观点却是非常准确的。

（三）全球性的文化保守主义浪潮

事实上，在亨廷顿的这些观点发表以后不久，甚至在他的观点发表之前，在全世界范围内，似乎就已经出现了一个趋势，这个趋势到了20世纪末表现得越来越明显，一些学者把这种趋势叫作"文化保守主义"，或者叫作"新保守主义"。我们发现，从20世纪末叶开始，甚至还可以追溯到更早一些时候，在各个非西方文明圈中，好像都不约而同地出现了一个文化保守主义的潮流。比如说，在伊斯兰教世界里面，出现了原教旨主义，原教旨主义当然可以说是由来已久，可以追溯到20世纪初期甚至更早的时候，但是到了20世纪下半叶，它才形成为一种非常显著的势力，对伊斯兰教世界的民众产生了较大的影响。伊斯兰原教旨主义者并不反对经济生活的现代化，但是他们却力图把现代化与西方化区分开来，在反西方化的前提下进行现代化。他们在政治上主张建立一个统一的伊斯兰教共和国，在文化上主张以《古兰经》作为国家法律和政策的根据，按照伊斯兰教的基本精神来建设一个现代化的国家。

同样的，也是在20世纪90年代，在一部分中国知识分子中也出现了一个复兴儒学的文化思潮。这种现代新儒学的文化思潮，最初是由海外的一些华人，主要是由哈佛大学的杜维明教授等人推动的，他们认为，未来中国将会出现儒学的第三期复兴。儒学的第一期当然是指先秦儒学，第二期就是指宋明儒学，那么在21世纪将会出现儒学的第三期复兴。杜维明等人认为，儒学的第三期复兴将会使中国人在传统儒学的价值理念的基础上，返本开新，开出一个全新的现代化的中国文化。为了说明在儒学理念的基础上构建现代化社会的可能性，杜维明举出了新加坡的例子，认为新加坡就是一个成功地把西方资本主义经济体制与儒价值理念相结合的典范。杜维明的这个观点当然是经不起推敲的，但是在当时却鼓舞了许多国内以复兴儒学为志向的学者。在20世纪末叶的中国，文化保守主义的潮流也是明显可见的，大家可以看到，十多年来，海峡两岸的中国人在大家都是炎黄子孙、都是中华文明的传人等共识之上加强了文化认同，逐渐淡化了持续了很长时间的政治制度的分歧，两岸关系发生了积极的互动。因为大家都是炎黄子孙，血浓于水，什么事情都好商量，没有必要弄得剑拔弩张、势不两立。所以，正是在这种文化认同之下，两岸的紧张关系缓解了。此外，中国的文化保守主义还表现在20世纪90年初期的所谓"文化寻根热"上，首先是在文学领域，后来又在哲学和其他领域，都出现了一个向传统文化回归的热潮。一时间，黄土高原的歌声唱得漫天响，西北风席卷了整个神州大地。黄土地、黄河和西北风又开始变得令人亲切了，古老的东西也变得时髦起来了。诗人和艺术家们纷纷跑到黄土高原上去寻找中华文明的根，孔庙的香火也开始兴旺起来了。而且不仅是民间，官方也开始关心起孔庙和儒学了，"弘扬传统文化，振兴民族精神"成为最激动人心的口号。这些迹象都表明，20世纪末叶的中国也出现了一个向传统文化回归的潮流，或者说一个文化保守主义的潮流。

在印度教世界里面，也出现了一个向传统的印度教信仰回归的趋势。我注意到，20世纪90年代末期的时候，当时印度的瓦杰帕伊在出任总理的时候，他曾明确地表示，要用印度教的精神来建设一个现代化的印度。这种观点与我国改革开放的总设计师邓小平先生提出的建设中国特色社会主义的主张，真是不谋而合。一个是建设有印度教特色的现代化印度，一个是建设中国特色的社会主义，二者都强调了要从本民族文化的传统中去寻找建设现代化的精神根基这样一种价值取向。

不仅仅是在非西方世界中，即使是在西方世界中，我们也同样可以看到，20世纪末叶的时代精神发生了一些显著的变化。二战结束以后，西方世界尤其是美国社会变得越来越开放。在好莱坞的大片中，我们看到美国人是非常自由、非常开放的。二战以后，"垮掉的一代"、新左派运动、妇女解放运动等各种自由主义和激进主义潮流不断涌现，嬉皮士、性解放、吸毒等现象层出不穷，这些现象都似乎表明，美国的年轻一代已经放弃了他们父辈世代相袭的清教徒文化传统，变得像罗马人一样放纵、堕落。但是到了20世纪80年代末期以后，美国人似乎又变得保守起来了，美国社会中又出现了一股与80年代以前的自由开放潮流正好相反的新潮流，那就是保守主义潮流。今天的美国人，无论是对于宗教、性、毒品还是政治的态度，好像都趋向于保守，清教精神又有所复兴，人们的家庭观念也变得更加强烈了。在21世纪初，以小布什为首的美国政府在许多问题上都采取一种保守主义的价值取向，小布什本人就是一个保守主义者，他有着非常虔诚的基督教信仰，而且他常常试图把这种保守主义的福音派信仰揉合到美国的国际政策中去，因此他遭到了许多自由派美国人的谴责。小布什本人所喜欢使用的一些术语，都带有明显的宗教色彩，比如说"邪恶国家""圣战"之类的语言，与其说是国际政治学术语，不如说是宗教术语。美国是一个政教分离的国家，小布什把强烈的宗教意识带到国际政治之中，必然会引起国内很多自由派知识分子的反感。但是，小布什的这种做法却代表了那些向着文化保守主义回归的美国人的意愿，拥有较高的选民支持度，因此他在政治竞争中获得了胜利。大家可能还记得，小布什第一次竞选总统时，与民主党的戈尔争夺选票，在当时，美国中部的选票决定了小布什的上台。美国这个社会，东西两端是比较发达的地区，如东海岸的纽约、马萨诸塞州，西海岸的加利福利亚州等，那都是商业水平比较发达的地区，在这些地区，自由主义精神比较强；而美国的中部则是相对落后的农业地区，是出牛仔的地方，具有根深蒂固的保守主义价值观念。中部地区虽然在经济上不如东西两端发达，但是它却代表了美国社会的文化传统和基本精神，代表着美国的基本价值取向。而小布什正是得到了这些地区（如得克萨斯州）的选民的大力支持。2005年我到美国去进行学术交流，给我印象最深的一点，就是今天美国人的生活态度和价值观念，绝对不像大家在好莱坞大片中所看到的那样。一些严肃的美国人认为，好莱坞是一个独立的商业帝国，它为了票房价值，为了商业利益，可以任意地歪曲历史、虚构现实，它不仅在毒害着全世界人民，而且也在毒害着美国人民。而现实社会中的美国人，与好莱坞大片中所反映的美国人有着很大的差异。绝大多数美国人过着一种循规蹈矩的生活，白天上班，晚上开着车回到郊区的家里，过着一种非常规范的生活。在美国，除了像纽约的曼哈顿这样极少的例子以外，很少能够看到像我们中国的许多大城市那样繁华的景象。像上海、北京、深圳、广州这样喧闹的大城市，在美国是极少的。一些大城市，包括波士顿、费城这样的大城市，到了晚上就没有什么人气和灯光了，大家都各自回到自己家里去了。所以我当时感觉到，美国社会近些年来确实是向保守主义回归了。我到美国主要是为了做宗教方面的调查研究，我去了很多教堂，做了一些调查。结果我吃惊地发现，在美国这个科学技术高度发达的国家，大多数人仍然信仰上帝，其中包括许多优秀的科学家。这个事实说明美国人是有着非常虔诚的宗教信仰的。所以大家看到，在"9·11"事件发生以后，美国一般民众在面对恐怖主义分子的袭击时，他们在心理上和情感上的第一反应就是："上帝保佑美利坚！"虽然美国人拥有世界上最强大的原子弹和高科技武器，但是他们在受到袭击时首先想到的是上帝，而不是核武器。他们又把上帝搬出来了。今天的许多美国人甚至指责欧洲人，他们认为欧洲人堕落了，因为欧洲人很少去教堂了，但是美国人却还是坚持去教堂。这一点也反映了美国这个看起来很开放的国家，实际上是很保守的，美国这个民族本来就是在清教观念的影响之下发展起来的，直到"二战"以后才开始变得开放起来。大家可能知道，有一本反映20世纪美国社会文化发展的著名纪实文学作品，名叫《光荣与梦想》。该书的作者在书中介绍，一直到第二次世界大战结束的时候，美国妇女穿裙子都不能露出膝盖的。但是到了"二战"以后，从20世纪50年代开始，美国妇女的裙子就一寸一寸地短起来了。但是到了20世纪80年代以后，美国人又开始向清教传统和保守主义回归了。刚才我说的那些例子，只是这种回归潮流的一些迹象而已。

所以，从这个意义上说，无论是基督教世界也好，伊斯兰世界也好，印度教世界也好，还是中国儒家伦理世界也好，在20世纪末叶都不约而同地出现了一种向传统文化复归的趋势。这种趋势也同样表现在作为基督教亚文化系统的东正教世界，东正教的复兴与苏联的解体有着密切的联系。自从1453年君士坦丁堡被信奉伊斯兰教的土耳其人攻陷之后，东正教中心就开始北移，俄罗斯逐渐成为东正教的核心。在俄罗斯迅猛崛起的过程中，东正教起到了非常重要的作用。在十月革命之前，东正教一直是俄罗斯人民的主要宗教信仰。十月革命以后，东正教信仰被列宁主义和斯大林主义所取代，但是它仍然在民间具有根深蒂固的影响。苏联的剧变，固然有多方面的原因，但是东正教的复兴也是其中的重要原因之一。而苏维埃体制的解体和分裂，则与俄罗斯在近代发展过程中吞并了许多异质文化和宗教地区有着直接的关系。例如中亚的土库曼斯坦等五大斯坦地区，其居民主要是信奉伊斯兰教的突厥语民族，他们与信奉东正教的俄罗斯人在文化方面存在着较大的隔阂。在俄罗斯近代扩张过程中吞并的波罗的海地区，情况也是如此，拉脱维亚、立陶宛、爱莎尼亚等地区与俄罗斯在文化上也有着较大的差异。这些文化上的差异和隔阂，是最终导致苏解解体的重要原因之一，它同样也说明了文化认同的巨大作用。

通过以上的分析，我们可以看到，世界上各大传统文明体系，到了20世纪80年代以后，都不约而同地出现了一种文化保守主义的潮流。关于这种潮流，我不想从价值上去评判它好还是不好，在价值上来评判这种现象，那并不是一个客观地研究历史的人所要去做的事情。相对于价值上的评判，我更喜欢从事实的角度来看问题，我不说它好还是不好，而是说它是一个基本事实，哪怕它很不好，但它毕竟是一个事实，你必须要正视这个事实。所以从这个意义上来说，我觉得亨廷顿对世界格局的分析还是有一定道理的。未来世界将会越来越明显地以文化认同作为相互联系的精神纽带，传统文明的影响力将会在一定的程度上复兴，非西方世界将会越来越自觉地从自己的文化传统中去寻找建设现代化的精神根基，政治意识形态的对立将会被文明的分野所取代。我认为，这些观点基本上是正确的，只是我喜欢用"文明的分野"来替代"文明的冲突"，因为"冲突"这个字眼很容易使人联想到暴力对抗，而"分野"一词则是对一种客观状态的表述。

今天来听讲座的同学们太年轻，你们的父母都能够很清晰地回忆起当时的政治意识形态对立的状况。二战以后的那段时间，一直到苏联解体，那个时候的世界是很简单的，它是以政治意识形态来划分的。你是信仰资本主义，还是信仰共产主义，这就成为划分阵线的一个最基本的标志。当然还有一批，两边都得罪不起，那些亚非拉的小国家，刚刚获得了政治上的独立，资本主义和社会主义这两边都不好得罪，所以谁给的钱和好处多，它们就倒向哪一边。但是那个时候的世界格局不是由第三世界说了算，而是由这两大阵营说了算。而且这两大阵营又是旗帜鲜明地对立的，不管你是什么民族、什么宗教、什么国家，你都必须在二者之间进行选择，你到底是站在资本主义一边，还是站在社会主义一边？但是到了苏联解体以后，这种认同或者划分就不在了，人们开始关注另外一些更加迫切的问题。在我们中国，邓小平先生就明确地表示，姓资姓社的问题我们暂时不要谈了，我们把它放起来，首先要发展经济。为什么呢？这个问题在 20 世纪末叶已经成为一个过时的问题，谁如果还纠缠这个问题，显然是一个唐·吉诃德式的人物。

人是一个奇怪的动物，他不仅仅是一个经济动物，而且也是一个文化动物。一个人不会仅仅由于赚了钱、吃饱了饭，就会心满意足了，他总是会有一种精神价值方面的追求。他在心理上和情感上也总是有一种认同的要求，除了追逐物质利益之外，他还要考虑文化归宿问题。现在不存在姓资还是姓社的问题了，那么他的文化归宿怎么办？在这个时候，被资本主义和社会主义两大阵营或两大政治意识形态对立所掩盖了将近半个世纪之久的传统文化认同，就会重新出现。在这种文化认同中，各大传统文明体系之间的对垒，当然就可能凸现出来。比如说，苏联和东欧社会主义阵营解体以后，我们中国大陆和台湾之间的关系开始缓解，为什么会缓解呢？原因很简单，因为我们现在是以大家都是炎黄子孙而不是以姓资还是姓社来进行认同了，所以彼此之间的关系自然就改善了。以前内地与香港、大陆与台湾之间的紧张关系是由于政治意识形态的认同，现在的关系的改善则是由于文明或者文化的认同。现在我们说大家都是中国人，而不再强调你们是资本主义，我们是社会主义这种差异了。恢复香港、澳门行使主权，一国两制的实行，共产党与国民党关系的修复，这一切都说明了政治意识形态认同的淡化和传统文化认同的加强。只要你是中国人，不论你奉行什么政治主张，实行什么社会制度，大家都可以坐下来和平地协商，没有必要搞得剑拔弩张的，毕竟是同根同源，血浓于水嘛！而且香港回归多年的经验，不仅充分说明了一国两制这种政治主张的正确性，而且也同样充分说明了文化认同取代政治意识形态认同的必要性和重要性。人们相互认同的聚焦点不同了，彼此之间的关系也就不同了。

（四）基督教世界与伊斯兰教世界的历史宿怨

在亨廷顿这篇文章发表 8 年以后，也就是 2001 年，美国发生了"9·11"事件。这个事件虽然是少数恐怖主义分子所干的违背人道主义的残暴行为，但是它同时也在整个世界的范围内，在各大文明圈的人民心中，引起了一种"文明冲突"的联想。所以当时西方基督教世界的很多人觉得，"9·11"事件是伊斯兰教世界对强势的基督教文明发起反攻的一个信号，它意味着伊斯兰教世界与基督教世界之间的历史宿怨重新爆发了。另一方面，在伊斯兰教世界里，很多穆斯林民众在心理上和情感上却感到欢欣鼓舞，在他们看来，"9·11"事件意味着，伊斯兰教世界在长期遭受西方基督教世界的殖民统治、政治压迫和文化歧视之后，现在终于开始对基督教世界进行报复了。这些看法虽然是片面的和偏颇的，但是在伊斯兰教世界和基督教世界的一般民众心中，却具有相当大的代表性。

在"9·11"事件刚刚发生不久，武汉大学的博士生会曾经请我从文化的角度来分析一下这个事件，我记得当时我从特洛伊战争开始讲起，一直讲到"9·11"事件，为博士生们梳理出了一条东西方文明冲突的历史线索。我在这里所说的"东西方"，不是指我们中国与西方，而是指亚欧大陆西半部的"东西方"，也就是欧洲与西亚、小亚细亚之间的关系。在古代，由于崇山峻岭的险阻，西方人基本上对高加索和中亚以东的世界很少有了解，彼此之间的联系也很少，所以在古代欧洲人眼里，东方主要是指西亚和小亚细亚的那些国家和地区。从传说中的特洛伊战争开始，一直到"9·11"事件，在这种意义上的"东西方"之间，至少发生过5次大规模的冲突。第一次就是传说中的特洛伊战争，据说是由于一件诱拐妇女的事情引起的——小亚细亚特洛伊城邦的王子帕里斯诱拐了希腊斯巴达国王的妻子、希腊第一美女海伦，由此引发了希腊人入侵特洛伊的战争，可谓是"冲冠一怒为红颜"。希腊联军浩浩荡荡地越过爱琴海，与特洛伊人打了10年艰苦卓绝的战争，最终攻占并焚毁了特洛伊城。这可能是文字中记载的西方与东方之间最早的一次大冲突。当然，关于特洛伊战争的传说也许有文学夸张之处，但是现代考古学和古文献学证实，在希腊城邦制度出现之前，在爱琴海世界（**包括希腊和小亚细亚**）确实曾经发生过一些战争冲突。主要是由于来自北方的游牧民族在公元前16世纪以后对爱琴海世界发起了持续的冲击，一些先后征服了克里特文明和迈锡尼文明的游牧民族（**阿卡亚人和多利亚人**），推动了爱琴海世界的一些"海上民族"往东迁徙的浪潮，从而使得小亚细亚地区陷入了战乱之中。这些征服者就成为最早的一批希腊人，他们对小亚细亚地区的冲击，构成了特洛伊战争的历史原型。

第二次大冲突呢，就是公元前500年开始的希波战争。这场战争是由东方的波斯人发起的，是东方人主动去打西方人。这场战争一共有两次，分别由波斯国王大流士和薛西斯发起，它不同于带有传说色彩的特洛伊战争，而是千真万确的历史事实。西方的第一位历史学家，"历史之父"希罗多德在他撰写的《历史》里真实地记载了这场战争。在这本书里，希罗多德很明确地对西方人和东方人进行了区分，他强调"我们"是欧罗巴人，而"他们"是亚细亚人，他们和我们不是一回事，这样就泾渭分明地把西方人与东方人区别开来了。在这本书的开端处，希罗多德谈到了希波战争的原因，他把这场战争的根源追溯到特洛伊战争那里，并且引用了波斯人的一个说法。按照波斯人的说法，东西方之间的冲突最初源于一件劫掠妇女的事情。根据传说中的故事，首先是东方的腓尼基人掳走了一位希腊少女伊娥，然后希腊人也从腓尼基人那里掳走了一位国王的女儿欧罗巴作为报复，双方就算扯平了。但是不久以后希腊人却故伎重演，又劫掠了东方科尔启斯国王的女儿美狄亚，因此后来才有了特洛伊王子帕里斯诱拐希腊美女海伦的事件，并且引发了一场残酷的特洛伊战争。波斯人对这件事还颇有微辞，他们认为，劫掠妇女，这固然是一件坏人干的事情，但是妇女们如果不同意，她们大凡也不会被劫掠的。但是西方人为了一位妇女被诱拐的区区小事，竟然兴师动众，来到特洛伊与东方人打了10年艰苦卓绝的战争，这就未免有点小题大做了。波斯人认为，正是由于西方人心胸狭窄，才埋下了东西方之间仇恨的种子，最终导致了希波战争。对于波斯人的这种说法，希罗多德不以为然。希罗多德是一位严肃的历史学家，他认为希波战争的真正原因，并不是因为东方人要报复几百年前的那场特洛伊战争，而是波斯人为了彻底解决小亚细亚地区的那些希腊城邦的统治权问题。当时波斯人统治着这些处地小亚细亚的希腊城邦，但是这些希腊城邦不愿意接受波斯人的统治，它们受到希腊本土一些城邦的支持而反抗波斯人的统治。所以，波斯人就认为，要想一劳永逸地解决小亚细亚这些希腊城邦的问题，就必须首先征服希腊本土的那些城邦，使小亚细亚的希腊城邦失去后盾。这种分析是很有道理的，这就是东西方之间第二次大冲突的原因。由此可见，希罗多德确实是一位严肃的历史学家。在希波战争中，波斯人两次主动去进攻希腊，结果都是以波斯人的失败而告终。所以，西方人谈到希波战争的时候，总是充满了踌躇满志的自信，他们的结论是，你们如此强大的一个波斯帝国，发动了百万之师来攻打分散弱小的希腊城邦（第二次希波战争时，薛西斯号称有百万大军，他的军队射出的箭把天空都遮蔽住了，他的军队所过之处把所有小河中的水都喝干，由此可见气势之盛）。但是结果呢，还是以失败而告终。这说明了一个什么问题呢？道理很简单，因为你们东方人是专制主义的，而我们西方人是自由主义的，波斯人的失败恰恰说明了，专制是战胜不了自由的。这就是西方后世的一些历史学家们对希波战争结果的解释。上面讲的就是东西方之间的第二次大冲突。

如果说第一次是西方人去打东方人，第二次是东方人去打西方人，那么第三次又轮到西方人主动出击了。在希波战争结束一百多年以后，亚历山大又点燃了东征的战火，把兵锋一直推进到印度河流域。波斯人两次攻打希腊都没有得手，亚历山大的一次反攻，就把波斯阿契美尼德王朝给灭掉了，并且一直打到印度河流域，建立了一个庞大的亚历山大帝国。亚历山大死后，他的帝国一分为三，分裂为三个希腊人的王国，即西亚和小亚细亚的塞琉西王国、埃及的托勒密王国、希腊和巴尔干半岛的马其顿王国。不久以后，罗马人又开始崛起，相继征服了希腊人的这三个王国，向东扩张到两河流域至亚美尼亚、阿塞拜疆一线，这样罗马人又建立了一个地跨亚、非、欧三大洲的超级大帝国。这就是东西方之间的第三次大冲突，又是西方人去攻打东方人。

到了7世纪，随着伊斯兰教的产生和阿拉伯帝国的崛起，东方人对西方人的第二轮历史性报复又拉开了序幕。当时西欧处在中世纪，整个基督教社会积弱不振，而新崛起的伊斯兰教世界却气势逼人，从正面和侧翼两个方向对西方基督教世界发起了猛烈攻击。穆斯林们从正面威逼君士坦丁堡，从侧翼迂回埃及和北非，越过直布罗陀海峡，占领了西班牙，然后从背后包抄法兰克王国，对西方基督教世界形成了一种钳形攻势。西方世界在穆斯林的强大攻势面前只有招架之功，没有还手之力。虽然罗马天主教会在11—13世纪也组织了几次军事反扑，但是这些反扑除第一次取得了局部性的胜利以外，其他几次全都是历史的闹剧。

西方基督教世界在东方伊斯兰教世界面前的这种被动状况持续了七八百年，一直到15、16世纪西欧社会开始发生根本性变革的时代才有所缓解。即使是在近代的早期，一支信仰伊斯兰教的突厥民族——土耳其人所建立的奥斯曼帝国仍然对西欧社会形成巨大的威胁。这些强悍的土耳其人在1453年攻陷了欧洲的门户君士坦丁堡，在西亚、小亚细亚、北非、巴尔干半岛和东欧建立了幅员辽阔的奥斯曼帝国，并且还不断地对西欧腹地维也纳进行攻击。这种"东风压倒西风"的格局构成了中世纪和近代早期亚欧大陆西半部地区的基本状况，这就是东西方之间的第四次大冲突。

东西方之间的第五次大冲突是从18世纪开始，早在15世纪末叶，西欧人就开始了航海探险活动，并且在美洲建立了殖民地。到了18世纪以后，西方殖民的范围就开始伸展到传统的亚欧大陆，从而对伊斯兰教世界进行蚕食和鲸吞。到了19世纪末叶，原奥斯曼帝国的许多地区都纷纷沦为英、法、意、俄等国的殖民地和势力范围，到第一次世界大战结束时，曾经不可一世的奥斯曼帝国仅剩下土耳其本土这么一点点地方了。不仅是伊斯兰教地区，而且整个亚非拉地区的所有传统文明国度和蛮荒之地都成为西方列强的殖民地和半殖民地，一股强劲的"西风"吹遍了整个世界。在西方与东方之间的第五次冲突中，西方文明已经一劳永逸地在全球范围内建立了绝对优势，东西方之间旷日持久的冲突似乎已经以西方的全面胜利而告终。正是这种决定性的优势地位，使得西方人在19世纪末叶产生了踌躇满志的历史终结感。

但是，"9·11"事件就好像是一个信号，暗示着新一轮的东西方冲突的开始。随着20世纪50年代全球性的民族解放运动的开展，伊斯兰教国家和地区纷纷摆脱了西方的殖民统治，获得了政治独立。在这种情况下，一种宗教复兴和文化重建的要求就被提出来了。而且由于历史的宿怨和现实的矛盾，伊斯兰教世界中的反西方情绪也开始高涨，这种情绪培养了一种对西方进行报复的复仇心理。在这种情况下，"9·11"事件对于很多人来说，就是一种信号，这个信号意味着伊斯兰教势力又开始向西方发起进攻了，意味着新一轮冲突的开端。当然持这种观点的并不是所有的穆斯林，我们应该把伊斯兰教中的恐怖主义分子与爱好和平的广大穆斯林区别开来。但是坦率地说，当恐怖主义分子对美国进行袭击时，尽管许多穆斯林国家站在理性的角度谴责了这种暴行，但是在一般的平民百姓的情感中，会产生一种扬眉吐气的感觉。甚至在当时其他国家的人那里，也表现出一种幸灾乐祸的心理，好像觉得美国人到处充当世界警察，现在终于有人来教训一下你了。他国尚且如此，长期以来一直对西方世界怀有仇恨的伊斯兰教徒就更不待言了，他们在心理上通常都会认为，过去你们老是欺负我们，现在轮到我们来教训你们了！这种复仇心理固然是不应提倡的，但是它却对广大的伊斯兰教徒具有很大的影响。

我们应该把伊斯兰教国家官方的态度与民间大众的态度区分开来。一些国家的官方出于现实利益方面的考虑，不敢得罪西方，因此尽量与西方世界保持一种和谐的关系；但是民间的老百姓，他们不管那些复杂的国际政治因素，他们只考虑情感上的认同。而且大家知道，在当今世界里，伊斯兰教徒具有非常虔诚和坚定的信仰，广大的穆斯林在宗教情感上具有很强的认同感。因此在这样的情况下，他们对于一些问题的看法和官方功利而理性的考虑是不一样的，有时甚至是直接对立的。这样在伊斯兰教世界中就形成了两个部分，一个是广大的民众，一个是少数的精英。在当今的伊斯兰教世界中，问题的复杂性就在于：尽管有些国家，它的政府是站在西方一边的，但是广大的民众却具有很强烈的反西方情绪。这样一来，官方和民众在对待西方的态度上就发生了分歧，民众的反西方情绪很可能会发展为反政府的激烈行为。例如，伊拉克的情况就是如此，黎巴嫩的情况也是如此。我们以伊朗为例来说明这个问题，伊朗在第二次世界大战以后，在20世纪60年代，由于受美国的影响和支持，开始走西方化道路。巴列维国王从上至下地进行了所谓的"白色革命"，试图按照西方的工业化模式，对伊朗社会进行全面改革，尤其是要改变伊斯兰教信仰的传统习俗。当时采取的一系列措施包括进行土地改革、提高妇女的社会地位等。在巴列维时代，伊朗的妇女们终于可以把面纱摘下来，穿着比基尼在波斯湾的海滩上尽情地享受日光浴了。但是巴列维的这些亲西方的改革措施很快就引起了广大穆斯林的强烈不满，最终导致了霍梅尼领导的"黑色革命"的爆发，巴列维被迫逃离伊朗，妇女又重新戴上了面纱。在1979年巴列维逃亡以后，99%的伊朗民众主张实行政教合一的伊斯兰教统治。在伊朗，像霍梅尼、哈梅内伊这样的宗教领袖比政府首脑的地位还要高，因为他们在老百姓中具有极大的感召力，受到人民的热烈支持。巴列维政府为什么会被推翻？原因很简单，因为他触怒了广大的伊斯兰教民众。所以在伊斯兰教世界里，这样一种民间的情绪是不可低估的。这种情绪或许是不理智的，民间的很多东西往往都缺乏足够的理性，但是它却具有非常重要的作用，对于伊斯兰教世界的发展趋势也将产生不可低估的影响。

（五）传统文明影响力的新证据

通过上面对西方基督教文明与中东伊斯兰教文明的历史关系的分析，我们可以看出，亨廷顿关于文明冲突的预言，并不全是空穴来风，它是具有一定的历史根据的。这样一种预言，仅仅从对未来国际关系走向的客观分析来看，不管他的主观动机如何，还是应该引起我们的充分重视的。站在一种道义立场上来指责亨廷顿的观点是危言耸听的，这是一件很容易做的事，困难的就在于从亨廷顿的文章中去发掘一些富有启发性的东西。亨廷顿的文章发表后，美国的一批华人学者，如许倬云教授、杜维明教授等，纷纷指责亨廷顿的观点俨然是一派战国策士的口吻，而没有丝毫悲悯生民的胸怀，认为亨廷顿是唯恐天下不乱。但是要说到对世界历史发展趋势的深入认识，这些批评者们远远不具有亨廷顿的深邃眼光。近十多年来的国际格局的发展变化已经越来越多地印证了亨廷顿的观点，在当今世界，文明冲突的可能性严重地存在着。所以在1996 年，亨廷顿又写了一本书，名字叫《文明的冲突与世界秩序的重建》。在这本书里，他再次提到当年为什么要提出"文明冲突论"。他在中文版序言中写道："我所期望的是，我唤起人们对文明冲突的危险性的注意，将有助于促进整个世界上的'文明的对话'。"由此可见，亨廷顿 1993 年之所以提出"文明的冲突"，正是为了使人们注意到这种危险性，从而避免或限制文明的冲突。我认为，这是一个负责任的、有理性的态度。

亨廷顿在 1996 年出版的这本书里，列举了大量的事实和数据资料，说明了这个世界在 20 世纪下半叶以来所发生的显著变化，表明了各大文明体系向着传统文化和传统宗教回归的趋势。例如，他列举了世界上信仰各大宗教的人口在世界总人口中所占比例的变化，我大致在头脑中记得这些数字。从 1900 年到 2000 年的 100 年间，基督教徒（包括**天主教徒和新教徒，不包括东正教徒**）从占人口总数的 26.9%，发展到占人口总数的 29.9%，增长了 3 个百分点。伊斯兰教徒从 12.4% 增长到 19.2%，大约增长了 7 个百分点，这个增幅要比基督教徒的增长大得多。而印度教徒也有所增长，从 1900 年的 12.5 增长为 2000 年的 13.7%。而东正教徒却在衰减，从 1900 年的 7.5%，下降到 2000 年的 2.4%。这主要是由于 1917 年苏维埃政权建立之后，苏联政府对东正教的压制所致。此外他还列举了无宗教信仰者的数字，从 1900 年的 0.2% 发展为 2000 年的 17.1%；但是同期中国民间宗教的信仰者却从 23.5% 急剧下降到 2.5%。

在这里有两点需要说明，第一点是亨廷顿的这本书写于 1996 年，那时还没有到 2000 年，但是根据 1900 年到 20 世纪末叶的发展趋势，就可以大体上推算出 2000 年的情况。因此 2000 年的数据虽然是一个估计数字，但是基本上还是准确的。第二点就是关于无宗教信仰者的问题，我们需要把这组数据与中国民间宗教信徒的变化对照起来看。因为在 1900 年的时候，中国还是清朝统治时期，那时候的中国人基本上都是儒、释、道等中国民间宗教的信奉者。但是到 1949 年中华人民共和国建立以后，儒家思想开始受到越来越猛烈的批判，没有人信奉了，大家都信奉马克思主义，接受了无神论，所以成为亨廷顿所说的无宗教信仰者了。因此，从中国民间宗教信徒的骤减和无宗教信仰者人数的剧增这两组相反趋势的数据中，恰恰可以看出中国近百年来的文化变化。

除了各大宗教的信徒比例之外，亨廷顿在这本书中还列举了另外一些非常重要的数据，比如各种语言的使用人数，各大文明体系所控制的领土情况、人口份额、经济指数等。所有这些数据，几乎都表明了同一种现象，那就是西方基督教文明的影响力从 1900 年到 2000 年在逐渐减弱，而非西方世界的那些传统文明的份额却在增长。例如各大文明政治控制下的人口份额，西方文明在 1900 年占 44.3%，到 1995 年只占 13.1%；伊斯兰教文明在 1900 年占 4.2%，到 1995 年猛增到 15.9%。再如各大文明在世界经济总产值中所占的份额，1950 年西方文明为 64.1%，1992 年下降到 48.9%；同期中华文明则从 3.3% 上升到 10%，伊斯兰教文明则从 2.9% 上升到 11%。在 1992 年统计的语言使用情况中，讲英语的人占世界总人口的 7.6%，讲印地语的人占 6.4%，而讲汉语普通话的人则占了世界总人口的 15.2%。

从以上的各种统计资料中，我们可以看到，随着殖民时代的结束，西方文明的影响力正在减弱。有一些现象，比如基督教信仰向西方以外地区的传播以及基督徒人数的增长，并不能简单地等同于西方文明势力的增强，需要做具体的分析。事实上，近二十年来基督教的传播，主要是在韩国这样的传统信仰受到影响的非信徒国度中，在伊斯兰教世界甚至印度教世界中，基督教是很难渗透进去的。

另一方面，近几十年来随着亚非拉移民大量进入美国和西欧社会，西方文明内部也开始出现了一些具有自身文化认同的群体，不同的宗教信仰和语言习惯使得美国出现了许多华人区、西班牙人区（**即墨西哥人等中美和南美人群**）等亚文化社会。我2012年到美国访问，只要到了华人区，说中文通行无阻，大家都说中文，无须讲英文。在美国的一些唐人街，我感觉完全就像是在中国，人们不仅说中文，而且整个生活习惯也都是中国式的。有很多中国的酒馆、茶楼，大家像广东人一样喝早茶。而且我在法拉盛看到的最有意思的现象就是，很多由中国人驾驶的载客小巴、中巴，招手就停，在美国其他地方绝不可能出现招手就停的公交车。这些现象都说明，中国文化具有很强的凝聚力和自身特点，即使到了外国，许多中国人仍然是以中国文化来相互认同的，说中国话，过中国节，拜中国的神灵（**在纽约的唐人街就有孔子像和黄大仙庙**）。而且现在的美国，最大的亚文化社会还不是华人区，而是墨西哥裔的西班牙人区。墨西哥人在美国形成了很大的族群势力，有自己的一套行为规范。同样地，犹太人、阿拉伯人、印度人、意大利人在美国也各有自己的社区，大家在美国仍然是以自己传统的文化和宗教相互认同。所以从这个意义上来说，在两大政治阵营对垒结束以后，一种全球性的文化保守主义，或者向传统文化回归的潮流，似乎已经成为不争的事实。

（六）西方基督教文明的分支情况

　　大家看看这张世界地图，五洲四海，非常大。如果像亨廷顿所说的，从传统的文明或者宗教的角度来看，那么这张世界地图大体上可以划分为几大块。第一块是西方基督教文明，它又可以进一步划分为三部分，第一部分就是西南欧诸国，包括西班牙、葡萄牙、意大利、法国等国家，以及西班牙、葡萄牙过去的殖民地拉丁美洲。这些地区属于拉丁语系，人民主要信仰天主教。第二部分是西北欧日耳曼语系诸国，包括德国、英国、荷兰、斯堪的纳维亚半岛各国等，这些地区和国家在16世纪以后改信了新教，而英国、荷兰等国在北美建立的殖民地，如美国、加拿大等，也像宗主国一样主要信仰新教。北美原来也有一部分是法国的殖民地，但后来都被英国夺过去和买过去了，只留下了一块地方，就是加拿大的魁北克省，它过去是法国的殖民地，说法语，其人民也主要信仰天主教。当然，在今天的欧洲和美洲，由于早就实行了政教分离，所以各种宗教信仰都有，我们只能说哪个地区的人民以什么宗教信仰为主，而不能说哪个国家就是信仰什么宗教的国家。最后还有一部分，那就是以俄罗斯为中心的东正教地区。除了俄罗斯，东正教的影响还包括东欧和巴尔干半岛，这些地区的人民以东正教徒居多。这就是广义的基督教所包括的三大块。除了欧洲和美洲之外，基督教文明还包括英国的前殖民地澳大利亚和新西兰，澳洲也属于基督教世界。此外，还包括撒哈拉大沙漠以南的非洲部分地区，如南非等地，也属于基督教文明的势力范围。

　　就西欧内部而言，由于16世纪马丁·路德的宗教改革，新教从天主教中脱颖而出，成为与天主教相对峙的一种宗教。从此以后，西南欧的天主教世界和西北欧的新教世界之间就展开了激烈的冲突，基督教的这两个派别之间打了一百多年的仗，一直到1648年三十年战争结束，才化干戈为玉帛，相互宽容起来。宗教宽容的结果，终于使得天主教徒与新教徒放弃了彼此之间的宗教偏见，在文化价值上相互认同起来。大家都是基督教徒，信仰同一个上帝，信守同一部《圣经》，没有必要为了教派之争而相互仇杀。尽管在今天，经济最发达的那些资本主义国家都是在主要信奉新教的地区，如德国、英国、北欧和美国，而主要信仰天主教的西南欧诸国已经沦落为资本主义体系中的配角（**法国是个例外**），但是天主教与新教之间的关系总的来说还是比较和谐的。在冷战时期，无论是信仰天主教的地区还是信仰新教的地区，大家都同属于资本主义阵营和北大西洋公约组织；冷战时代结束以后，大家又同心协力地共同反对来自伊斯兰教世界的恐怖主义分子。在这两个分支之间，虽然也存在着一些矛盾，但是在大方向上却是保持一致的。如果21世纪果真是亨廷顿所预言的文明冲突时代，那么这两个分支肯定会血浓于水地站在同一条战壕中，无论他们的对手是穆斯林，还是东正教徒。

东正教的情况就不同了。事实上，早在罗马帝国的时代，由于东西罗马帝国的分裂，希腊正教会就与罗马公教会处于互不买账的对峙状态中。后来随着西罗马帝国的灭亡，以及东罗马帝国与西欧封建社会的隔绝，这两个教会就渐行渐远，终于在1054年正式分裂为东正教和天主教。后来到了1453年，由于君士坦丁堡的陷落，许多东正教徒就向北迁徙到迅速崛起的俄罗斯，从而使俄罗斯取代君士坦丁堡而成为东正教的中心。东正教中心地位的确立，对于近代俄罗斯的发展来说，可以称得上是如虎添翼。从彼得大帝的时代开始，俄罗斯就处心积虑地想跻身于西方世界，但是它却始终不被西方世界所承认。所以俄罗斯在西方扮演了一个比较尴尬的角色，它一心想加入西方大家庭，但是西方世界却对它始终心存芥蒂、另眼看待。在西方天主教徒或新教徒眼里，俄罗斯人始终是鞑靼人或者东方人。而且东正教也与天主教分离得太久太久，与新教又毫无渊源关系，因此在西方人眼里已经成为一种异教。此外在人种上，俄罗斯人属于斯拉夫民族，与西方的拉丁民族和日耳曼民族有着一定的差异，这样就更加深了彼此间的隔阂。最重要的是，在1917年以后，建立了苏维埃社会主义制度。苏联与西方资本主义社会之间，由于政治意识形态的分歧而处于直接的对立之中，甚至有爆发第三次世界大战的可能性。上面讲到的多方面原因，使得俄罗斯与西方世界之间始终存在着难以化解的深刻矛盾。这就是为什么在苏联和东欧社会主义国家解体以后，东欧诸国纷纷加入到欧盟和北大西洋公约组织，唯独俄罗斯一直坚持独立姿态，与西方世界保持距离的重要原因。俄罗斯的领导人如普京非常清醒地认识到，欧洲绝不会轻易地接受俄罗斯，俄罗斯人也不会加入西方大家庭去充当一个二流角色。正因为这样，所以俄罗斯在当今的世界政治格局中扮演了一个非常重要而特殊的角色。

（七）俄罗斯在现代世界历史中扮演的角色

俄罗斯这个民族，可以说自从伊凡大帝和伊凡雷帝的时代开始（15、16世纪），就已经表现出一种称霸世界的野心。那时候俄罗斯的雏形还只是一个弹丸之地的莫斯科公国。这个莫斯科公国原来只是俄罗斯东北荒原上的一块小封地，1240年以后臣服于蒙古人所建立的金帐汗国。1480年，伊凡大帝使莫斯科公国摆脱蒙古人的统治而独立，并且开始疯狂地吞并周围那些比莫斯科公国大得多的邻国。此后君士坦丁堡的陷落和东正教中心的北移，使得伊凡大帝抓住了一个绝好的发展机会，他力图把莫斯科的东正教会变成继古罗马教会和君士坦丁堡教会之后的"第三罗马教会"。为了实现这个理想，伊凡大帝接过君士坦丁堡的双头鹰徽章作为自己国家的标志，而且还娶了一位拜占廷王室的公主，以表示自己延续君士坦丁堡政权和教会的正统性。后来到了他的孙子伊凡雷帝执政时，更是改"大公"称号为"沙皇"。什么是"沙皇"呢？"沙皇"就是俄语中的"恺撒"，即罗马帝国的统治者。古往今来，西方有很多政治野心家都想成为恺撒，都想建立一个类似于罗马帝国那样的大帝国。第一个罗马帝国是指古代的那个不可一世的罗马帝国，第二个罗马帝国则分别被中世纪东欧的拜占廷帝国（**东罗马帝国**）和西欧的神圣罗马帝国所代表。事实上，中世纪的这两个罗马帝国都无法与古代的罗马帝国相提并论，拜占廷帝国不过是罗马帝国的苟延残喘，至于神圣罗马帝国，更是徒有虚名，伏尔泰曾经嘲笑它"既不神圣，亦非罗马，更称不上是一个帝国"。所以到了近代以后，建立第三罗马帝国的梦想，一直萦绕在许多政治野心家的心头。最早从俄国的伊凡大帝、伊凡雷帝开始，然后有拿破仑、俾斯麦等人，到了 20 世纪又有希特勒，他们都在做着建立第三帝国的梦想。同学们可能看过一本写法西斯德国历史的名著，名字就叫《第三帝国的兴亡》。虽然这本书所说的"第三帝国"是指德意志第三帝国（**即继中世纪的德意志神圣罗马帝国和 19 世纪的德意志帝国之后的德意志第三帝国**），但是它也可以使人联想到西方一些野心家重振罗马帝国的梦幻。在近代，建立第三罗马帝国的美梦，最初就是由俄罗斯沙皇伊凡雷帝编织起来的。

从伊凡雷帝开始，俄罗斯迅猛地向四周扩张，版图不断扩大。向东进入西伯利亚，一直推进到太平洋的鄂霍次克海；向南征服了顿河流域和高加索，吞并了里海与黑海之间的广大地区，力挫土耳其人的奥斯曼帝国，打开了黑海的出海口；向北对瑞典发动了北方战争，夺取了波罗的海的芬兰湾，建立了圣彼得堡这个港口城市；向西兼并了爱沙尼亚、立陶宛、拉脱维亚，并且三次瓜分了波兰。大家知道，波兰属于西方的势力范围，但是俄罗斯一直想染指波兰。在第二次世界大战初期，苏联还与德国秘密签订了《苏德互不侵犯条约》，这个条约的一个重要内容就是瓜分波兰。

虽然俄罗斯在近代迅猛扩张，但是在西方人眼里，俄罗斯仍然不属于西方的范畴，而且俄罗斯的"司马昭之心"，西方各国都很清楚，所以它们一直对俄罗斯心存芥蒂。在拿破仑战争中，俄罗斯人打败了拿破仑，把欧洲从拿破仑的铁蹄之下解放出来。所以当时俄罗斯人就认为，西方各国现在总该承认我是欧洲大家庭中的一员了吧！而且我不仅是一般的成员，我还是你们的解放者。那个时候，俄罗斯人俨然觉得自己在西方应该与"老大"英国平起平坐了。在拿破仑战争以后，俄罗斯作为胜利者和解放者，越来越多地参与欧洲事务，在西方列强殖民扩张的过程中，俄罗斯也与西方各国为虎作伥，利益均沾。但是即使在这样的情况下，西方各国对俄罗斯仍然怀有戒备之心，总觉得俄罗斯人不是严格意义上的西方文明人，而是较粗野的半开化民族。因此，英国等西方大国老是处心积虑地想遏制俄罗斯的发展。在19世纪中叶的克里米亚战争中，英、法等国不惜站在信仰伊斯兰教的土耳其人一边来对俄开战，最终使俄罗斯战败。在东方，英国等西方大国则利用日本来抑制俄国的扩张，在1904年的日俄战争中，英国暗中支持日本，结果使俄罗斯再度战败。通过一系列的战争失利，俄罗斯终于发现，尽管它一厢情愿地想跻身于西方大家庭，但是西方人并不把它当成一个成员。这种觉悟使俄罗斯人在心理上陷入了一种尴尬的矛盾之中，一方面，自从彼得大帝以来，俄罗斯上流社会和知识精英都对西方文化怀着一种崇敬心情，俄罗斯的宫廷贵族们都模仿西方的时尚，说法语、戴假发、佩花剑，在拿破仑战争中排着法国人的作战方阵与法国人打仗，在行为方式上处处效法西方人；另一方面，屡屡遭到西方列强排挤和轻蔑的现实遭遇，以及俄罗斯文化传统中根深蒂固的大斯拉夫主义或者民族沙文主义的精神，又使得俄罗斯人在心理上产生了一种对西方社会的反感。这种对西方既爱又恨的心理，这种想加入西方大家庭又不被接纳的尴尬状况，使得俄罗斯人很容易接受了一种既是西方的、同时也是反西方的意识形态。所以"十月革命"在俄罗斯很快就取得了成功，使俄罗斯成为世界上第一个社会主义国家。在列宁、斯大林时代的俄罗斯人看来，共产主义是一种源于西方、同时也比西方资本主义社会更高的社会形态，社会主义制度的实现使俄罗斯人认为自己已经成功地超越了西方。这种优越意识导致了从苏维埃政权建立一直到冷战时期的苏联与西方社会之间激烈的经济竞争和军事竞争，东欧和亚洲的一些国家也由于俄罗斯的影响而纷纷加入社会主义阵营，从而造成了两种政治意识形态和两大阵营的对垒。

从宗教上来说，东正教是俄罗斯人信仰的主要宗教。虽然在苏联时期，由于共产主义意识形态和无神论思想的压制，东正教信仰只能处于地下状态，但是它毕竟在俄罗斯有着深厚的根基。随着苏联社会各方面矛盾的激化，尤其是民族矛盾和经济危机的加深，东正教信仰也开始出现了复兴的势头，这一切复杂的因素最终导致了苏联的解体。在今天的俄罗斯，东正教仍然具有极其重要的影响，大多数俄罗斯人都开始重新皈依东正教信仰。毕竟东正教信仰是俄罗斯民族的传统宗教，是这个民族的精神根基，俄罗斯民族最初的发展就是在东正教旗帜的感召之下进行的，今天它仍然担负着振兴俄罗斯民族的重大使命。

今天的俄罗斯虽然已经不再是社会主义国家，但是它与西方之间的历史宿怨并没有完全消弭，东正教与西方基督教（包括天主教和新教）之间的隔阂仍然明显存在。西方社会不会轻易接受俄罗斯，俄罗斯也同样清醒地认识到这一点。这种清醒的现实意识使得俄罗斯政府始终强调自己的政治独立性和文化特殊性，既不像当年那样与西方处于直接的对立之中，也不会放弃自己的独立性而加入西方大家庭。因此，在文明分野和对垒的 21 世纪，俄罗斯在国际舞台上和东西方关系中，始终具有不可忽视的重要作用。

（八）伊斯兰教文明的分支情况

这张地图上的第二大块，就是伊斯兰教世界。伊斯兰教文明的传统地区就是以阿拉伯半岛为中心，包括小亚细亚、西亚、中亚和北非的广大世界，此外东南亚的一些国家和地区，如印度尼西亚、马来西亚等，也属于伊斯兰教文明。

阿拉伯半岛是伊斯兰教的发源地，7世纪初伊斯兰教创立之后，很快就随着阿拉伯帝国的扩张而传播到四周的广大地区。以北非为例。大家知道，北非原来有一个很古老的文明，那就是埃及文明。但是古代埃及文明后来衰落了，先是被波斯人征服，后来在亚历山大东征的过程中又沦为希腊人的占领地，被希腊人的托勒密王朝所统治。再往后，随着罗马帝国的崛起，埃及又成为罗马帝国的一个行省。大家可能看过一个电影，叫《埃及艳后》，讲的就是托勒密王朝的末代国王、美女克利奥佩特拉与罗马的统治者恺撒和安东尼的故事。在罗马后三头的权力角逐中，屋大维战胜了安东尼，从此就把埃及吞并到罗马帝国的版图之内，使它成为罗马的行省。后来，当基督教在罗马帝国境内开始传播的时候，北非就成为基督教发展的重要土壤，尤其是在埃及，当地的基督教信仰非常狂热，尽管那时的基督教徒受到了罗马统治者的残酷迫害。到了4世纪，当基督教成为合法宗教以后，北非仍然是基督教信仰最虔诚、神学理论水平最高的地区，早期基督教会内部的许多教义之争，最初都是从埃及开始的。但是到了7世纪，随着阿拉伯帝国的扩张，伊斯兰教徒即穆斯林占领了北非。大家从地图上可以看到，阿拉伯半岛与埃及之间的地理位置很接近，穆斯林在向西方扩张的过程中，很容易地就征服了埃及和北非。穆斯林占领了埃及和北非以后，又越过直布罗陀海峡占领了西班牙，从侧翼威胁着西欧天主教世界。因此，从7世纪开始，北非这个地区就退出了基督教世界，并入到伊斯兰教世界中。一直到今天，北非仍然属于伊斯兰世界，所以今天的埃及、利比亚、突尼斯、阿尔及利亚、摩洛哥等地方属于伊斯兰教的势力范围。

今天的西亚、小亚细亚、中亚和北非，有许多伊斯兰教国家，政治状况比较混乱。但是如果我们退回到15、16世纪的时候，那个时候伊斯兰教世界的情况非常简单，主要就是三个国家，一个国家就是最强大的奥斯曼帝国，它的地域范围从小亚细亚、西亚、北非一直到东欧，可以称得上是一个幅员辽阔的大帝国。第二个国家在中亚，大体上是今天的伊朗这个地方，这个地方古代曾经建立过波斯帝国和萨珊王朝，15、16世纪时这里有一个伊斯兰教的国家，叫萨非王国。第三个国家是稍晚一些时候在印度出现的一个伊斯兰教国家，即莫卧儿王朝。这个王朝的统治者是穆斯林，但是广大的人民却信仰印度教。在这三个伊斯兰教国家中，最强大的就是对西欧基督教世界采取咄咄逼人攻势的奥斯曼帝国。

在15、16世纪，奥斯曼帝国可以说是如日中天，不可一世。在1453年攻陷了君士坦丁堡以后，整个巴尔干半岛和东欧都成为奥斯曼帝国的势力范围，基督教欧洲门户大开，似乎很快就要成为来势汹汹的奥斯曼帝国的俎上肉、盘中餐了。但是在后来的历史发展过程中，奥斯曼帝国却每况愈下，逐渐萎缩。首先，随着俄罗斯的崛起，野心勃勃的俄罗斯与尾大不掉的奥斯曼帝国在黑海地区展开了竞争，双方在两百多年的时间里打了多次俄土战争，从17世纪一直打到19世纪，最后以俄罗斯的全面胜利而告终。俄罗斯吞并了原来属于奥斯曼帝国的黑海北岸地区，奥斯曼帝国却在战争中丧失了大片领土。后来法、意、英国等西方列强也纷至沓来，分别把北非、西亚等地区从奥斯曼帝国的版图上蚕食掉。最后，在第一次世界大战中，奥斯曼帝国又站错了队，站到了德国一边，最后被协约国打败，它的领土也进一步被列强所瓜分，只剩下今天的土耳其本土了。在这种情况下，1919年土耳其爆发了革命，基马尔领导人民推翻了奥斯曼帝国苏丹的统治，建立了一个资产阶级共和国，开始向西方靠拢，逐渐改善了与西方世界的关系。土耳其虽然在政治上和经济上开始了西方化的过程，但是在宗教上它仍然是一个信仰伊斯兰教的国家，所以这一点始终让西方国家感到不太放心。在西方基督徒的记忆中，穆斯林与基督徒自从7世纪以来，就一直处于势不两立的对抗之中，已经打了1000多年了，堪称世仇。所以，西方国家对于这样一个在政治上已经西方化、在经济上也已经融入到西方体系之中，但是在文化上仍然属于伊斯兰教世界的土耳其，心里总是有一种防范和警觉之情，总觉得它不是真正意义上的西方文明国家。所以亨廷顿在《文明的冲突？》中谈到土耳其时，这样说道："被布鲁塞尔所拒绝，又拒绝了麦加，土耳其将如何定位？这是一个问题。"这个意思就是说，土耳其多次提出想加入欧盟，但是都被欧盟拒绝了。原因其实很简单，因为你们是穆斯林，而我们是基督徒。但是土耳其显然也不愿意加入到阿拉伯穆斯林的行列中，它们在民族身份和文化传统等方面都有着较大的差异性。

土耳其虽然是一个伊斯兰教国家，但是它和阿拉伯世界的伊斯兰教国家不同，土耳其人属于突厥民族，而不是阿拉伯人。土耳其人最初是来自于黑海以东地区的游牧民族，13世纪以后渗透到阿拉伯帝国统辖的小亚细亚地区，趁着阿拉伯帝国的衰弱而崛起，迅速地把原来阿拉伯帝国的版图全部吞并，发展成为一个地跨亚、非、欧三大洲的超级大国。正因为如此，土耳其穆斯林与阿拉伯穆斯林之间存在着较大的文化差异性。在这种情况下，土耳其如何在文化上定位，显然是一个问题。即使西方接受了土耳其，土耳其穆斯林与西方基督徒之间，仍然存在着较大的文化隔阂，这种文化隔阂不是经济一体化或者政治同盟化可以解决的。但是另一方面，土耳其与阿拉伯国家之间也有着较大的文化差异性，虽然都是穆斯林，但是毕竟民族根源和文化传统相去甚远。大家从地图上可以看到，土耳其与俄罗斯一样，也是一个地跨两大洲的国家。但是与俄罗斯坚定不移地定位于欧洲的一贯立场不同，土耳其可能更希望在亚洲谋求进一步的发展。亨廷顿在文章中提出了一个观点，我认为是具有一定参考价值的，他认为土耳其的战略眼光投向了从土耳其东部的阿塞拜疆，然后经过苏联的五个具有突厥文化传统的共和国，即中亚五国哈萨克、土库曼、塔吉克、乌兹别克、吉尔吉斯，一直到中国新疆的所谓突厥文化圈。这个带状地区，从历史上说，属于游牧的突厥民族活动的范围；从语言上说，主要流行的是突厥语系；从宗教上来说，主要信仰伊斯兰教。建立一个突厥伊斯兰教的亚文明体系，可能就是土耳其的理想所在。

事实上，哈萨克、土库曼、塔吉克、乌兹别克、吉尔吉斯等中亚五国所在的地区，在19世纪被俄罗斯吞并之前，曾经是突厥人建立的一些汗国。19世纪俄罗斯人征服了这个地区，到了苏联时期，为了淡化这个地区的泛突厥主义和泛伊斯兰教的色彩，苏联将这一地区分解，建立了5个加盟共和国，并强化这些共和国各自在行政上和文化上的自治权。但是尽管这5个共和国在行政上各自具有独立性，它们在民族文化和宗教信仰等方面仍然具有同一性，而且与俄罗斯人有着很大的差异。这种民族文化和宗教信仰方面的差异使它们在苏联解体的过程中纷纷独立，成为信仰伊斯兰教的突厥民族国家。受泛突厥主义思想的影响，在中国的新疆也出现了一股分裂主义势力，这些分裂主义者提出了分裂的主张。从历史上看，所谓东突厥斯坦又叫喀什噶尔，13世纪时曾被并于蒙古帝国，后来又一度受蒙古人在中亚建立的四大汗国之一察合台汗国所统辖，18世纪中叶以后，喀什噶尔就归于清朝的版图了。1867年一位浩罕汗国的冒险家阿古柏控制了喀什噶尔的统治权，十多年以后清朝政府剿灭了阿古柏，重新恢复了对这个地区的统治，改名新疆，从此以后喀什噶尔就一直属于中国的版图之内。这已经是历史的事实，不容改变。如果每一个在历史上曾经存在过的民族都要求建立一个独立的政治国家，那么今天的世界就会乱得不可收拾。中国有多少个民族啊？民族和主权国家不是同一个概念！近代的主权国家大多数都不是由单一民族构成的，而是多个民族共同形成的政治统一体。因此，一个古代民族的概念，是不能成为建立一个现代国家的依据的。比如说北美原来是印地安人生活的家园，后来成为英国、荷兰、法国等西方国家的殖民地，再后来美利坚合众国建立，逐渐把领土从东海岸的13州一直扩展到西海岸的加利福尼亚。在今天的美国还生活着许多印地安人，如果这些印地安人根据历史上北美曾经是他们的家园，就要求在美国建立一个"印地安斯坦"，其地域范围包括美国东西海岸之间的广大地区，这种要求现实吗？合理吗？这当然只能是异想天开！所以根据一个古代民族的概念来建立一个现代主权国家的理论是非常荒谬的。但是尽管如此，"东突"恐怖主义所宣扬的泛突厥主义观点在情感上仍然会在土耳其等突厥文化的国家中引起一定的反响，所以中国政府反对"东突"恐怖主义的斗争，是需要取得中亚五国和土耳其的理解与支持的。

伊斯兰教世界的第二块，就是伊朗。伊朗在15、16世纪时属于萨非王朝统治，再往前可以追溯到古代的萨珊王朝和波斯帝国。伊朗人虽然也信仰伊斯兰教，但是他们与阿拉伯穆斯林不同。首先，他们是波斯人而不是阿拉伯人，波斯文化与阿拉伯文化有着一定的差别，早在阿拉伯文化和伊斯兰教产生之前的1000多年，波斯文化就已经盛行于中亚和西亚地区了。其次，伊朗的穆斯林属于伊斯兰教中的少数派，他们主要是什叶派信徒，而阿拉伯穆斯林则以逊尼派为主。伊朗与突厥文化的土耳其之间也有矛盾，历史上的萨非王朝曾多次与奥斯曼帝国发生战争。当然，自从伊斯兰教在中亚传播以来，伊朗就成为伊斯兰教世界的重要组成部分。我在前面已经讲过，在20世纪，亲西方的巴列维国王曾经发动了一场"白色革命"，采取了一些向西方倾斜的政策，但是这些改革措施很快就触怒了广大穆斯林的宗教情感，因此霍梅尼顺应民意发动了"黑色革命"，使伊朗又回到传统的文化氛围中。在当今世界，随着伊拉克问题的基本解决，伊朗已经成为美国最关注的头号敌人。

伊斯兰教世界中最大的一块就是中东和北非的阿拉伯穆斯林。在 7 世纪，随着伊斯兰教的创立，阿拉伯帝国迅速崛起，很快就发展成为一个强大的帝国，把阿拉伯地区、西亚、小亚细亚、中亚、北非等地都纳入帝国的势力范围之内，甚至还越过直布罗陀海峡占领了西班牙。8 世纪中叶，阿拔斯王朝的建立标志着阿拉伯帝国进入全盛时期，大家都读过《一千零一夜》吧，那里面描写了阿拔斯王朝首都巴格达的繁荣景象。那个时候的巴格达，与中国唐朝的长安，堪称为世界上两个最繁华的国际大都市。从 7 世纪开始，一直到 13 世纪，阿拉伯帝国——虽然它的王朝形态在不断变化——始终对西方基督教世界形成了一种咄咄逼人的攻势。到了 13 世纪中叶，阿拉伯帝国被凶悍的蒙古入侵者所摧毁，不久以后，随着土耳其人的奥斯曼帝国的崛起，原阿拉伯帝国所辖地区就逐渐被兼并到奥斯曼帝国的版图之中。18 世纪以后，西方殖民主义者把中东、北非等阿拉伯人居住的地区从奥斯曼帝国的统治之下逐渐蚕食和分割，变成了西方列强的殖民地。到第二次世界大战的时候，西亚和北非成为盟军与德国争夺的重要战场，大家知道，盟军的蒙哥马利元帅和巴顿将军都曾在北非与德国元帅隆美尔进行过激烈的战斗。当时盟军需要得到当地土居的支持，那时候阿拉伯世界虽然在名义上属于英、法等西方国家所辖，但是实际上却很松散，一些酋长各据一方，分而治之。所以当时英国人就对那些酋长们承诺，如果你们支持我们，和我们一起与德国法西斯作战，那么战后我们将让你们获得独立和自由。后来在二战结束以后，英国等西方宗主国顺应历史潮流让这些地区的人民获得了政治自由，但是却把阿拉伯人居住的地区划分成了许多个主权国家。大家看看地图，今天包括中东和北非的整个阿拉伯世界被分成了许多个国家，如沙特阿拉伯、阿联酋、卡塔尔、约旦、伊拉克、叙利亚、巴勒斯坦，还有北非的埃及、阿尔及利亚、利比亚、突尼斯、摩洛哥等。它们虽然都属于伊斯兰教文明，但是这些主权国家之间在经济、政治等方面必定会产生一些利益冲突，这样它们就很难拧成一股绳来共同面对西方世界了。更为甚者，在1948年，在英国和美国等西方大国的支持下，以色列在阿拉伯人居住的地区复国了。这样一来，就在广大的阿拉伯穆斯林中间打入了一个犹太教的楔子。

大家知道，犹太民族虽然早在两千年以前就曾经生活在巴勒斯坦地区，但是自从70年和135年罗马人两次攻陷了耶路撒冷、烧毁了犹太教圣殿以后，犹太人就被迫离开了家园，散居在世界各地。到1948年复国时，犹太民族已经有1800多年失去了家园。但是另一方面，自从7世纪伊斯兰教产生和阿拉伯帝国建立以来，巴勒斯坦地区就成为阿拉伯人世代生息的地方，至今也已经有一千多年的历史。犹太教是基督教的母体，虽然在历史上基督教和犹太教之间也发生过长期的龃龉，尤其是在希特勒统治下的德国，曾经发生过大规模迫害犹太人的暴行，但是犹太教与基督教毕竟具有同源性。在西方各国尤其是美国，许多大资本家都是犹太人，控制着大量的金融资源和资本；而且犹太人在二战中遭受了太多的苦难，博得了西方人的普遍同情，因此犹太复国主义得到了西方基督徒的广泛支持。但是另一方面，犹太复国主义却遭到了阿拉伯穆斯林的坚决反对。因此，自从犹太人在巴勒斯坦地区复国之后，这两个民族、两种宗教就陷入了无休无止的冲突之中，双方一共打了五次中东战争。虽然在每一次中东战争中，阿拉伯人在军队数量等方面都占有优势，但是战争的结果却总是以色列获胜。原因很简单，因为在以色列背后有一个强大的西方世界，此外阿拉伯各国政府在对待以色列的态度上也不一致，彼此之间的相互掣肘也是战败的重要原因之一。巴以争端到今天已经持续了半个多世纪，但是巴勒斯坦到底是谁的家园？这却是一桩谁也无法断明的公案。但是一个冲突不断、难以统一的中东格局，却是符合美国等西方大国的利益的。

这就是阿拉伯世界的现实情况。正是由于中东的伊斯兰教世界被分割成一个一个的小国家，这些国家之间由于利益方面的原因而彼此钩心斗角，缺乏凝聚力，因此整个中东地区呈现出一派支离破碎、混乱无序的景象，成为当今世界争端不休的热点地区。在这种情况下，在民间的穆斯林中间，就产生了一种要求在伊斯兰教信仰的基础上，建立统一的伊斯兰教共和国的呼声。这种激进的思想潮流被称为伊斯兰原教旨主义，它旗帜鲜明地反对西方国家对中东地区和整个伊斯兰教世界的干涉，并且在穆斯林民众之中培养一种强烈的反西方情绪和复仇心理，它的极端表现就是恐怖主义。这种恐怖主义使得中东伊斯兰教世界与西方基督教世界处于一种极其紧张的关系之中。

当然，伊斯兰教文明还有另外一块，那是东南亚太平洋海域的马来西亚和印度尼西亚等地区。这些地区曾经长期是西方的殖民地，西化的色彩比较浓厚，但是它的伊斯兰教信仰也根深蒂固。在今天，这些地区也出现了一些族群冲突和宗教矛盾，但是总的说来，伊斯兰教文明的这个分支对于整个世界格局的影响不大。

讲完了伊斯兰教世界的各个分支，我再简单谈几句非洲的情况。北非具有悠久的文明传统，最初是古代埃及文明，后来相继被希腊化、罗马化、基督教化，到了7世纪以后又被伊斯兰教化。伊斯兰教对这个地区的影响非常深，以至于在经历了近两百年的西方殖民化的插曲之后，北非地区今天仍然属于伊斯兰教世界。但是在撒哈拉大沙漠以南的非洲腹地，至今仍然处于不太明朗的状况中。非洲的腹地和南非，在西方殖民主义者来到以前，都处于原始状态，还没有进入文明状态。葡萄牙等西方殖民主义者从16世纪开始，就在非洲腹地进行残酷的猎奴活动，把猎获的黑人当作奴隶卖到美洲，今天美洲黑人的祖先基本上都是从非洲贩卖过去的。除了猎奴之外，西方殖民主义者对非洲腹地并不感兴趣，但是他们对南非却非常关注。一来是因为南非地处非洲最南端，直接扼守着好望角，具有重要的战略地位；二来是因为19世纪中叶在南非发现了巨大的金刚石矿和金矿。早在15世纪末，葡萄牙航海家迪亚斯、达·伽马等人就发现并绕过了好望角。1652年，荷兰人打败葡萄牙人，占领了南非南端的沿海地区，在好望角建立了海上航行站。后来英国人也来了，与荷裔南非人打了一仗，二者分别控制着南非的不同地区。正是由于受到西方殖民主义者的长期统治，南非接受了西方文化的影响，基本加入到西方体系中。但是在南非以北、撒哈拉沙漠以南的非洲腹地，由于进入文明状态的时间较短，受西方文化的影响也非常有限，再加上内部各种族群冲突和宗教冲突不断，所以至今仍然处于贫穷落后的状态中，发展非常缓慢。但是目前非洲内部的族群冲突和宗教冲突都是局部性的，并非世界性的文明冲突，因此再怎么乱，也乱不了天下，对世界格局的影响是比较小的。

（九）印度教文明的复兴

我要给大家讲的最后两个文明，就是南亚次大陆的印度教文明和中国的儒家文明。

南亚次大陆的印度教文明，与西边的那两个文明相比，要单纯得多。印度是一个古老的国家，有着几千年的文明历史。自从公元前15世纪前后操持原始雅利安语的游牧民族大入侵之后，印度就成为一个宗教的万花筒，最初是吠陀教，然后产生出婆罗门教，再往后又产生了佛教和耆那教，最后则在佛教和古代婆罗门教的基础上产生出印度教。印度教自 4 世纪初创，到了 8 世纪以后，印度教逐渐成为印度的主流宗教，而佛教反而传播到东南亚地区和中国、日本等地去了。印度文化是一种具有很强的韧性的文化，20 世纪中叶的印度总理尼赫鲁曾经把印度比作一块巨大的海绵，它可以吸干一切异质的水分。自从原始雅利安语游牧者的征服以后，印度不断地被其他民族所奴役，波斯人、希腊人、安息人、塞种人、月氏人、阿拉伯人、突厥人，以及后来的英国人，都曾经统治过印度。但是不论哪个民族来统治，不论这些统治者信奉什么宗教，印度人民始终顽强地信奉着他们自己的宗教，这一点是不会改变的。比较典型的例子，比如说在 16 世纪的时候，一支信奉伊斯兰教的突厥人在印度建立了莫卧儿王朝，统治者都是穆斯林，但是老百姓却信仰印度教。后来，英国人推翻了莫卧儿王朝的统治，把印度变成了英国的殖民地，英国人信奉基督教，但是印度人仍然信奉印度教。在 18 世纪以后的殖民统治过程中，英国人一直想彻底地改造印度社会，因为印度这个地方很重要，是战略要地和商业重镇。因此，英国人控制了印度的主权之后，他们就对印度的上流种姓阶层进行西方式的教化。大家知道，印度是一个等级社会，即种姓社会，最初分为四个种姓，最高的种姓叫"婆罗门"，是祭司阶层；其次叫作"刹帝利"，是武士阶层；再次叫作"吠舍"，主要是从事农业和商业的平民百姓；最低下的叫"首陀罗"，是印度社会底层的弱势群体。这些种姓之间有着严格的界限，不同种姓之间不可通婚，各自在法律上的地位也很不平等。后来印度的种姓制度进一步分化，以至形成了几十种种姓。英国在统治印度时，主要对印度的高级种姓子弟进行西方式的教化，让他们到英国去留学，接受西方的教育，培养西化的意识。这些人学成回国后，当然就会按照英国人的方式来治理印度。在 19 世纪，印度的高级种姓子弟从小都到英国去接受教育，回国后满口流利的英语，西装革履，整个言行举止俨然就是英国人。所以在 19 世纪的时候，英国人认为他们已经基本上把印度的知识精英和权贵阶层都改造过来了，这些人除了肤色和血统是印度人之外，其他各方面都俨然是英国人了。由此可见，当时印度人的西化程度是非常高的。

　　但是到了 20 世纪初期，印度教的势力又开始复兴，尤其是圣雄甘地，倡导一种与英国人不合作的态度，抵制机器和一切标示着西方文明的东西，主张回归到印度教的传统中。圣雄甘地的不懈努力，极大地促进了印度教的复兴，乃至于到了 20 世纪下半叶，随着印度在政治上的独立，印度人开始自觉地向自己的文化传统回归。与 19 世纪相比，你会觉得 20 世纪中叶以后的印度人离西方文化更远了，而不是更近了。现在的印度政府越来越注重在印度教的基础上进行现代化建设。印度的本土语言、传统宗教、民族服饰以及各种具有本土特色的东西都出现了复兴之势。亨廷顿在《文明的冲突与世界秩序的重建》一书中提到，现在的印度，讲英语的人只占整个人口的 2%—3%，在印度的很多地方，英语已经不流行了，老百姓们都说印地语。大家看看今天，印度的很多冲突都是宗教冲突或文化冲突，印度教与锡克教的冲突，还有印度教与伊斯兰教的冲突，当然还有其他的文化冲突。但是总的说来，印度与西方世界之间一直保持着一种比较好的关系，美国、英国等西方大国非常重视印度和南亚次大陆的重要战略位置，因此印度一直是美国在南亚地区的重要盟友。虽然美国现在也与南亚次大陆的巴基斯坦修复了关系，但是巴基斯坦人毕竟是穆斯林，因此巴基斯坦与美国的关系，无论如何也比不上印度与美国的关系那样密切。尽管如此，一个不可否认的事实是，印度明显地向着传统宗教和文化回归，与 19 世纪的情况相比，今天的印度人似乎离自己的文化传统更近了。

（十）中国文明面临的文化困惑

最后我来讲讲中国文明，中国文明是与基督教文明、伊斯兰教文明、印度教文明同样源远流长的文明。中国传统文化的主干是儒家文化，但是儒家不是一种宗教，虽然也有人把儒家看作是一种宗教，叫作儒教，但是我认为儒家严格地说不是一种宗教，它主要是一种伦理体系。虽然儒家不是一种宗教信仰，但它仍然是一种信仰，数千年来，中国人一直都奉行着儒家的伦理规范。自从汉武帝接受董仲舒的建议，"罢黜百家，独尊儒术"，儒家就成为中国人安身立命的根本。但是儒家思想真正定于一尊，成为中国老百姓自觉奉守的伦理体系，那是在唐宋以后的事情。我刚才谈到了亨廷顿在《文明的冲突与世界秩序的重建》一书中所列举的统计数字，从 1900 年到 2000 年，中国民间宗教的信仰者从 23.5% 急剧下降到 2.5%，这个所谓的中国民间宗教当然包括儒家信仰在内。在 1900 年，既没有进行辛亥革命，也没有建立社会主义共和国，那还是清朝的时候，那时全中国人民可以说都是中国民间宗教的信仰者，其中主要是信奉儒家的伦理价值系统。但是到了 2000 年，儒家的伦理规范已经没有多少人信奉了。这个变化当然与我们中国人接受无神论的意识形态有关，从新文化运动一直到"文化大革命"对儒家思想的猛烈批判，可以说极大地伤害了儒家文化的元气。乃至于在今天，当世界各大文明体系都在弘扬自己的文化本根、重振自己的传统信仰的时候，唯独中国人在信仰问题上处于另外一种状态。近些年来，在经济改革的过程中，中国民间的许多传统宗教也出现了复苏的趋势，各种佛教寺庙、道观、土地庙、关老爷庙、观世音庙里的香火又兴旺起来了。另一方面，近十多年来从海外又吹进了一股复兴儒学的风潮，新儒家一时间似乎成为了一种时尚。但是，无论是那些形形色色的民间宗教，还是打着弘扬传统文化旗号的新儒家，都不可能成为中国现代化建设的精神支柱。那些民间宗教带有太多的迷信和蒙昧色彩，显然不适合现代社会；而新儒家虽然打着"返本开新"的旗帜，做了一些"返本"的表面文章，却找不到"开新"的现实路径，这种没有经过深刻的自我批判的儒家思想同样也不可能成为中国现代社会的精神根基。

在这种情况下，近些年来基督教信仰在中国呈现出明显的增长趋势。今天中国的基督教徒，确切的数字不好统计，因为除了"三自"教会的信众之外，还有许多家庭教会的信徒。但是与"文化大革命"以前的情况相比，中国基督徒的数字确实是大大地增长了，最保守的统计也有五六千万人。结合我们刚才所讲的世界各大宗教的历史背景，西方基督教文明由于与伊斯兰教文明之间有着太深的历史宿怨，因此基督教信仰很难渗透进伊斯兰教世界。印度同样具有根深蒂固的宗教传统，而且近几十年来印度教出现了复兴的趋势，因此基督教也很难在南亚次大陆获得太大的发展。在这种情况下，中国自然而然就成了基督教期望传播的热土。当然，中国文化自古以来就具有极强的包容能力和同化外来文化的能力，所谓"中国特色"早已就是中国传统文化的一种基本特点。佛教自东汉年间入华以后，很快就具有了"中国特色"；伊斯兰教在中国的情况也是这样。至于基督教眼下在中国传播是否也会产生出一种有中国特色的基督教，目前还很难说。但是，像中国这样一个有着数千年文明传统的泱泱大国，毕竟不能总是靠这种"以不变应万变"的消极方式来实现现代化的转型，当我们对外来文化进行"中国特色"的改造之前，我们首先应该批判性地从自己固有的文化传统中开创出一个崭新的精神根基来。

如何批判性地重铸我们自己的文化精神根基，这对于当代中国人来说是一个极为重要的问题，它甚至比经济的发展更加重要。对于当前方兴未艾的全球性文化保守主义浪潮，我并不想做出任何价值评判，我只想说这是一个不可否认的事实。当伊斯兰教世界、印度教世界都试图在自己的传统文化根基之上，建设一个现代化社会的时候，中国应该做出什么样的回应？这是一个不容回避的大问题。换句话说，中国现代化建设的精神根基到底是什么？如果你把这个问题放在整个世界的大格局里面来考虑，你就会感到这个问题的严重性了。大家不要以为现代化只是一个经济发展的问题，只是一个 GDP 的增长问题，现代化更重要的是文化的现代化。像中国这样有着数千年文明传统的泱泱大国，在进行现代化转型时将以什么作为自己的精神根基，这是放在每一个中国人面前的大问题。一个没有独立的文化精神根基的民族是一个可悲的民族，全球化时代的竞争最后和最关键的将是文化的竞争。大家想想美国这个国家，它的科学技术不可谓不发达，它的现代化程度不可谓不高，但是当今美国竟然有80%的人信仰上帝，有40%的人经常要去教堂，这说明了什么问题？这说明美国虽然在科学技术和经济方面有了很大的发展，但是这个民族并没有放弃自己的文化传统，这一点是发人深省的。如果我们只是一味地发展经济，完全不去考虑如何重铸自己的精神根基，最后我们很可能成为一个无根的民族。我们倒是富起来了，经济也强大了，但是我们到底是一个什么样的文明？我们的文化独特性在哪里？这的确是一个严重的问题！

我今天讲座的目的，就是要让同学们从宏观上了解当今世界格局背后的宗教文化背景，从而对我们这个世界的发展趋势有一种更加深刻的认识，对我们自己文明的未来命运有一种更加深切的责任意识。大家可以听出，我嗓子已经嘶哑了，今天就到此为止吧。

本章附录二
中西文化的精神差异（演讲录）

大家好！今天我在《百家讲坛》来给大家做一场讲座，我的讲座题目是"中西文化的精神差异"。大家知道，中国文化和西方文化，都是源远流长的，可以说我们的中国文化，如果按照我们现在的界定，从夏代开始的话，至今已经有4000多年的历史。那么同样地，西方文化如果从克里特文化算起，至今也有4000年以上的历史。所以这两个文化，可以说在时间上都是相当源远流长的。而且我们今天谈到中国文化和西方文化，当然是把它当做一个统一的文化来理解的，事实上，在中国文化的历史长河中，以及在西方文化的历史长河中，可以说有很多很多的渊源传统，这些不同的渊源传统，在长期的历史磨合中逐渐形成了呈现今天在我们面前的中国文化和西方文化。所以我今天讲的这个题目的第一个小问题，就是中西文化的源流传统问题。

（一）中西文化的源流传统

　　首先我们从中国文化切入，中国文化自汉代以来，就逐渐形成了一种以儒家思想为主导的伦理文化。这个观点可以说在学术界里面是鲜有非议的，大家基本上都赞同这个观点。而西方文化，自从西罗马帝国崩溃以后，

说明：《中西方精神文化差异》为笔者2002年10月在"百家讲坛"的演讲。

或者说再往前推，自从 1 世纪以后，就开始出现了基督教文化，基督教文化也可以说构成了西方文化的主脉，就像儒家的伦理文化构成了中国文化的主脉一样。这两个文化，它们本身并不是无源之水、无本之木，它们本身也有一个不断地聚合、发展、成形和壮大的过程。我讲的第一个问题，主要是想从这个方面来追溯一下，中国文化以及西方文化有哪些渊源或者传统。

中国自古以来，就形成了所谓的"夏夷之分"，而中国文化在几千年的发展过程中，可以说有一个基本的模式，这个基本模式就是"以夏变夷"，即以华夏的文化来改变、同化蛮夷的文化。中国文明的发源地黄河流域中下游形成了华夏文化圈，四周则为蛮夷居住的化外之地，东边称为夷，西边称为戎，北方称为狄，南方称为蛮。夷、戎、狄、蛮均为贬义词，与生番虫豸相通。中国文化自夏商周三代以来就形成了根深蒂固的"夏夷之分"的二元对立观念，中国文化基本上是循着一条所谓"以夏变夷"的路线发展下来的。秦汉以后，各种异质文化在中国的主体文化——儒家文化——面前不是被同化，就是被排拒，从而使儒家文化始终能够保持一种唯我独尊的纯粹性。从商周的鬼方、鬼戎、昆夷、獫（猃）狁、獯鬻、犬戎，到秦汉魏晋的匈奴、鲜卑、羯、氐、羌，再到唐宋元明清的回纥、吐蕃、党项、契丹、女真、蒙古、满族人，每次戎狄民族入侵中原的结果都是征服者反过来被华夏文化所同化。早在商代，西北游牧民族就不断地侵犯黄河流域的华夏农耕文明，《诗经·小雅·采薇》写道："靡室靡家，獫狁之故；不遑启居，獫狁之故。"西周广置烽火台，就是为了防止西北戎狄民族的入侵，尽管如此，西周仍然毁于犬戎的侵犯，周幽王本人也被杀死于骊山之下。秦汉时期的匈奴更是成为了中原政权的一大边患，所谓"秦时明月汉时关，万里长征人未还"，说的就是匈奴与华夏文化之间的紧张关系。南北朝时曾一度形成了"五胡乱华"的混乱局面，匈奴、鲜卑、羌、羯、氐等少数民族占据了半壁江山。后来又有契丹、女真、蒙古族的入侵和满族人入关，建立了辽国、金国、元朝和清朝。然而时至今日，这些曾一度入侵中原的游牧民族都融入到中华文化之中。几千年的历史证明，在中国，外来民族或外来文化要想在中国站稳脚跟，就必须以华夏文化或儒家文化为精神支柱，必须在潜移默化的历史过程中脱胎换骨，融入到以儒家文化为主体的中国文化中。同样，佛教、伊斯兰教、基督教等外来宗教入华的结果也是如此，虽然这些西域的宗教是以和平渗透而非暴力入侵的方式进入中国的，但是它们要想在中国生根发芽，首先就必须接受儒家文化的改造。这种"以夏变夷"的基本模式，导致了中国文化形态的超稳定结构，培育了一种协调的现实精神。

所以可以说，中国文化具有很强的同化异域文化的特点。这种特点，我们可借用生物学上的一个概念，即所谓的"米亚得现象"。生物学上有这样一种现象，就是两个亲本杂交以后，在它们的子代的身上，往往只表现出一个亲本的性状，而另外一个亲本的性状却几乎得不到任何体现。我认为中国文化的发展过程，比较典型地表现了生物学上的这种"米亚得现象"。不仅是游牧民族和中原华夏政权之间的冲突是如此，而且就是异域的一些高级文化，包括佛教、伊斯兰教、基督教等高级宗教进入中原以后，同样也面临着这样的命运。比如说像忠孝这样的观念，佛教在印度原是不讲忠孝的，但是中国人自古就以忠孝为本，儒家伦理始终是把忠孝作为最高的理念。在这样的情况下，佛教进入中原以后，就逐渐地把忠孝的思想吸收进来，形成了有中国特色的佛教，如禅宗、净土宗、华严宗等。在中国僧人翻译佛经的过程中，以及对佛学的一些义理进行诠释的时候，潜移默化地把儒家的思想援引到佛教的教理之中。中国古代信仰佛教的知识分子们，往往把佛陀比作孔老（孔子、老子），或者是比作周孔（周公、孔子）。佛教最初入华的时候，曾经依托老子的名义，有所谓"老子化胡"之说，认为老子西出阳关后变成了佛陀。这种说法无非是为了让佛教更容易被中国人所接受。在长期的历史改造过程中，像忠孝之类的思想，被深深地引入到中国的佛教教理中，最终形成了有中国特色的八个大乘宗，其中特别是民间流行的净土宗和知识分子信仰的禅宗。净土宗和禅宗，尽管一个重称念，一个重顿悟；一个认为口念阿弥陀佛每日万遍乃至十万遍，就可立地成佛，一个强调不立文字只指人心，劈柴担水皆是妙道，但是这两者都与印度佛教所讲究的苦修苦行、弃绝红尘的基本精神迥然不同。而且更重要的是，大家都知道，佛教传入中国以后，它在很大程度上被中国人变成了一种关注现实生活的宗教，反而对超越性的彼岸理想漠不关心了。乃至于我们今天到中国的寺庙里边去看看，老百姓们烧香磕头、求神拜佛的目的是什么呢？他们所求的绝不是一种无他无我、六根净绝的涅槃境界，而是祈求子孙满堂、祛病免灾、荣华富贵、升官发财，这些祈求全部都是入世的或现世性的。从中国文化对佛教的改造中可以明显地看到中国文化所具有的强大同化能力。

当我们谈到西方文化的时候，它也有很多传统，但是我们发现，西方文化的各种传统之间的关系，和我们中国这种"夏夷之分"，以及"以夏变夷"的基本模式是完全不同的。西方文化，至少可以说有三种传统，一种是希腊的，一种是罗马的，一种是基督教的。这三种传统之间的差异是非常大的。希腊文化带有一种和谐的特点，它就像一个人的童年时代，具有一种天然的和谐性，在灵与肉、彼岸与现世、理想与现实之间，它力求达到一种和谐。所以希腊文化是非常美的，它表现了一种童年时代的文化。但是到了罗马文化，我们发现它走向了一个极端，一头扎进了功利主义、物欲主义的潮流之中，其结果就导致了罗马文化浑雄、暴戾的特点。罗马文化曾一度推动了世俗生活的发展，导致了帝国的膨胀和繁荣，缔造了比较健全的法律体系，确立了较为规范的财产法权关系，后来也走向了骇人听闻的奢靡和堕落。到了基督教时代，西方文化又发生了一个180度的大转弯，如果说罗马文化是物质主义的，那么基督教文化就是唯灵主义的。基督教文化教导人们把眼睛向上盯着天国，这样就导致了中世纪西欧社会的一种普遍的人性异化。这种人性的异化，使得人们都把感性的现实生活当做一种邪恶的东西加以唾弃，人性的一切正常欲望都被视为魔鬼的诱惑，每个虔诚的基督教徒都把眼睛死死地盯着那个虚无缥缈的天国。这样就必然地造成了中世纪西欧社会的经济落后和文化愚昧。而且更重要的是，当人把眼睛盯着天国的时候，他的内心深处还是多多少少地存有一些物欲的渴望、一些"邪恶的念头"，这样就导致了基督教文化内部的一种最可怕的现象，即理论与实践、理想与现实的二元分裂。基督教的理想是崇高圣洁的，然而中世纪罗马教会神职人员的行为却是卑劣龌龊的。这种崇高的精神和卑污的现实之间的分裂，最终导致了中世纪基督教社会的普遍虚伪。这种普遍虚伪的现象，大家在薄伽丘的《十日谈》、拉伯雷的《巨人传》，以及文艺复兴时期的其他大师们的著作里都可以读到，而且它也构成了引发西欧社会一系列重大变革的导火索。到了近代，西方文化又出现了一个合题，它把希腊的、罗马的和基督教的文化因素都尽量地融合到自身之中。因此在西方近代文化中，既有希腊文化的那种对人性的尊重、对自由的追求，又有罗马文化的那种对功利的向往、对物质的追求，同时也有基督教文化的那种对现实生活的批判和对理想主义的向往。各种传统中的一些相互对立的东西，在西方现代文化中都融合到一起了。因此我们说，西方文化的这些不同的渊源传统之间，呈现出一种与我们中国"以夏变夷"的"米亚德现象"完全不同的模式，这是一种融合更新的模式，其结果在近代西方文化中表现出一种"杂交优势"。

从我所讲的第一个问题来看，在西方文化和中国文化的源流传统方面，我们可以看到两种完全不同的模式，一种是"以夏变夷"的模式，其结果导致了一种文化上的超稳定结构，形成了一种协调的现实精神；另一种则恰恰相反，它呈现为一种融合更新的模式，其特点就是通过不同文化的"杂交"和相互否定而产生出新的文化性状，导致了整个社会和历史文化的不断变迁和自我超越，形成了一种超越的浪漫精神。这就是我今天要讲的第一个问题。

（二）"轴心时代"的文化变革

20世纪上半叶，德国有一位著名的哲学家叫雅斯贝尔斯，他提出了一个很重要的文化学概念，叫"轴心时代"。在一本名叫《历史的起源与目标》的书里，雅斯贝尔斯具体解释了什么叫"轴心时代"。他说在公元前8世纪到公元之交的这几百年间，人类几大文明不约而同地发生了一次根本性的变革，他将这个变革叫作两大历史时代之间的一次"深呼吸"。那么这个"深呼吸"的含义是什么呢？他认为在三大文明中——他所说的三大文明一个是西方文明，一个是印度文明，一个是中国文明，他说在公元前8世纪到公元之交的这几百年中间，在这三大文明地区，不约而同地发生了一次根本性的变革。这个变革的结果，导致了三大世界宗教的产生，即儒教、佛教和基督教。他认为这个时代所产生的重大的文化变革，它所产生的精神资源，一直到今天，仍然构成了我们生活的重要的精神根基。在"轴心时代"以前，中西文化都具有一种浓郁的迷信色彩，鬼神崇拜是它们的共同特点。而它们之间的差别呢，固然有，但是我觉得相比起它们的共性来说可能更小。但是经历了"轴心时代"以后，中西文化开始向着两个完全不同的方向发展。

我们首先来看看中国文化，中国文化在"轴心时代"经历了一个很重要的变革，我可以把它分为两步来讲解。第一步可以说是从殷商时代的尊神事鬼的"巫觋精神"向周代的尊礼敬德的宗法精神的转化。"巫"是指女巫师，"觋"则是指男巫师，"巫觋精神"可以说是整个殷商时代非常浓郁的时代精神，其特点就是鬼神崇拜。事实上，其他民族在文明的曙期大凡都是如此。从殷商时代尊神事鬼的"巫觋精神"向周代尊礼敬德的宗法精神的转换，这是中国文化精神的第一次大变革，它使人们开始将眼光从天上转向了人间，从祭祀占卜转向了宗法礼仪。那么第二步转化呢，就是从周代尊礼敬德的宗法精神向春秋战国时期的内在自觉的伦理精神的转换，这个转化过程从孔子的"仁"和子思的"至诚"，到孟子的"四端之心"，可以说是基本上完成。现在我简单地谈谈这两个过程，做一点具体的分析。

在殷商时代，人们崇拜的对象非常多，从日月星辰、山川河流直到先祖先妣，人们求神问卜，尊神事鬼，迷信精神非常浓郁。孔子后来也明确指出，殷商文化的特点就是尊神事鬼，把神鬼的意志看得非常重要，诸事均须先卜而后行。到了周人那里，就开始表现出所谓的"敬鬼神而远之"的人文精神，"以德配天"的思想被大力宣扬，这种态度的转变是非常重要的。周人取代了殷商的政权以后，他们不仅进行了一次政治权力的转换，而且更重要是进行了一场宗教革命，这场宗教革命的实质就是把殷商时代的"帝"和作为帝庭臣正的先祖先妣这样一些带有血缘崇拜和自然崇拜色彩的鬼神，转变为与人德直接相关的一些外在礼法规范。比如说周初期的时候，取代"帝"的一个很重要的概念就是"天"，周代人非常崇拜"天"，崇拜"天命"。如果说，殷商人崇拜的最高神是"帝"，那么周人崇拜的最高主宰就是"天"。"天"最初在甲骨文里，只是一个表示方位的词，表示高或者上，并没有道德方面的含义。后来，周人的"天"逐渐被赋予了道德方面的内容，和所谓的"天命"结合在一块，成为一种高高在上的、威慑性的道德主宰，一种抽象的道德力量。抽象的"天"或"天命"取决于人德，即"以德配天""皇天无亲，惟德是辅"等。而人德又表现为具体而严苛的礼法制度，因此"尊礼敬德"就可以"膺受大命"，而"不敬厥德"则会"早坠厥命"。到了春秋时代，面对着周王朝"礼崩乐坏"的混乱局面，孔子又用内在的"仁"来充实和改造外在的"礼"，并将"仁"解释为内在于人性之中的爱人之心和忠恕之道。孟子则进一步将与生俱来的人性善端作为安身立命之本，将向内发掘仁义礼智等善端作为实现人生价值和社会理想的基本根据，从而将周代尊礼敬德的宗法精神改造成为儒家内在自觉的伦理精神。对于儒家来说，人与天命的关系，或者天人合一的理想，只是一个从内向外的道德修养过程，人们只需要从内心和本性上去下功夫，就可以"成己成物""内圣外王"。在《孟子·离娄下》里面非常清楚地强调："天下之本在于国，国之本在于家，家之本在于身。"因此一个人只需要修身养性，就可以齐家治国平天下。当然，对这个思想的最集中、最典型的表述，当数朱熹的八条目，这个问题待会儿再讲。先秦儒家开创了这样一条道德内敛的进路，从这以后，中国文化就专注于对人的内在道德良知的发掘，说到底，也就是专注于人的道德修养。几千年来，中国儒家文化基本上就沿着这样一条道路前进，并由此而形成了中国文化的主体精神或基本精神。这种基本精神就是一种伦理精神，即从内在心性的道德修养入手，由内向外去推求，通过"修齐治平"之道，最终实现"内圣外王"的大同理想，实现天人合一的人生鹄的。所以一个人，从小就开始进行道德修养，三十而立，四十而不惑，五十而知天命，六十而耳顺，到了七十就可以从心所欲而不逾矩了。这样一个从内向外的修养过程，就是中国儒家文化的基本路向。而由商周外在的鬼神崇拜和宗法礼仪向儒家内在的道德心性的敛聚过程，则是中国文化在"轴心时代"所发生的重大变革。

西方文化在同样的时间里，也发生了一次非常重要的变化。但是这个变化，恰恰是一个外在超越的过程，而不是内在敛聚的过程。这个外在的超越过程，简单地说，就是从自然崇拜的希腊多神教以及律法主义的犹太教向唯灵主义的基督教的转化。大家知道，希腊多神教是非常可爱的，充满了感性的、活泼的、欢快明朗的色彩。我们看到了诸如宙斯、阿波罗、阿佛洛狄忒、雅典娜等这一类神明的时候，往往会由衷地感到高兴。我们喜爱这些神，因为他们是与人同形同性的，他们具有人的形体，往往比人更健壮、更美丽；同时他们也具有人的七情六欲，像人一样有优点也有弱点。正因为如此，我们才觉得他们可亲可爱，具有鲜明的美感。就此而言，希腊诸神是童年时代的神，具有儿童的和谐与优美的特点。我相信殷商时代人相信的那些先祖先妣和"帝"，大概也会具有这样一些特点。我们说这是一种自然崇拜的宗教。在希腊文化之外，还有一个希伯来文化，当然它不能够算严格的西方文化，但是它却构成了基督教文化的重要渊源。希伯来文化主要表现为一种宗教，即犹太教。犹太教也是一种比较原始的宗教，但它和希腊宗教不一样，它是一种律法主义的宗教。希伯来宗教与希腊宗教之间的差别，我想很可能是由于这两个民族自身的命运而导致的。希腊民族是一个自由的民族，无忧无虑地生活在爱琴海畔，这个民族的自由天性也表现在他们的神话中间。因此希腊的神给我们的是一种欢快明朗、无忧无虑的感觉。但是犹太民族，自从公元前14世纪来到迦南以后，先是被埃及人统治，后来则相继被一个又一个的其他民族，如亚述人、巴比伦人、波斯人、亚历山大时代和塞琉西王朝的希腊人，以及罗马人等先后统治。由于犹太民族长期处在异族的统治之下，所以他们就产生了一种强烈的不幸意识。这种不幸意识，是犹太人在反思自己民族的不幸命运时产生的。由于犹太民族长期受到外族统治，他们的反抗始终是徒劳的，所以他们就把这种不幸的根源归结于自己的不洁净和不虔诚，即对上帝的不虔诚，所以就导致了一种深重的罪孽感，一种罪孽意识。那么犹太人如何才能克服自己对神的不虔诚呢？只有一个办法，就是严守各种外在的律法，所以犹太教充满了律法主义色彩。这种律法主义，特别强调那些苛严的条文、规定，比如什么东西不能吃，什么东西不能用，什么东西必须要奉献给神等。犹太教的禁忌非常繁多，除了"摩西十诫"之外，还有数百条律法禁忌。

在"轴心时代"，西方文化发生了一个根本性的转化过程，这就是从明朗欢快的自然崇拜的希腊多神教和外在刻板的律法主义的犹太教，向着鄙视现实生活、崇尚天国理想和灵魂超越的基督教的转化。这个转换是西方文化在"轴心时代"完成的一个重大的变化。这个过程，使得西方文化，具体地说即基督教文化，具有了一种形而上的特点。从希腊的有血有肉的、神人同形的多神教，向贬抑肉体、超越现实的唯灵主义的基督教的转化，这是一个很重要的转化过程。这种转化的结果，使得人们不再关心现世，不再关心肉体，不再关心物质生活，人们把眼光投注到天国，这样就导致了基督教文化的基本精神，即一种超越的浪漫精神。在新约福音书中，耶稣明确地表示："我的国不在这世界。"犹太民族的罪孽意识泛化为一种普遍的"原罪"意识，苦难深重的罪孽只有依靠上帝的救赎才能解除，而上帝的救恩只是针对灵魂而言的，灵魂也只有在彼岸世界才能得到彻底的解脱。因此现世生活就成为苦难和罪恶的象征，它和充满了人性欲望的肉体一样构成了魔鬼的采邑，人们只有彻底唾弃它，才有希望进入光辉澄明的彼岸乐园。基督教的这种基本观念导致了人与现实世界的分裂，造成了中世纪基督教文化的普遍的人性异化现象。

现在，让我们来归纳一下。在"轴心时代"，中国文化经过了我刚才所说的两个阶段的转化，最后导致了一种关注于现世的道德修养的人生态度，一种协调的现实精神，这是中国文化的主体精神。在与此基本相同的时间里，西方文化完成了从自然主义的希腊宗教和律法主义的犹太教向唯灵主义的基督教的转化，导致了人们都把眼光关注于天国理想和上帝救恩，而对现实的物质生活采取一种鄙夷的态度，至少在表面上是鄙夷的态度，这样就导致了一种超越的浪漫精神。这就是在"轴心时代"中西文化所发生的根本性变革，一个是向内敛聚的，一个是向外超越的，由此导致了中西文化的精神分野。

（三）中西文化的基本精神

我刚才讲述"轴心时代"的文化变革，无非是要引申出中国文化和西方文化的两种主体精神。这两种主体精神，用我的话来说，一种叫作协调的现实精神，一种叫作超越的浪漫精神。或者按照现在学术界的观点来说，一种叫作伦理文化，一种叫作宗教文化。根本而言，一种是注重于内在的道德修为的文化，一种是注重于人和上帝之间的超越关系的文化。

我们首先要对中西文化做一个理论上的分析，看看中国文化的基本精神是一种什么样的精神，西方文化的基本精神又是一种什么精神，以及这两种精神对于中西传统社会产生了什么样的重大影响。首先我们还是来看看中国，中国社会自古以来，官方和民间都要进行祭天、封禅、拜祖、祭孔等重大活动，乃至于西方人会认为，你们的这些活动不也是一种宗教崇拜吗？但是实际上，可以说儒家知识分子——因为中国文化的主体精神主要体现为儒家文化精神——他们心中都非常清楚，祭天、拜祖、敬奉鬼神说到底都是为了教化百姓。从周公旦那个时候开始就有了这种清醒的实用理性精神，《周易》里边就有这样的话，叫作"圣人以神道设教而天下归"。所谓"神道设教"，就是说，我们相信鬼神，无非只是为了劝勉大家从善，是为了教化的目的。不是为了信仰而讲道德，而是为了道德的需要，我们才拉出了一些鬼神，用鬼神作为幌子来吓唬老百姓。对于这个道理，中国儒家知识分子一直是很清楚的。因此我们说，中国传统的儒家知识分子，或者说真正的儒家知识分子，大凡都是不信鬼神的。即使他们谈鬼神，也只不过是说给老百姓听的，老百姓没什么文化，当然就容易相信这些东西。而且他们往往把鬼神之事描述为一种令人恐怖的景象，一个人死了以后，善有善报，恶有恶报，此生此世不修善德，死后就要沦入十八层地狱，上刀山、下火海。这种恐怖的景象，对于一个人的现世道德行为具有很重要的儆戒作用。由于大家都害怕这种死后的恐怖景象，生前当然就尽可能地向善了。这就是所谓的"神道设教"。所以从这种意义上说，我认为中国传统文化基本上是一种无神论的文化，那些神啊、鬼啊之类的东西，只是说给老百姓听听而已的，真正的儒家知识分子是不相信这些东西的。

众所周知，孔子本人就对鬼神之事不感兴趣，所谓"子不语怪力乱神""六合之外，圣人存而不论"，所谓"天道远，人道迩""务民之义，敬鬼神而远之"，所谓"未知生，焉知死""未能事人，焉能事鬼"等，都表明孔子和先秦儒家对鬼神之事的淡漠。据《论语·述而》记载，有一次孔子生病了，子路请孔子祈祷神灵，孔子回答说："丘之祷久矣。"言中之意是说祈祷无济于事。还有一次子贡问孔子，人死后有无知觉，孔子回答道："吾欲言死者有知也，恐孝子顺孙妨生以送死也；欲言无知，恐不孝子孙弃不葬也。赐欲知死人有知将无知也，死后自知之，犹未晚也。"这话说得极其聪明，死人究竟有无知觉，要看其是否有助于现世的道德教化。汉代王充一语道破，他认为孔子其实是深知死后无知这一事实的，但是孔子为什么不明言呢？只是由于怕开不孝之源，以免不孝子孙们因为死后无知而对死去的父母弃而不葬。由此可见中国儒家知识分子对于鬼神的基本态度，即"神道设教"，信奉鬼神只是为了道德教化。

这是第一点，那么第二点呢，就是关于内敛的问题，它同时也有一个向外的要求。中国人真正的功夫，虽然看起来好像是正心诚意，但是实际上放在修齐治平之上。我刚才讲的那个内敛过程，是指中国整个先秦文化，从殷商到周代，再到春秋儒家是如何转化的过程。至于这个转化过程完成之后，在中国文化的基本精神形成以后，也就是那种自觉的、内在的道德伦理意识形成以后，每个人就只须向自己内心中去发掘了。那么在这个时候可以说，只要从我的内心做起，从身边的事情做起，从我们的日常事件和现实生活做起，一个人就可以由小到大，由平凡之事入手来成就伟大功业。因此最现实、最直接的事情，无非就是每个人自身的道德修养，首先是正心、诚意，然后是格物、致知，继而修身、齐家，最后是治国、平天下。这就是朱熹所总结的人生八条目。质言之，一切惊天动地的伟大事业都必须落实到平凡的道德修养之中，都必须从正心诚意做起。当年朱熹在评价周敦颐的玄奥高深的太极无极之说时总结道："其高极乎太极无极之妙，而其实不离乎日用之间；其幽探乎阴阳五行之赜，而其实不离乎仁义礼智刚柔善恶之际。"因此，所有玄之又玄的东西，说到底都是以仁义道德和日常修养作为根基。

从这种意义上来说，中国人既然把眼光都关注于内在的道德修养和现实的经世致用活动，他就无暇去顾及那些六合之外的鬼神。这样一来，在整个中国传统文化中，人们就不至于由于过分的宗教信仰而走向迷狂。所以我们说，在中国传统社会中固然也有很多糟粕的东西，也有很多摧残人性的东西（这主要是从宋明理学以后，由于越来越多地强调四维八德、三纲五常这些东西，把内在的道德自觉变成了一些外在的刻板规范，这和先秦儒家的本意是有出入的），但是总的来说，由于人们关注现实，关注道德，关注现实的经世致用活动，而且儒家知识分子有着非常强烈的入世精神，即所谓"忧患意识""居庙堂之高则忧其民，处江湖之远则忧其君"，老是忧心忡忡，老是在忧国忧民，这就使得在中国传统社会里，儒家知识分子能够投身于现实社会，投身于经世致用的实践活动中，从而就导致了中国古代社会文化的繁荣昌盛。可以说，比起西方中世纪文化，我们中国传统文化是非常辉煌的、非常繁盛的。但是它也缺乏一种向前追求的强烈欲望，正如梁漱溟先生在《东西文化及其哲学》里所说的：中国人随遇而安，得到一点快乐就享受一点快乐，他从来不像西方人那样风驰电掣般地向前追逐。中国人容易满足，墨守陈规，所以中国文化虽然在中世纪曾经繁盛，但是到了近代以后就开始衰落，尤其是当西方社会迅速地发展的时候，我们就相形见绌了，而且是每况愈下。所以从这个方面来说，儒家文化精神，或者说，专注于现世道德修养的中国文化主体精神，既对中国古代文化的繁盛起到了积极的促进作用，同时也应该为中国文化在近代的落伍承担重要的责任。

现在我们再回过头来看看西方文化。西方文化与中国文化恰恰相反，它走向了另外一个维度，即超越的维度。我们刚才说，基督教文化导致了人们对现世采取一种鄙夷的态度，整个眼光都盯着天国，这样就导致了一种宗教迷狂。这种宗教迷狂到了中世纪的中后期，达到了无以复加的地步。在其发展的早期，当基督教作为一种受罗马帝国摧残和迫害的宗教时，确实有一些道德高尚的圣徒能够洁身自好，成为道德楷模，这并不足为奇。但是当基督教成为一种占统治地位的宗教信仰时，成为凌驾在欧洲世俗社会之上的绝对权威时，如果仍然要求所有的基督徒都像早年的那些修道士和圣徒们一样洁身自好，不食人间烟火，那是不可能的。人毕竟是血肉之躯，维克多·雨果有一句名言，他说："人有两只耳朵，一只耳朵听到上帝的声音，一只耳朵听到魔鬼的声音。"人生实际上就是处于上帝的声音和魔鬼的声音之间的一个撕扯过程。罗丹有一幅雕塑大家都知道吧，就是一个人正在从动物中挣脱出来，这是对人的最好的写照。我们可以说，人一半是动物性的，另一半是神性的，神性的力量把我们往上拽，动物性的力量把我们往下扯，人一生的过程就是在这种痛苦的撕扯中挣扎，这就是我们的现世人生。既然人是这样一种状况，我们就不可能像神那样完全超脱于物质世界，超脱于肉体。在这样的情况下，基督教的理想固然玉洁冰清、崇高典雅，但是它却不近人情，不合人性。所以当它成为一种普遍的社会意识形态以后，如果每个人都认为，只有彻底抛弃现实世界，灵魂才能升上天堂，如果每个人都这样想，都这样做，那么这个世界一天都不能存在下去。在这种情况下，由于基督教的理想过高尚，过分纯洁，因此人们就不可能完全达到这种理想。由于人实际上处于一种向上的力量和向下的力量的双重撕扯之中，这种普遍的痛苦状态，最后就导致了一种权宜之计，这种权宜之计就是普遍的虚伪。所以在中世纪的中后期，我们就看到了基督教世界的堕落、腐化和普遍的虚伪。天主教的神甫和修士们，满口讲的都是崇高典雅的理想，实际上却在从事一些蝇营狗苟的勾当。这就是我们在薄伽丘的《十日谈》里看到的现象。从理论上来说，罗马天主教会本来是上帝设在人间的一个机构，是引导人类灵魂上升到天堂的一个梯阶。然而事实上在中世纪中后期，教会却日益蜕化为一扇引导人们通向地狱的大门，教会成为欧洲社会最腐朽、最黑暗的场所。用 14 世纪著名的文艺复兴大师彼得拉克的话来说，罗马教会成为全世界的臭水沟，世界上所有污秽肮脏的东西莫不出于这个教会。在这种情况下，基督教既然在理想和现实之间出现了明显的二元分裂，陷入了这样一种自相矛盾的绝望境界，因此它就只能面对着一个命运，这就是从根本上改变自身。在中世纪末期，这种改变通过两条不同的途径而实现：要么抛弃那些虚无缥缈的崇高理想，理直气壮地追求物质利益和感性生活，公开喊出罗马人的口号："我是人，人所具有的我都具有。"这种人性解放的要求就导致了文艺复兴运动；要么就真诚地信仰基督教的核心精神，这种信仰不是虚假的，而是真诚的，无须拘泥于那些外在的刻板戒律，而是正视人的基本需求和正当欲望，尽可能地把纯正的信仰与道德的生活结合起来，这种纯洁信仰的要求就导致了宗教改革运动。这两场重大的文化运动——文艺复兴和宗教改革，构成了西方文化从中世纪向现代转化的一个重要枢纽。

（四）中西文化的现代化历程

15、16 世纪是世界历史上的一个关键点，西方文化由此开启了重要的文化变革历程。从历史起点而言，西方近代社会的一系列文化变革最初都是由文艺复兴运动发轫的。当然，我们并不能说西方的文艺复兴完全是君士坦丁堡的希腊逃亡者带来的一份厚重礼物，文艺复兴是不同力量的一种综合作用的结果，君士坦丁堡的希腊逃亡者充其量只是促进了文艺复兴，而不是导致了文艺复兴。实际上，但丁、彼得拉克这些伟大的人文主义者都生活在 1453 年以前，都生活在 13、14 世纪，那时候君士坦丁堡还没有陷落。关于文艺复兴的原因，西方学术界有各种不同的说法，但是决不能简单地把它说成是一种历史的偶然，是由于君士坦丁堡的陷落而导致的一个奇迹。另一个方面，对于后来西方现代社会的崛起来说，我个人的观点认为，宗教改革起到的作用要比文艺复兴更加重要。这是一个学理方面的问题，由于时间的关系，我在这里不便展开。但是我们仅从一个基本事实来看，就可以说明宗教改革的重大历史作用。这个基本事实就是，在宗教改革运动之前，欧洲的情况是南部经济发达、文化繁盛，北部经济落后、文化愚昧。但是北部欧洲各国在进行了宗教改革之后，迅速地成长为新兴的资本主义强国，而顽强抵制宗教改革运动的南部欧洲却在 17 世纪以后明显地失去了经济、政治和文化上的优势地位，成为资本主义世界中的二流角色。在 15、16 世纪这个被汤因比称之为世界历史上的重要分水岭的时代，在南部欧洲发生了一场文艺复兴运动，在北部欧洲发生了一场宗教改革运动。这两场不同的文化运动对欧洲社会的转型产生了不同的影响，尽管它们都把矛头指向罗马天主教和中世纪陈腐愚昧的神性文化，但是它们的历史影响却迥然不同。文艺复兴的革新意义主要局限在文学艺术领域和狭义的文化领域，而宗教改革却导致了欧洲社会尤其是北部欧洲在思想、政治和经济等方面的普遍变革。

宗教改革运动的重要历史作用，我们可以归结为如下三点，它们分别由新教的三大主流教派表现出来。首先是马丁·路德的改革，这种改革是对天主教的虚假形式的反抗，以及对天主教会的道德堕落的愤慨，其结果导致了一种注重自由精神的新教，即路德的信义宗。这种宗教强调"因信称义"，强调个人的精神自由，每个人都可以通过自己的信仰与上帝直接交往，而不再需要教士、教阶制度以及繁缛的教会仪式来作为中介。路德的宗教改革打破了罗马天主教会一统天下的格局，导致了教会的分裂，从而为信仰的自由和教会的民族化奠定了基础。马克思认为路德的新教破除了对权威的信仰，却树立了信仰的权威，从而把宗教信仰变成了每个人内在的精神需要。每个人凭着自己内在的虔诚信仰，就可以与上帝直接交往，这样就把一种精神的自由赋予了每个信仰者，这种精神自由成为宗教宽容和政治民主化的思想前提。

其次是英国的宗教改革,这个改革导致了主张英国国王拥有至尊权力的安立甘教的产生,安立甘教又叫英国国教会、圣公会。英国宗教改革的最重要的历史作用是什么呢?它强调国王的权力具有至高无上的神圣性,强调世俗权力高于教会权力,从而极大地推动了民族国家的成长。大家知道,民族国家构成了资本主义发展的社会前提,如果没有近代民族国家的形成,资本主义是不可能发展起来的。而民族国家要发展,其前提就是国王的权力必须超越教皇的权力,恺撒的权力必须高于上帝的权力,否则民族国家就不可能摆脱罗马天主教会的控制而独立发展。如果像中世纪那样,所有的世俗国家都处于罗马教会和教皇的一统之下,那么资本主义是不可能发展起来的。

新教的第三大主流教派是加尔文教,它最初产生于瑞士的日内瓦,很快就扩展到北欧诸国,最终成为一种世界性的宗教。加尔文教的一个最重要的历史意义就在于它为资本主义的经济发展提供了一种重要的合理性根据。关于这一点,马克斯·韦伯在他的《新教伦理与资本主义精神》一书中做了充分的阐述。加尔文教所倡导的那种世俗性的禁欲主义,它所推崇的勤奋节俭的生活态度和为了增加上帝的荣耀而发财致富的新教伦理,成为推动资本主义经济发展的巨大精神杠杆。

我们说,新教的这三大主流教派对于西方近代的精神自由发展、民族国家壮大以及资本主义经济成长,都起到了重要的推动作用。而且宗教改革打破了罗马天主教一统天下、铁板一块的专制格局,使得信仰成为个人的事情,每个人都可以用自己的方式与上帝直接沟通,于是就没有必要由一个强有力的教会组织来维护宗教信仰的所谓正统性了。这样一来,就使得世俗生活开始受到人们的普遍重视,职业劳动也获得了一种神圣性,从而助长了一种与中世纪的唯灵主义和彼岸精神迥异的生活态度。由于西方社会内部的这一系列文化变革——文艺复兴、宗教改革以及稍晚一些的启蒙运动，继而就导致了资产阶级的政治革命，新兴的资产阶级开始在政治领域中逐渐取代封建贵族的统治。在政治变革基本完成之后，又出现了经济领域中的变革高潮，这就是工业革命或产业革命。在完成了文化的、政治的和经济的这三场变革以后，到了18世纪下半叶，一个崭新的西方工业文明开始崛起于欧洲西北部。接下来的历史，就是西方工业文明在不断扩张的过程中，在全球殖民化和西方化的过程中，如何把东方那些传统的农业文明一个一个加以征服和同化的故事。

我们中国文化，如同世界上其他国家和地区的文化一样，从这个时候起就开始面临着来自西方的威胁。我刚才讲了，中国文化在中世纪非常繁荣，但是随着西方工业文明的崛起，中国文化就相形见绌了。西方文化对中国的渗透，早在利玛窦等传教士来华传教时就已经开始，但是大规模的和正面的中西文化碰撞是在鸦片战争以后。鸦片战争不仅打破了中国闭锁了数百年的国门，而且也极大地冲击了中国人夜郎自大、唯我独尊的保守心理。作为对西方文化挑战的第一个回应，林则徐、魏源等人提出"师夷长技以制夷"的思想，这种思想导致了洋务运动的开展。从恭亲王到李鸿章、左宗棠、张之洞等人学习西方的坚船利炮，大办实业，开煤矿，建工厂，组建北洋水师，提出"旧学为体，新学为用"，即后来人们常说的"中体西用"的主张。然而甲午海战一役，洋务派按照西方模式组建起来的北洋水师全军覆灭，进一步觉悟的中国人发现问题的症结不在于器物，而在于制度，于是就有了康梁变法，试图用西方的君主立宪制取代中国的君主专制。但是"百日维新"以失败而告终，继而爆发了辛亥革命，主张学习西方的民主政治来改变中国的专制体制。辛亥革命虽然推翻了满人的专制政权，但是革命的果实很快就被袁世凯篡夺，中国不仅没有摆脱贫穷落后的状态，而且社会危机更加深重。在这种情况下，中国先进的知识分子们经过进一步的反思，最后得出结论，认为中国最根本的问题，既不在于器物，也不在于制度，而在于中国人的思想观念，在于国民性，要想富国强兵，首先必须对国民性进行根本性的改革。这样一种更加深刻的反思，就导致了中国近代史上蔚为壮观的一场文化变革运动，这就是"五四运动"，以及与"五四运动"相伴随的新文化运动。在新文化运动中，激进的中国知识分子们认为，中国在各方面都不如西方，不仅器物不如人，制度不如人，而且道德也不如人，从而提出了彻底批判中国文化，全盘接受西方文化的主张。这种"全盘西化"的思想带有矫枉过正的明显痕迹，但是在当时，它对于中国封建文化的冲击是非常猛烈的。

然而，正当中国的启蒙运动轰轰烈烈地开展时，中国的殖民化程度却在日益加深，特别是"九一八事件"爆发之后，亡国亡种的现实威胁成为压倒一切的首要问题。中国人不得不放弃文化上孰优孰劣的争论，同仇敌忾地投身于抗日图存的斗争中。经过抗日战争和四年内战，随着民族主义意识日益高涨，中国人对西方文化的态度发生了一种微妙的变化。一方面我们承认，西方文化中有很多东西都比中国更先进，另一方面，面对着西方列强对中国的殖民侵略，中国人深切地感受到一种国格和民族尊严方面的屈辱。这种矛盾心理由于二战后政治意识形态对立和两大阵营对垒的国际格局而进一步加深，以至于到了新中国建立之后，中国人对于西方文化的态度就由盲目崇拜转向了彻底否定。"全盘西化"的价值取向曾一度转变为"全盘苏俄化"，到20世纪60年代初期又由于中苏意识形态方面的冲突而变为彻底的文化孤立主义，既反"美帝"，又反"苏修"，中国人再一次陷入了明朝中叶以后的闭关锁国、孤芳自赏的封闭心态中。到了改革开放以后，这种自我封闭的状态才被打破，在短短的20多年时间里，中国似乎又重复了一次近代以来首先学习西方的器物文化，然后学习西方的制度文化，最后学习西方的精神文化的过程。

毋庸置疑，中国要想发达，要想强盛，必须广泛吸收和学习西方的先进文化。但是同时，我们通过改革开放以后数十年的实践经验得出一个重要启示，那就是如果我们亦步亦趋地跟着西方文化后面走，我们永远都只能是一个跑龙套的二流角色。一个民族要想强盛，固然不可夜郎自大，但是同样也不可妄自菲薄，这两种极端都是应该避免的。在这样的情况下，我们中国人经过长期的文化反思，经过近代以来惨痛的经验教训，终于悟出了一条道理，那就是未来的中国文化，其发展必须首先以自己优秀的文化传统作为基本的思想资源，作为坚实的精神根基。在这个基础上，广泛地吸收西方的各种先进文化，吸取其精华，通过"和而不同"的文化互补和融合更新，以实现中国文化的现代化转型。只有这样，我们中国文化才能立于不败之地，才能跻身于世界民族之林，使源远流长的中国文化得以发扬光大、活力长存。